スポーツ社会学

スポーツ社会学（'25）
©2025　渡　正

装丁デザイン：牧野剛士
本文デザイン：畑中　猛

まえがき

　現代社会においてスポーツという現象は非常に特異な位置を占めている。試しに、「スポーツとは何か」という問いを考えてみてほしい。どういう形でこの問いに答えるだろうか。

　一つの方法として、スポーツに当てはまると思われる具体的な競技種目を挙げていき、共通する項目を取り出すという方法がある。だが、このリストを埋め続けていけばいくほど、共通性は失われていきそうだ。たとえば、近年関心を集めている e スポーツは「スポーツ」だろうか。Yes. と答える人もいれば No. と答える人もいるし、そのそれぞれの理由ももっともらしく聞こえる。どの競技も別の競技とそれなりに似ているし、それなりに似ていない。だから全体を貫く共通性も取り出すことは非常に難しい。こうした特徴を持つ集合を哲学者の Wittgenstein（ルートヴィヒ・ウィトゲンシュタイン）は「家族的類似」と呼んだ。おそらくスポーツとはそのような、一貫した共通性を持たない活動である。にもかかわらず、スポーツという事象は私たちの間でそれなりにリアリティを持って理解され、ときには、この「スポーツ」をめぐってその有益さや無益さが論争されたり、社会が振り回されたりしているのだ。

　こうした水準での「スポーツ」は、一つひとつのイベントや試合、体育・スポーツの「する」「見る」「ささえる」のような私たちの日常的で個人的な経験を超えたレベルで存在している。スポーツは、誰かの具体的な経験のレベルに存在するのではなく、ある種の「概念」として私たちの社会で共有されることで、一定の「事実」として理解されている事象である。もちろんこうした「スポーツ」は私たちの日々の活動から離れて存在するのではなくお互いが関係し合っているのである。

　「スポーツ」は私たち、正確にいえば近代イギリス社会における発明ないしは生成物である。こうした意味でのスポーツを「近代スポーツ」と呼ぶ。「近代スポーツ」という概念を扱う場合には、人体や自然物の

ようには、対象の時間的・空間的統一性・同一性が一義的に担保されるわけではない。よって、スポーツの社会(科)学の研究は、それぞれの「スポーツ」が置かれた社会の歴史・文化等々の文脈的影響を受けてしまうことになる。

そのため、「スポーツ」の社会(科)学は、(1)「スポーツ」がどのような「社会的問題」であるのかを明らかにする方向と、(2)「スポーツ」という「社会的事実」がどのように私たち個々に経験されうるのかという方向の、この2つの方向性とその相互性から考えられていかなければならない。

本書はこうした視点を前提に、3つのパートを緩やかに設定した。一つが社会現象としてのスポーツという視点である。二つ目に個人の経験におけるスポーツという視点である。そして三つ目として、この両者の緊張関係が先鋭化しているいくつかの領域、すなわちスポーツがこれまで想定していなかった多様な社会領域におけるスポーツの視点である。

スポーツの社会(科)学的研究は、スポーツという事象を正面から扱いながら、距離を取って、社会のなかに置き直す作業である。また、スポーツという事象を通して、私たちそのものと、私たちが生きる世界を理解しようとする作業である。本書を通じて、多くの人びとが、スポーツといういまや巨大な事象の魅力や不思議さに興味をもち、自らの研究テーマを見つける契機としていただきたい。

2025年2月

渡　正

目次

まえがき　渡　正　3

1　スポーツ社会学の考え方と方法　｜ 渡　正　11

1. スポーツを社会学的に考えるとはどのようなことなのか　11
2. 研究であるために　13
3. 研究データを集める　17
4. スポーツ社会学の研究の実際　28

2　社会現象としてのスポーツ(1)
スポーツ・メガイベント　｜ 高尾将幸　31

1. メガイベントとは何か　31
2. なぜSMEは発展したのか　35
3. SMEは何を残すのか？　39
4. メガイベントの社会(科)学的研究の必要性　43

3　社会現象としてのスポーツ(2)
メディアとスポーツ　｜ 渡　正　47

1. メディアとは　47
2. メディア研究の潮流　48
3. スポーツとメディアの社会史　52
4. スポーツのメディア研究　58

4 | 社会現象としてのスポーツ(3)
グローバル化の諸相　　　　　　　　　　　　│ 稲葉佳奈子　66

    1．「世界の共通語」としてのスポーツ　66
    2．多国籍企業とスポーツ　70
    3．スポーツ移民　72
    4．グローバル課題とスポーツ　75

5 | 社会現象としてのスポーツ(4)
スポーツ政策　　　　　　　　　　　　　　　│ 高尾将幸　81

    1．スポーツ政策とは　81
    2．政策研究とスポーツ　87
    3．スポーツ政策研究への社会学的アプローチ　96

6 | 社会現象としてのスポーツ(5)
地域社会とスポーツ　　　　　　　　　　　　│ 植田　俊　100

    1．社会体育：「社会問題解決の手段としてのスポーツ」という発想の登場　101
    2．コミュニティ・スポーツ：スポーツは「理想的な地域社会」の形成に寄与するか？　104
    3．生涯スポーツ：「下から」のスポーツ振興への視座転換　107
    4．総合型地域スポーツクラブ：スポーツ振興戦略としての「多様化」　111

7 個人の経験におけるスポーツ(1)
学校体育の経験　　　｜ 下竹亮志　118
1. 学校体育の二重性　118
2. 学校体育をめぐる理念の変遷　120
3. 体育嫌いが生み出されるとき　124
4. 学校体育が担う役割　130

8 個人の経験におけるスポーツ(2)
学校部活動の功罪　　　｜ 下竹亮志　137
1. 学校部活動という曖昧な制度　137
2. 問題化される学校部活動　140
3. 「規律」と「自主性」の狭間で：運動部活動の妖しい魅力　145
4. 運動部活動はどこに行くのか　149

9 個人の経験におけるスポーツ(3)
健康とスポーツ　　　｜ 高尾将幸　154
1. 健康を語る視点　154
2. リスクと健康　156
3. 自己と健康　161
4. まとめ　165

10 個人の経験におけるスポーツ(4)
スポーツ観戦とファン　　　｜ 渡　正　170
1. スペクテイター・スポーツの誕生　170
2. スポーツのファンダム　174
3. スポーツ観戦者はどんな人びとか　181
4. スポーツスタジアムと観戦経験の今後　184

11 | 多様な社会とスポーツ(1)
ジェンダー・セクシュアリティとスポーツ　　｜ 稲葉佳奈子　188

1．男性中心文化としてのスポーツ　188
2．スポーツにおけるジェンダー格差　192
3．スポーツとセクシュアル・マイノリティ　195
4．「スポーツする権利のある女性」の境界線　198

12 | 多様な社会とスポーツ(2)
ナショナリズムとスポーツ　　｜ 下窪拓也　204

1．ナショナリズム、ネーションとは？　204
2．スポーツと国家主義　208
3．スポーツ・メガイベントとナショナリズム　211
4．移民とスポーツ　215

13 | 多様な社会とスポーツ(3)
障害・障害者とスポーツ　　｜ 山崎貴史　221

1．障害者スポーツとは？　221
2．障害者スポーツとその社会性の変遷　222
3．アダプテッド・スポーツと障害の社会モデル　229
4．障害者スポーツの可能性　231

14 | 多様な社会とスポーツ(4)
健康・スポーツ参加の格差と社会階層　　｜ 下窪拓也　239

1．社会階層／階級とスポーツ　239
2．イギリスの社会階級とスポーツ　241
3．健康／身体活動量の格差　245
4．社会階層とスポーツの関連　251

15 | 多様な社会とスポーツ(5)
多様な社会・多様なスポーツ　　　　　　　　　| 渡　正　257

1. 東京2020オリンピックにおけるスケートボード競技の衝撃　257
2. ライフスタイルスポーツ　259
3. スポーツと社会的資源の不均衡　265
4. スポーツ社会学の多様性と可能性　269

索引　275

1 | スポーツ社会学の考え方と方法

渡 正

　本章は、本書全体のイントロダクションとして、スポーツ社会学の研究や研究方法について概説する。これからスポーツ社会学を学び、研究していこうとするときの出発点を提供する。

1. スポーツを社会学的に考えるとはどのようなことなのか

　スポーツ社会学を学ぶ上で、「何をすればスポーツ社会学になるのか」、「何がスポーツ社会学なのか」と考えてしまうことはよくあることだ。「まえがき」にも記したとおり、何がスポーツかを決めるのは難しいが、「何をすればスポーツ社会学になるのか」はもう少し説明が可能であるだろう。

　当然のことではあるが、私たちが研究したい対象は、「スポーツ」である。ここでは便宜的に、体育や身体活動（健康やレクリエーショナルな活動）もスポーツに含んでおくことにする。「まえがき」でも述べたが、ひとまず「スポーツ」とは何かを操作的に定義しておく必要はない。皆さんが思い浮かべる「スポーツ」でかまわないだろう。ではスポーツの何を知りたいのか。また何をすればスポーツ社会学の研究となるだろうか。

　筒井淳也は（2021）は、社会学全般の特徴として研究活動における「演繹的推論の割合が低いこと、そして経験研究における数量データのプレゼンスが相対的に低いこと、そして計量研究における因果推論のプレゼンスもやはり相対的に低いこと」（筒井 2021: 9）を挙げている。この結果、社会学的研究は「断片的な経験データ、関連研究、緩めの概

念連関をガイド」とすることで論述が進行すると述べる。また、この方針は社会の特徴・変化の記述や要約を行うことに適しているという（筒井 2021: 43）。なぜ社会の特徴の記述や要約が必要なのだろうか。この点について、岸政彦は、社会調査の目的を「一見すると不合理な行為選択の背後にある合理性やもっともな理由」（岸ほか 2016: 29）を誰にでもわかるかたちで記述し、説明し、解釈することにあるとする。それを踏まえ北田暁大は社会学を「社会問題と見なされうる事柄を、社会の成員が用いるカテゴリーや理由に着目しつつ、記述・分析し、社会問題の他なる解決法を指し示していく学問である」（北田 2022: 28）とする。この点を敷衍（ふえん）すると、社会学を「誰か（複数でも可）が問題だとする・感じる事柄を、社会、すなわち私と誰かの関係性において、当事者自身の言葉（意味理解）に即して記述することで、人びとの多様な合理性を理解することから、事柄や意味理解のほかでもあり得る可能性を探ること」とすることができる。そして、スポーツ社会学は、その社会問題の領域をスポーツ（と当事者が理解するもの）の範囲に限定したものだと捉えることができるだろう。もちろんこの社会問題は、スポーツが人びとに与える影響によっても生起するし、人びとの活動がスポーツを社会問題化することもあるだろう。単に問題を解決することを目指すのではなく、「ほかでもあり得る可能性」とともに解決策を提示することである。それが、スポーツ社会学なのだとひとまずはいうる。

　こうした（スポーツ）社会学は、私たちの社会やスポーツが個別で、多様で異質なものの集まりと捉える。だからこそ、数式を中心的に用いた抽象的な理論モデルに基づく演繹的推論とは相性が悪くなる。特に統計的な因果推論（原因—結果の推定）の実施は難しい。なぜならこうした手法は、「環境と個体の同質性がある程度想定できる」（筒井 2021: 44）場合に有効になるためである。スポーツ科学や医学において実験的手法を用いた統計的な因果推論が、少数の実験参加者でも可能なのは、ヒトの生理的・生化学的・解剖学的構造が、ほぼ同質であると想定されうるため、少数の事例の知見をそれなりに大きな集団に対して敷衍できるからである。しかし、この同一性は焦点化する水準が移動すれば保持

できなくなる。社会学が見ようとしている人間のレベルは、複数の個体からなる個体群のレベルである。そうすると、同一性のレベルは自然科学とは異ならざるを得ない。したがって、社会学の計量的研究・統計分析も因果推論の形式を取ることは難しくなる。

2. 研究であるために

ではスポーツ社会学ではどのような方法で研究を行うことができるのだろうか。研究方法は「データ収集の方法」と「データの分析法」の2つに分けることができる。これは「調査」という言葉が使われていても事情は同様で、社会調査の方法というタイトルがついた文献でも、データの収集法の解説で終わるものもあれば、分析方法に触れているものもある。本章では主に「データの収集の方法」について述べる。

スポーツの社会学的研究を行おうと考えるとき、通常、私たちは、自らが一体何を疑問に思い、明らかにしたいのかを考えることから始まる。したがって研究を行うには「研究の問い」が何かを明確にすることがもっとも重要である。その「研究の問い」は先行研究の検討によって彫琢され、学問的・社会的な意義が明らかにされていくわけだが、その次に来るのが研究方法の選択である。したがって、ここで述べる研究方法は、必然的に「研究の問い」に従属することになる。

（1）研究方法の妥当性

自らの解明したいことに対して、それを叶える方法を用いなければならない。ここに研究方法の「妥当性」「信頼性」の問題が生じる。これらは主に質問紙調査における設問作成上の注意点でもあるが、その他の研究方法にも関わる。

研究方法の「妥当性（validity）」の検討は非常に重要である。この妥当性には「内的妥当性（internal validity）」「外的妥当性（external validity）」「構成概念妥当性（construct validity）」の3つが主に挙げられる（野村 2017: 92）。内的妥当性は、その研究および研究方法が明確な結論を導ける程度を示す。研究の問いや目的に対して、正確な知見と

なり得ているかの程度ともいえる。介入的な実験や授業の効果を研究するときは、検討したい結果が本当にその介入によってのみ引き起こされているかが重要であろう。もし介入によってのみ効果が得られているならば内的妥当性は高くなる。これに関連しているのが構成概念妥当性である。これは、研究を構成する概念が適切に定義され、調査されているかについての妥当性である。たとえば「運動習慣」を調査するとき、何を測れば運動習慣の測定に適切だろうか。会社員が職場の一つ前の駅で降りて歩いて向かうことは「運動」に入るだろうか。特に一義的には決定できない概念を研究しようとする際には注意が必要である。通常、量的調査では、作業仮説を設定する際に概念を操作化する必要があるが、その操作化が適切に行われているか、ということである。「貧困」は多様な意味を持つため、検証する際には貧困を、「等価可処分所得の中央値の半分に満たない収入で生活すること（相対的貧困）」のように変換する。ではこの操作は適切だろうか。この妥当性が構成概念妥当性である。これは内的妥当性に含まれるとする考えもある。一方、社会学においては、研究で用いる概念を研究者側が決定（操作化）せず、対象とする人びとがそれをどのように用いているかに従う場合もある。このとき、対象とする人びとの認識を適切に捉えられているか否かが問題になる。また、そもそも人びとがどのようにある現象を理解しているか自体が社会学の問いになり得るのである。

　外的妥当性は、研究から得られた知見を一般化できる程度を示す。ある学校の児童の体力について得られた知見が、他の学校・地域や日本社会にまで適用可能な知見であれば、外的妥当性が高いといえる。外的妥当性が高いほど、研究の知見がより一般的なものとして有用になると考えられる。ただし、特に質的研究の場合、そもそもの研究関心や目的が個別具体的であることから、外的妥当性が低い事自体は問題ではない場合もある。戒めなければならないのは、外的妥当性の低い知見を拡大解釈してしまうことである。

（2）研究方法の信頼性

　研究方法の信頼性は、誰が調査しても、同様の手続きで正しく行われれば、同じ結果が得られるという再現可能性を意味する。だが、特に質的な調査、以下で見るインタビュー調査、フィールドワークの場合、聞き手や調査者が変われば、引き出せる回答や気づくことのできることは当然変わってしまい、研究の再現性は低くなってしまう。このとき質的な研究は信頼性を放棄してしまっている「なんでもあり」なもので、優れた聞き手、フィールドワーカーのみが研究できるものなのだろうか。もちろんそのようなことはない。第一に、調査対象へのアクセスや、フィールドワークの中身を検証できるようにすること、すなわちフィールドノートの作成などによって説明可能性を高めておくことが必要である。第二に、データ分析の方法の手続き化も重要である。インタビューやフィールドワークから得られたデータはどのように分析されたのか、その方法的手続きを適切にたどり直すことができることが必要である。その意味で質的データ分析の方法論を学ぶことは重要であろう。第三に、こうした質的研究から得られた知見は、常に社会や当事者からのチェックを受ける用意がなされている必要がある。言い換えれば、生み出された知見が、当事者にとって受け入れられるものであることが重要である。質的研究の信頼性は特にこの第三の水準を担保することが求められるだろう。その意味で質的研究は常に対象者・当事者に「寄り添う」ものである。

（3）横断研究と縦断研究・事例研究の区別

　社会学の研究は、社会や人の多様性、その変化の探索・要約が中心的な課題である。これは、基本的に社会や人びとが異質であることを前提に、その比較によって差異を記述することに向かう。そのため人の同質性を前提に因果を推論する方向性が強くならないのが特徴である。

　この前提は、社会学の研究を横断的研究（cross-sectional design）に向かわせることになる。横断的研究は「時間を線でなく点として捉え、『ある一時点』における調査対象間の差異を明らかにする。したがっ

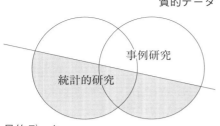

図1-1　量的・質的の区分と統計的―事例の区分の関係（盛山 2004: 23）

て、事前・事後の変化は捉えない」（野村 2017: 107傍点は原文）研究である。たとえば、人びとのスポーツ参加を研究するとして、社会学で検討しようとするのは、スポーツ参加に積極的なグループとそうでないグループの差異が中心となる。どうすればスポーツ参加に積極的になるかは、中心に置かれない傾向がある。こうしたデザインは量的調査研究だけでなく質的調査研究でも行われうる。

　縦断的研究とはある一時点のグループ間の差異ではなく、同一性のある対象の時間経過を伴う複数の時点での変化を検討することが目的となり、典型的には、実験などによる「因果推論」の形を取る。社会学ではコホート法やパネル調査などによって行われる。コホート法は、繰り返し調査とも呼ばれ、時間をおいて同じ調査（同じ質問を含む調査）を繰り返すタイプの調査である。同じ特徴を持つ特定の集団をコホートと呼び、代表的なのが同年齢集団である。こうした調査で有名なものに「社会階層と社会移動全国調査（SSM 調査）」がある。

　もう一つの方法がパネル調査である。パネル調査は同一対象者の追跡調査である。時間をおいて同一の調査対象（パネル）に繰り返し調査を行うためその変化を見ることが可能となる。ただし、パネル自体が抜け落ちていって標本サイズが小さくなってしまったり、偏りが生まれたり、母集団に対する代表性が失われたりする問題がある。

　事例研究（case study）、質的研究について盛山和夫は、「複数の個体からなる個体群の全体に関心を」持つ量的研究に対して、「1 個の個体に関心」を持つものという（盛山 2004: 22）。では、どのように事例を選べば良いのか。多くの場合は、その事例が「固有な」「個性的な」特徴を持つことに求められると考えられる。もちろんあまり特徴的でないと思われるような事例であっても、分析のレベルや関心のレベルをどこ

に置くのかによっても「固有な」「個性的な」という意味は変わる。そのため事例研究は、社会的・歴史的な文脈から切り離せない対象において「どのように」「なぜ」という問いと親和性が高いといえる。

3. 研究データを集める

（1）研究対象の決定

　研究すべき内容が決まって実際に調査をする際に気をつけることはいくつかある。調査者自身がどのような問題関心で何を明らかにしたいのかを先行研究を参考にしながら明らかにすることが重要である。とりあえずアンケート、とかインタビューと考えるのではいけない。

　調べたい事象がどのような傾向を持っていて、なぜそのような事象が生じているかなどについて、調査者が前もって考えておく「仮説」が必要となる。特に質問紙調査は、実際の調査が行われてから新たな事実や事例が浮かび上がってきても、再度調査を行うことが難しいため、事前の「仮説」設定が重要である。質的調査の場合は研究対象者と直接コミュニケーションを取るので、対象について深く調べておくことが重要である。相手の話を聞きたいのに、基本的な知識もない人に話をしてくれることはない。

　仮説が設定されたら実際の調査を検証する段階となる。ここでまず重要なのが母集団とサンプルサイズである。調査したい集団はどのような集団だろうか。たとえば「大学生」が調査したい対象であれば、これが母集団となる。ちなみに2023年の学校基本調査では、4年制大学に所属する学生数は約263万人である（このとき、短期大学に在籍する学生や大学院生は「大学生」に含まれるべきだろうか）。大学生に対して調査を行いたいのであれば、この263万人に調査を行うことがまず考えられる。質問紙調査はこの母集団のすべてに調査を行う全数調査（悉皆調査）と母集団から一部を抽出した標本に調査を行う標本調査に分けられる。多くの場合、全数調査は難しく現実的ではない。そのため、標本抽出（サンプリング）をして調査を行うことになる。この抽出される人数が標本サイズ（サンプルサイズ）と呼ばれる。一般に標本サイズの計算

$$\text{必要な標本サイズ} = \frac{\text{母集団サイズ（人）}}{\left(\frac{\text{許容誤差}}{\text{信頼係数に対応するZスコア}}\right)^2 \frac{\text{母集団サイズ}-1}{\text{母比率}(1-\text{母比率})} + 1}$$

- **許容誤差**：標本比率における許容される±の幅（例：0.05）
- **信頼係数**：母数（母比率）が信頼区間（母数がきっとそこに入るはずだと想定される範囲）に入る確率（例：95％）
- **Zスコア**：信頼係数〇％の場合、標準正規分布においてケースの〇％が標準偏差何倍分の左右の範囲の中に含まれるかを表す数値（例：信頼係数95％ならZスコアは1.96）
- **母比率**：母集団においてある事象が起こる確率（例：0.5）

図1-2 必要な標本サイズの計算方法（三井ら 2023: 134）

式には目安がある（図1-2参照）。この計算式を使うと、大学生の母集団263万人を推定するためのサンプルサイズは384人となる。

標本の抽出には通常、確率的抽出・無作為抽出（random sampling）が用いられる。しかし、母集団から標本を確率的に、無作為的に抽出を行うためには、母集団全員のリスト・台帳（抽出台帳）が存在する必要がある。

確率的抽出・無作為抽出には単純無作為抽出法、多段抽出法、層別（層化）抽出法、系統（等間隔）抽出法などがある。抽出台帳として使われるのは「住民基本台帳」や「選挙人名簿」などが一般的である。また「町内会名簿」「学生名簿」「同窓会名簿」なども抽出台帳になり得る。しかし個人情報保護の観点から近年では入手が難しい状況になっている。よって、確率的抽出の前提となる抽出台帳が得られない場合も多い。その場合、正確にはこうした確率的抽出は行うことができない。

厳密な正確性に欠けたとしても、有益なデータがタイミングよく得られれば、そしてそのデータの偏りと限界をわかっていれば大きな問題にならない場合もある。もちろんこの場合、外的妥当性は低下することになる。そうした場合に非確率的抽出法が行われる。非確率的抽出法には、典型（抽出）法、割当法、雪だるま式抽出法がある。非確率的抽出法の場合、どれだけの回答を得ても母集団について統計的に推論するこ

とはできない。したがって、量的調査以外のアプローチも検討すべきかもしれない。

しかし、盛山が述べるように、無作為でなくても何らかの形で抽出された対象者に調査することの方がはるかに重要だという対象もある。そのため、「母集団における正確な分布はわからないとしても、『どういう生活をしている人がいるか』『どういう意識を持って生活しているのか』ということについての一定の事実を知る」(盛山 2004: 137-138) ことも重要である。

質的調査における調査対象の人数について決定することは難しい。「何人くらいに聞いたらいいですか」という質問は簡単に答えられるものではないだろう。標準的には「飽和」までというのが回答になるだろう。「飽和」というのは、「グラウンデッド・セオリー・アプローチ；GTA」の用語である「理論的飽和」に由来し、これ以上新しい人にインタビューをしても、データ分析上の新しいカテゴリーが得られない状態をいう。だがこれもあくまで外的妥当性を高めることが必要な目的のなかでの話である。ある特定の固有の状況についてのインタビューであればたった1人の話を深く聞くことが重要かもしれない。量的研究は確率と統計分析が必要な標本数をガイドしてくれるが、質的な研究では、目的と方法と得られたデータの往復から、なぜその人数でよいのか（でなければならないのか）自体を説明する必要が出てくる。

量的調査と質的調査は対立するものではない。確かに、量的調査の前提には、社会現象は客観的に捕捉可能とし、自然科学的なアプローチを採用する「実証主義」と、社会現象をそれに関わる人びとが現象をどのように経験したり解釈したりするかを捕捉しようとする「解釈主義」に立つ、という違いがある。だが、量的調査の標本数の決定方法は質的調査を実行する際にも参考になる。また、質的調査によって、量的調査によって調べるべき項目が立てられるということもある。研究の問いに適切に回答できる方法が求められるべきだろう。以下では、個別にデータ収集の方法について概観しよう。

（2）質問紙調査

　最初に取り上げるのは、質問紙調査である。調査票調査ということもあるが、本書では質問紙調査と呼ぶことにする。いわゆるアンケートである。フランス語のアンケート、英語ではクエスチョネアという単語にはすでに調査という意味が含まれているため「アンケート調査」という言葉は正確ではない。

　質問紙調査は社会学的な調査手法のなかでは量的調査を代表する研究方法（調査方法、データ収集法）である。その強みは、個々人の意識や考え方、社会の実態を数値に変換することで、対象となる集団や事象の全体像を掴むことにある。ごくごく簡単に表現すれば「○○な人ほど△△である」ことを明らかにすることを目指すものである。

　質問紙の作成の際には項目の言い回しや聞き方には注意が必要である。たとえば「教員の負担となっている部活動は、地域移行すべきか」という質問をすると、「教員の負担」という部分が地域移行への回答に影響してしまう可能性や、そもそも回答を誘導してしまう可能性がある。

　次の注意点はダブル・バーレル（double-barrel）といわれる、二つの問いが含まれる一つの質問をしてはならないということである。「オリンピックやパラリンピックでのメダル獲得数を増やすべきか」という質問では、オリンピックではよいがパラリンピックではだめだ（あるいはその逆）の意見を持つ人は回答できなかったり、回答がばらついたりする。一つの文章で一つの質問を心がける必要がある。

　また、キャリー・オーバー効果も意識する必要がある。キャリー・オーバー効果は、それまでの質問の流れで回答が左右される効果をいう。図1-3は令和4年に行われた「冬季オリンピック・パラリンピック招致に関する意向調査」の調査票である。これは、札幌市が札幌オリンピック・パラリンピック招致に関してその意向を調査したものだが、キャリーオーバー効果の視点から見ると少し危険な内容になっている。特に問3から問7が大会や誘致活動のネガティブな面を見せないような例示をしているため、問8の賛否について、賛成方向に誘導される可能

冬季オリンピック・パラリンピック招致について、回答にご協力ください（札幌市）

同封されている「2030 北海道・札幌オリンピック・パラリンピック冬季競技大会概要（案）」をお読みになったうえで、以下のご質問にお答えください。

問1　1972 年に札幌で冬季オリンピックが開催されたことを知っていましたか。

1　知っていた　　2　知らなかった

問2　札幌市が 2030 年オリンピック・パラリンピック冬季競技大会（以下、2030 年大会）の開催を検討していることを知っていましたか。

1　知っていた　　2　知らなかった

問3　札幌市では 2030 年大会について、「単なる一過性のスポーツイベントではなく、北海道・札幌が将来に渡って輝き続けるためのまちづくりに関するプロジェクト」としています。この内容について、あなたはどう思いますか。あてはまるもの1つに○をつけてください。
⇒ 大会概要（案）P3～12

1　理解した　　2　理解できなかった　　3　わからない

問4　冬季パラリンピックは北海道・札幌市で初めての開催となります。札幌市は、パラリンピックの開催が、障がいの有無に関わらず誰もが生き生きと暮らせる「共生社会」の実現に貢献すると考えています。この内容について、あなたはどう思いますか。あてはまるもの1つに○をつけてください。
⇒ 大会概要（案）P9、17～18

1　理解した　　2　理解できなかった　　3　わからない

問5　オリンピック・パラリンピックを開催する際の懸念として、大会後の施設の後利用や維持・管理についての負担があげられます。札幌市では施設整備の考え方として、「すでにある施設を最大限活用し、大会開催のための新たな施設は設けない」としています。この内容について、あなたはどう思いますか。あてはまるもの1つに○をつけてください。⇒ 大会概要（案）P27

1　理解した　　2　理解できなかった　　3　わからない

問6　札幌市では財政面の考え方として、「大会の運営のための費用は、IOC（国際オリンピック委員会）の負担金やスポンサー収入などで賄い、原則、税金は投入しない計画」としています。この内容について、あなたはどう思いますか。あてはまるもの1つに○をつけてください。
⇒ 大会概要（案）P28

1　理解した　　2　理解できなかった　　3　わからない

問7　オリンピック・パラリンピックを開催する際の懸念として、災害や感染症などのリスクがあげられます。札幌市では「新型コロナウイルスへの対応等、不測の事態への対応のため、予算の 10%程度を予備費として確保する」としています。この内容について、あなたはどう思いますか。あてはまるもの1つに○をつけてください。⇒ 大会概要（案）P28

1　理解した　　2　理解できなかった　　3　わからない

問8　北海道・札幌市で冬季オリンピック・パラリンピックを開催することを、あなたはどう思いますか。次の中からあてはまるもの1つに○をつけてください。

1　賛成　　2　どちらかといえば賛成　　3　わからない
4　どちらかといえば反対　　5　反対

《問8で「1 賛成、2 どちらかといえば賛成」と回答された方にお伺いします。》
問8－1　その理由について、次の中からあてはまるもの3つまで○をつけてください。

1　子どもたちに夢と希望を与えるから　　2　雇用創出や経済効果が期待できるから
3　北海道・札幌の PR につながるから　　4　ウインタースポーツの振興につながるから
5　まちのバリアフリー化が進むから　　6　国際交流につながるから
7　世界中のアスリートの活躍を見られるから　　8　SDGs などの環境問題への取組が促進されるから
9　その他（　　　　）

《問8で「3 わからない」と回答された方にお伺いします。》
問8－2　その理由について、次の中からあてはまるもの3つまで○をつけてください。

1　不測の事態が発生した場合、税金が使用されるのかわからないから
2　IOC と適切なリスク分担がされるのかわからないから
3　経済効果の実現につながるのかわからないから　　4　競技を直接観戦できるのかわからないから
5　2030 年が先のこと過ぎて、現時点ではわからない
6　オリンピック・パラリンピックに対する期待と懸念の両方があるから
7　大会についての情報が少なく、わからないことが多いから　　8　関心がないから
9　その他（　　　　）

《問8で「4 どちらかといえば反対、5 反対」と回答された方にお伺いします。》
問8－3　その理由について、次の中からあてはまるもの3つまで○をつけてください。

1　開催に多額の予算が必要だから　　2　他の施策に注力してほしいから
3　北海道/札幌市のみで解決が難しい災害や感染症など不測の事態への対応が不安であるから
4　大会で利用された施設が適切に管理・維持されるのかわからないから
5　経済効果は薄いと考えているから
6　大会時に道路や公共交通機関の利用客が増加し、生活に支障をきたすから
7　オリンピック・パラリンピック以外の方法で北海道・札幌市の魅力を発信することは可能だから
8　オリンピック・パラリンピックが好きではないから
9　犯罪やテロが発生する可能性が高まるから
10　その他（　　　　）

図１－３　札幌市による札幌オリンピック・パラリンピックの意向調査の調査票
（札幌市役所 WEB サイト）

性がある。冬季オリンピック・パラリンピックの招致に関して、札幌市民はすでに関心を持っていた項目だったと考えられるので問8は最初に聞くべき項目だといえる。

また、回答者は一般に、「あなたはAだと思いますか」と「あなたはAではないと思いますか」だと、前者のほうがAに賛成する傾向が高くなるといわれる。これは「イエス・テンデンシー」と呼ばれる。また回答者が調査者の意向を忖度(そんたく)したり、世間一般の回答を忖度することも傾向としてある。このように質問文を構成する文言や順序に十分気をつけて設計される必要がある。

（3）インタビュー調査

どの方法にも当てはまることではあるが、インタビュー調査という方法が有効かどうかは研究関心や問題設定によって変わる。よってインタビュー調査という方法を選択する以前に、観察や質問紙調査など他のデータ収集の方法と比較して、研究関心や問題設定がインタビュー調査という方法とどれだけ適合しているかを十分に吟味する必要がある（松木ら 2023）。

インタビュー調査は、社会で何が起こっているのか、あるいはある社会が人びとにどのように影響し関わったのかを、それに関係した（諸）個人の実践や経験と、経験への意味付けのあり方とともに理解するものである。事例研究の定義（盛山 2004）からすればインタビュー調査もその一つであるため、「一個の個体」のレベルをどこに置くかでサイズが変わると考えるべきだろう。したがって、知りたい内容である「社会」と「個人」の関係性をどのように捉えようとするかによって調査する人数も決まってくる。

インタビューの際に、複数の対象者に聞くことが決まっているのであれば、ある程度共通したインタビュー内容を準備することが求められるだろう。研究として知見を得るために複数人に調査することが計画されているならば、聞く内容はすべて同一にする構造化インタビューか、共通した部分を質問しつつ、その場の状況に応じて、その個人に応じて内

容が変化することを受け入れる半構造化インタビューのどちらかを採用することになる。構造化インタビューは質問紙調査を個別面接法で実施することとほぼ同じとなる。あえて質的方法を採用する場合、多くの研究では半構造化インタビューが採用されている。もう一つ、質問内容がインタビュー対象者に個別化される非構造化インタビューがある。その個人の人生を主題とする生活史では、その人の人生に応じて質問は変わる。岸は生活史を聞き取るインタビューの最初は「お生まれは」という一言から始まるというが、それ以外は様々であるという（岸ほか 2016: 160、岸編 2022）。

　では何を聞くのか。松木らはインタビューの基本的な考え方として、「他ならぬその対象者に尋ねる理由があることを尋ねる」（松木ほか 2023: 8）と述べている。だからこそ、その対象者と聞きたい内容に対する基礎的な知識や先行研究を押さえておく必要がある。それによって、「インタビューの主題に関する知識と対象者への関心を示すことは、一般論や表面的な回答」ではなく「具体的で詳細な語りを対象者から得るための一つの方法」（松木ほか 2023: 9）となるのである。対象者からの信頼関係を示す「ラポール」はそうした調査者の態度によってのみ可能となるものである。

（4）文書資料を集める

　文書資料も非常に大事なデータの収集法である。ここでは大雑把に文書資料とするが、歴史的な資料や公的な資料、新聞のデータベースなど様々なものが考えられる。特に歴史的資料の場合は「一次資料」と「二次資料」を区別し、できるだけ「一次資料」にあたることが重要である。「一次資料」は研究対象に直接関わるものであり、「二次資料」は間接的に関わるものである。歴史資料ではないが、大谷翔平について調べるとき、大谷翔平自身が書いたり、述べたりしたことが明確な資料を一次資料、大谷翔平について、記者などが書いたりしたものが二次資料となる。ただし、研究が「大谷翔平はどのように語られたのか」であれば、大谷翔平について書かれたものも一次資料になりうる。

適切な歴史的資料を見つけるのは簡単ではないが、多くの場合、先行研究を検討することが出発点となる。テーマに関連する先行研究を読み込み、同時代の新聞・雑誌や、対象が具体的な土地と結びついているのであれば現地の資料館や図書館などを利用してみることもよい。

　新聞や雑誌も文書資料として貴重なものである。新聞や雑誌の記事は、読者に広く共有されている（と判断する）価値や規範にそって記事が書かれているからである（松木 2023: 102）。ただし、新聞・雑誌にはそのメディアによって生じるバイアスがあるため注意が必要となる。ある新聞で使われる語が変化してもそれが社会の変化によるのか、読者層の変化によるのか、編集方針の変化によるのかを勘案することは重要である。

　新聞のデータベースは近年、電子化が進み、インターネット上で検索が可能になっているものも多い。国会図書館では、多くの新聞データベースが利用可能である（国立国会図書館リサーチ・ナビ、新聞記事データベースの使い方 https://ndlsearch.ndl.go.jp/rnavi/newspapers/post_1085）。また各公立図書館や大学図書館でも利用できる大手新聞社のデータベースがある。雑誌記事についても、国立国会図書館や東京都立図書館などのホームページで、「雑誌記事検索」を利用したり、大宅壮一文庫のような雑誌専門の民間図書館も利用したりするとよい。特に国立国会図書館のホームページ上にあるリサーチ・ナビは資料検索の際には利用してみることがよいだろう。

　検索する際には、検索のキーワードの設定に注意が必要である。たとえば「パラリンピック」は正式には1985年に国際オリンピック委員会（IOC）が国際身体障害者スポーツ大会に「パラリンピック」という名称を名乗ることを許可して以降に使われている。そのため国内では1964年ころは、「身障者五輪」とか「身障者大会」と呼ばれていた。したがって「パラリンピック」というキーワードだけでは過去の記事が検索されないことになる。

　また検索した際は、どのような設定で、どのような検索語で、どのような対象に検索を行ったのか、その結果何件ヒットしたのかを記録して

おく必要がある。また、そのうちどのような基準で取捨選択を行ったのかについても記録を残しておこう。データ収集の再現性確保のためにも重要な記録である。

（5）観察すること

　観察は、「その場で何が起きているかを見て取る調査方法」（三井ら 2023: 46）である。観察する側が現場を切り取るため、対象者・当事者の主観的な視点（一人称視点）は入らず、調査者の立ち位置や視点が大きな意味を持つ。三井らは、この点から、非参与的な観察としてのビデオ撮影と調査者自身が対象の活動に参加し、当事者の視点に置きながら観察する「参与観察（participant observation）」を対置している。ただしこれはビデオ撮影が活動の外部からの参加で、参与観察が活動の内部からの観察と単純にはならないので注意が必要である。どのような方法を取ろうとも調査をするという営み自体が、対象の集団などに関与せざるを得ず、それはときに「迷惑」なものであり場合によっては「暴力的」なものとなることを理解すべきである。

　ビデオやカメラ、ICレコーダーなどを使った観察・録音・録画は、確かに外部的な観察を可能にするが、対象に観察されていることをことさら伝達してしまう部分もある。この点はいわゆる「ホーソン効果」として知られる。一方で適切に用いられたビデオ観察は、スポーツ活動を非常に細かいレベルまで捉えることを可能にする。樫田美雄（2021）はこうした手法をビデオエスノグラフィーと位置づけている。

　参与観察、あるいはフィールドワークと呼ばれる観察は、当事者の営みに調査者自体が参加し、できるだけ当事者の視点に近い位置に身を置き観察することに重点がある。ビデオなどを用いた観察に比べ参与観察はまさに対象の活動に自ら参与しているため、観察した内容を記録することが難しい。そのためメモを取ることが重要だが、活動の場にそぐわない形でメモを取ることは、調査対象の活動の邪魔をしたり、不必要に意識させてしまうので注意が必要である。その日にあったことをまとめるフィールドノートを作成する。フィールドノートはそれぞれの調査者

によって様々な書き方がある。石岡丈昇はマニラのボクシングジムの住み込み調査の際のフィールドノートについて比較的詳細に記録しているので参照してみてほしい（岸ほか 2016: 114-123）。重要なのは、メモをまとめた詳細なフィールドノートが参与観察ではデータとなるため、これがなければデータ収集にならないということであろう。

調査対象者の現場に出かけていくことを「フィールドワーク」や「エスノグラフィー」と呼ぶことがある。基本的にはエスノグラフィーは参与観察やフィールドワークを総合的に分析・再構成したまとまった文書のことを指す。一方、フィールドワークは、「野に出る仕事」であり、質的調査に限らず行われるし、社会科学だけでなく生物学などの自然科学でも行われる手法である。重要なのは、対象者の場所まで出かけ、それを観察・体験することで対象を理解しようとすることであろう。

（6）その他：公的統計と二次分析

最後に紹介するのは、公的統計や民間団体の調査結果を利用する方法である。公的統計は、「統計法」に基づき国が作成する調査統計である。日本国政府が実施している統計は、e-stat というポータルサイトで検索・閲覧が可能である（https://www.e-stat.go.jp）。近年はデータアーカイブ設立の機運の高まりを受けて、いくつかの機関でデータを公開している。表1-1はスポーツに関連した公的統計やデータアーカイブを示したものである（秋吉 2021）。自らの研究テーマを深めるためにもまずはこうした公的統計やデータにアクセスする必要がある。

こうしたデータは、公的統計も含めて学術利用の目的で、二次的利用が可能なものもある。こうしたデータを用いて、自らの研究関心に基づき分析することを二次分析という。二次分析は調査の実施にかかる時間・費用のコストを大幅に削減できる点で大きなメリットがある。また、こうしたデータは大規模なものが多く、サンプルの代表性が担保されているため、推測統計を使用した分析が可能であり、母集団の特徴を統計的に明らかにすることができる。デメリットとしては、研究関心に適切な変数が調査されていないことがあったり、調査方法や回収率など

表1-1 我が国の運動・スポーツ実施等に関する主な全国調査

調査実施主体（現在）	調査名	調査開始年	調査の対象	調査周期	調査方法	調査内容
スポーツ庁	体力・運動能力調査	1964年	・児童 ・生徒 ・学生 ・成年（20～64歳） ・高齢者（65～79歳）	毎年	・新体カテスト ・体格測定	・新体力テスト（対象によりテスト項目は異なる） 握力、上体起こし、長座体前屈、反復横とび、50m走、立ち幅とび、ソフトボール投げ等 ・運動・スポーツ実施状況、朝食、睡眠時間、テレビ視聴時間等 ・体格測定 身長、体重
スポーツ庁	体育・スポーツ施設現況調査	1969年	・市町村教育委員会 ・公私立の小中高校等 ・国公私立大学等	3年おき	・オンライン	・施設種別 ・個所数 ・規模 ・学校開放状況等 ※調査内容は、実施年によって異なる
スポーツ庁	全国体力・運動能力、運動習慣等調査	2008年	・児童 ・生徒 ・学校 ・教育委員会	毎年	・新体力テスト ・質問紙調査	・新体力テスト（対象によりテスト項目は異なる） 握力、上体起こし、長座体前屈、反復横とび、50m走、立ち幅とび、ソフトボール投げ等 ・質問紙調査 運動習慣、生活習慣、子供の体力向上に係る施策等
スポーツ庁	スポーツの実施状況等に関する世論調査	2016年	・全国18～79歳の「楽天インサイト」パネル	毎年	・WEBアンケート調査	・健康・体力に関する意識（現在の健康状態、体力の自信の有無等） ・運動・スポーツの実施状況と今後の意向（この1年間に行った運動・スポーツ種目、費用等） ・スポーツ観戦（この1年間に観戦した運動・スポーツ種目等） ・スポーツに関するボランティア活動（この1年間のスポーツボランティア活動の参加有無等） ・運動・スポーツの価値（運動・スポーツの大切さ等）
内閣府	国民生活に関する世論調査	1957年	・全国の日本国籍を有する18歳以上の者	毎年（原則）	・個別面接聴取法	・現在の生活（生活の向上感、満足度等） ・今後の生活（生活の見通し、力点等） ・生き方・考え方（家庭の役割、働く目的等） ・政府に対する要望
総務省	社会生活基本調査	1976年	・全国の10歳以上の世帯員	5年ごと	・質問紙調査	・調査票A 世帯主との続柄、世帯員数、就業状態、健康状態、スポーツ活動等 ・調査票B 世帯主との続柄、世帯員数、就業状態、健康状態等
厚生労働省	国民健康・栄養調査	1947年	・抽出された区内の全世帯及び世帯員（1歳以上）	毎年	・調査票（測定等含む）	・身体状況調査票（対象により項目は異なる） 身長、体重、腹囲、血圧、血液検査等 ・栄養摂取状況調査票 世帯状況、食事状況、食物摂取状況、1日の身体活動量（歩数） ・生活習慣調査票 食生活、身体活動、休養、飲酒等の生活習慣全般
公益財団法人笹川スポーツ財団	スポーツライフに関する調査（スポーツライフ・データ）	1992年	・全国18歳以上の者	隔年	・質問紙調査	・運動・スポーツ実施状況（種目、頻度、時間等） ・運動・スポーツ施設 ・スポーツ観戦 ・スポーツボランティア ・2020年東京オリンピック・パラリンピック ・スポーツクラブ・同好会・チーム ・スポーツ活動歴 ・生活習慣・健康 ・個人属性等
公益財団法人日本生産性本部	余暇活動調査（レジャー白書調査）	1979年	・全国15～79歳男女	毎年	・質問紙調査	・スポーツ部門 ・趣味・創作部門 ・娯楽部門 ・観光・行楽部門 ・その他部門

注）調査対象、方法、内容は、最新版の情報を示している。
（秋吉 2021: 35）

データの特性についての理解が不十分になる可能性がある。しかしいずれにしても、量的な研究関心がある場合は、公的統計などの二次分析を検討することを出発点にすることは、様々な点で重要である。

4. スポーツ社会学の研究の実際

　以上、スポーツ社会学の問いの立て方、研究実施上の注意点といくつかの研究方法＝データ収集方法を見てきた。繰り返しにはなるが、こうした研究方法は、自身の立てた問いとの適切さのなかで、選択されるべきである。

　スポーツ社会学ではどのような研究方法が採用されているだろうか。秋吉遼子（2021）は、日本スポーツ社会学会の学会誌である『スポーツ社会学研究』について2000年から2020年までに掲載された研究論文（原著論文）74本について分析し、研究手法の特徴を明らかにしている。秋吉によれば、文献研究が43.2％で最も多く、インタビュー調査が36.5％、ドキュメント分析が20.3％の順であった。また、質問紙調査は6.7％にとどまっている。ここでの「文献研究」とは主に歴史的資料を用いた研究や、様々な論者の論考を整序することによる推論を含んでいる。

　高尾将幸によれば、日本スポーツとジェンダー学会の掲載論文では、「多い順に質的データ（50％）、量的データ（25％）、ドキュメント（14.6％）、その他（10.4％）となっていた。質的データの内訳としては、インタビュー・データが17本（62％）、メディア・テクストとフィールドノーツを用いたものがそれぞれ5本（19％）」だったという（高尾 2022: 55）。これと比べるとスポーツ社会学研究は質的調査・データに偏っている可能性がある。

　さて、本章はこれまでスポーツ社会学の研究がどのようなものであるのかをたどってきた。繰り返しになるが、スポーツ社会学はスポーツと人びとが意味づけする領域において「誰か（複数でも可）が問題だとする・感じる事柄を、社会、すなわち私と誰かの関係性において、当事者自身の言葉（意味理解）に即して記述することで、人びとの多様な合理

性を理解することから、事柄や意味理解のほかでもあり得る可能性を探ること」となる。このなかで私たちはそれぞれの関心に基づいて研究の問いを立て、適切な方法でデータを集め、分析していくことになる。

　本章そのものが、実はその研究の過程をなぞった記述となっている。しかし意図的に記述しなかったものがある。「研究の問い」を彫琢し学問的・社会的な意義があるものにしていくためには、これまでの研究を批判的に検討・整理することが重要である。それらが2章以降の記述である。ぜひ、それぞれの研究テーマを思い描きながら2章以降へと進んでほしい。

研究課題

1. 本章で提示したスポーツ社会学の考え方に基づいて、自分の関心のある研究テーマを考えてみよう。
2. そのテーマに適切な研究方法はどのようなものか考えてみよう。

引用・文献

秋吉遼子，2021，「スポーツ社会学における社会調査のトライアンギュレーション」『スポーツ社会学研究』29（1）：25-40
稲葉振一郎，2019，『社会学入門中級編』有斐閣.
樫田美雄，2021，『ビデオ・エスノグラフィーの可能性——医療・福祉・教育に関する新しい研究方法の提案』晃洋書房.
岸　政彦・石岡丈昇・丸山里美，2016，『質的社会調査の方法——他者の合理性の理解社会学』有斐閣.
岸　政彦編，2022，『生活史論集』ナカニシヤ出版.
北田暁大，2022，『実況中継・社会学——等価機能主義から学ぶ社会分析』有斐閣.
松木洋人・中西泰子・本田真隆編，2023，『基礎からわかる社会学研究法——具体例で学ぶ研究の進めかた』ミネルヴァ書房.

三井さよ・三谷はるよ・西川知亨・工藤保則，2023，『はじめての社会調査』世界思想社．

野村　康，2017，『社会科学の考え方——認識論，リサーチ・デザイン，手法』名古屋大学出版会．

盛山和夫，2004，『社会調査法』有斐閣．

高尾将幸，2022，「スポーツとジェンダーに関する国内の研究動向——「理論・方法」『スポーツとジェンダー研究』20：55-57．

筒井淳也，2021，『シリーズ ソーシャル・サイエンス 社会学——「非サイエンス」的な知の居場所』岩波書店．

2 社会現象としてのスポーツ（1）：スポーツ・メガイベント

高尾将幸

　オリンピックやサッカーFIFA ワールドカップなど、現代社会はスポーツの巨大イベントの華やかな様子やそれに向けて切磋琢磨するアスリートの話題に満ち溢れている。本章ではそれをスポーツ・メガイベント（以下、SME）という観点で捉え、その歴史を踏まえつつ、社会学的研究の必要性を論じる。

1. メガイベントとは何か

　21世紀も四半世紀が過ぎようとしている今日、音楽や芸術とならび、世界規模での文化現象として、スポーツはその地位を認められているように見える。そのことを端的に示す証拠の一つとして、グローバルなメガイベントとしてのスポーツの姿がある。サッカーFIFA ワールドカップ、オリンピック、ラグビーワールドカップ、ウィメンズ・ワールドカップ、ツールドフランス、テニスの四大大会……。私たちは日々多くのSME に関連した情報に触れている。試合の結果はもとより、国や地域の予選、選手の世界ランキングの推移、招致開催をめぐる様々な課題や問題（時には「不正」なものも含まれる）も、日々、国境を越えて報じられている。

　2022年には、中東で初めてのサッカーFIFA ワールドカップが開催された。開催国はエネルギー資源国として知られるカタールである。同国では、ワールドカップ開催に向けて地下鉄をはじめとするインフラ整備が急ピッチで進められた。会場となった8つの競技場のうち7つが新設されるなど、その投資の規模の大きさがうかがえる。

　FIFAの発表によると、同大会では通算172ゴール、50億人動員と

いった新記録が樹立され、決勝戦の視聴者数は全世界でなんと15億人に達したとされている。ソーシャルメディアでは約60億人のエンゲージメント（投稿や反応）を獲得し、全プラットフォームでの累積リーチは2,620億人にも達した[1]。

こうした巨大なスポーツイベントの光景は、21世紀を生きる私たちにとって、ある意味では、お馴染みのものである。しかし、スポーツの「メガイベント」化はその歴史的端緒からみれば決して必然的ではなかった。第5章「スポーツ政策」でも触れるように、19世紀イギリスのパブリックスクールにおけるエリート教育の手段として、スポーツとは極めてローカルで、日常に根差した現象であった。当時、スポーツのイベントといえば、学校間対抗の競技大会やレースという程度のものでしかなかった。もちろん、後述するようにアマチュアリズムが支配するなか、賞金やビジネス（興行）の要素も注意深く取り除かれていた。

それでは、スポーツは、どのようにしてメガイベントとしての地位を得るに至ったのだろうか。それを可能にした条件とはいったい何だったのだろうか。

（1）メガイベントの定義

メガイベント（mega-event）とは何か。通常、それは広い知名度を有し、しばしば国際的な影響力を持つ大規模な文化イベントを意味する。社会学者のM. Roche（モーリス・ロチェ）は、それを「ドラマチックな性格を持ち、大衆にアピールし、国際的な意義を持つ大規模な文化的（商業的、スポーツ的なものも含む）イベント」と定義している。またそれは「通常、国の政府組織と国際的な非政府組織の様々な組み合わせによって組織されるため、『公的（official）』な公衆文化（public culture）の重要な要素」を占めるという（Roche 2000: 1）。

Rocheの分類に従えば、メガイベント（1）世界博覧会・万国博覧会

---

1) 以下のページを参照（https://www.fifa.com/tournaments/mens/worldcup/qatar2022/news/one-month-on-5-billion-engaged-with-the-fifa-world-cup-qatar-2022-tm：2024年2月14日最終アクセス）

（後述）、（2）主要なスポーツイベント（後述）、（3）ユニークなカーニバル、フェスティバル（リオのカーニバルなど）、（4）文化的・宗教的イベント（ロイヤル・ウエディング、コンクラーベなど）、（5）歴史的偉業の記念イベント（アメリカ大陸発展記念祭典、パリ祭など）、（6）古典的商業・農業イベント（トロント農業祭、オクトーバーフェストなど）、（7）政治的有力者のイベント（先進国主脳会議、アメリカ大統領就任式）、の7つに区分される。

さて、これらのメガイベントを「メガ」足らしめている特徴は2つある（Horne and Manzenreiter 2006）。一つはその開催地や主催者となる都市、地域、国民に重要な帰結をもたらすと見なされている点である。このことは、関係するステークホルダーの多様性、そして影響をもたらす広大な空間といった水平的な広がりに関係している。それだけではなく、会場が変動するようなイベント場合には開催招致の立候補、招致決定後の準備、開催期間、開催後といった各ステップが存在することから、時間的な幅も大きく関係する。

もう一つは、それが極めて大きなメディアによる報道を引き起こすという点である。そしてその報道も、メガイベント開催の時間的な流れに沿ってなされる。たとえば、アメリカ大統領選挙ともなれば、誰が立候補するのか、予備選の結果はどうか、大統領の手腕と世界の経済や安全保障に対する影響はいかほどのものか、といった点をめぐってグローバルな報道が巻き起こる。スポーツの場合であれば、イベント開催の立候補都市のプランやその是非、期待される選手の動向と実際の競技結果、開催後に残された課題や反省など、実に多様な言説が生産されることになる。メディアによってグローバルな聴衆を得られないものは「メガイベント」とはいえない。

（2）万博とオリンピック

メガイベントの代表的なものとして万国博覧会（Exposition、以下、万博）と近代オリンピック大会（Olympic Games、以下、オリンピック）をあげることができる。万博とは、企業、団体、政府、場合によっ

ては個人など様々な主体が一堂に会し、聴衆に向けて自社の製品、サービス、アイデア、テクノロジー、文化的側面などを紹介ないし宣伝する、大規模な公開展示会である。様々な品物を一堂に集めて展示する催し物という意味では、1798年、パリで初めて国内博覧会が開催された。その後、徐々に規模が大きくなり、1851年にイギリスのロンドンで第1回の万博が開かれることになった。万博は陳列された商品を眺めることに特化した空間として、その後の消費社会のモデルとなっていく。また、植民地支配によって得られた現地のモノも万博では展示されていたことから、帝国主義[2]を正当化するプロパガンダ（思想宣伝）としての機能も有していた（吉見 1992）。

近代オリンピック大会は、1896年にギリシャのアテネで初めて開催され、今日まで続いている総合的な競技イベントである。それは古代ギリシャで行われていたとされるオリンピック競技大会（記録上は紀元前776年から紀元後393年まで実施）の復興運動のなかで生まれてきたものである。19世紀後半、ヨーロッパでは古代オリンピック大会の復興運動がいたるところで起こっていた。そのなかで、今日の近代オリンピックに繋がる大会を企画したのがフランス人貴族のP. de Coubertin（ピエール・クーベルタン）であった。

1863年に生まれたCoubertinは、20歳の時にイギリスのパブリックスクールを訪問し、スポーツを活用したエリート教育システムに感銘を受けている。当時、イギリスでは運動競技を礼賛するアスレティシズムという教育思想が流行していた。それは海外の植民地経営者、近代産業に求められる競争を勝ち抜く体力と精神力、指導者としての資質、健全な体と倫理観の育成を目的に、組織的スポーツ活動を活用しようとする社会運動を巻き起こす原動力になった。Coubertinはこの考えに感銘を受け、世界の若者の肉体・人格・道徳形成や世界平和を目的としたオリンピック・ムーヴメントを発案する。こうした普遍性を志向する教育的・

---

[2] 帝国主義とは、ある国家が、軍事征服、植民地化、経済支配、文化的な同化といった手段を通じて、他の領土や国家に対する支配力を拡大・強化しようとする思想・運動・政策の総称を指す。

道徳的要素としての魅力が当時のヨーロッパで広く受け入れられたことが、後にオリンピックがメガイベント化する素地を作ったといってよい。

以下ではオリンピックを中心としたスポーツ・メガイベントを論じていくことにする。

2. なぜSMEは発展したのか

オリンピック夏季大会の参加国（地域）の総数は、20世紀を通じて一貫して増え続けた。1896年の第1回アテネ大会ではヨーロッパから14か国の参加があったが、1936年のベルリン大会では49、アジア初となった1964年の東京大会で83、初めて100を超えたのが1972年のミュンヘン大会（112）、そして200を超えた2008年の北京大会（201）と推移してきている（Preuss et al. 2019: 3）。

参加競技者数もアテネ大会では241人、ベルリン大会で3,963人、ミュンヘン大会では7,134人、そして2016年のリオデジャネイロは11,238人と、参加国同様、着実に増加してきた（Santos et al. 2021: 550）。なぜオリンピックは、このように巨大化してきたのだろうか。主な理由は3つある。

まず、マスコミュニケーション・テクノロジーの発展があげられる。第二次世界大戦前には、すでに新聞、ラジオ、映画といったメディアを通じてオリンピックやその他のスポーツイベントの報道はなされており、それらのイベントは人びとのナショナリズムを喚起する機能を持ち始めていた。1960年代に入ると、さらなる転機を迎える。1964年の東京大会で、史上初のアメリカへの衛星中継（NBCが放送）が実現し、オリンピックはグローバルな文化コンテンツとしての地位を築き始めることになる。

ただし、これにより、オリンピックの政治的な利用価値は、ますます高まりを見せることになる。1917年のロシア革命を経て誕生した旧ソビエト連邦（以下、ソ連）は、当初、近代オリンピックには不参加であった。しかし、第二次世界大戦後、ソ連は選手力強化を国家的に推し進

め、1956年の夏季メルボルン大会、1960年のローマ大会において金メダル獲得数で参加国中のトップに立つなど、アメリカと並ぶスポーツ超大国として君臨した。その目的は、国家の威信や社会主義体制の正当性を内外に示すことであった。

　また、1972年の夏季ミュンヘン大会では、パレスチナ武装組織によるテロ事件が起こった。選手村にいたイスラエル人の選手やコーチなど、11名が死亡するという凄惨な結末を迎えた。さらに、1980年の夏季モスクワ大会においては、その前年のソ連のアフガニスタン侵攻を理由に、日本を含む西側諸国とイスラム諸国がボイコットを決行した。1984年の夏季ロサンゼルス大会では、これに対してソ連を含む東側諸国14か国がボイコットをした。このように、マスコミュニケーション・テクノロジーの発達は、オリンピックの知名度や象徴性の拡大を促進する要因であったが、同時にその政治利用は苛烈を極めることになった。

　オリンピックの拡大に関する二つ目の理由は、新たにスポーツ・メディア・ビジネス連合が形成されたことである。Coubertinが構想した近代オリンピックは、アスレティシズムとあわせて、アマチュアリズム[3]の思想のもとにあったため、国際オリンピック委員会（以下、IOC）はオリンピックのビジネス利用という発想をあらかじめ排除していた。しかしながら、徐々に大会規模が大きくなるにつれ、財政問題が深刻化してくる。この点が顕在化したのが、1976年の夏季モントリオール大会であり、その費用超過は720％にものぼった。それに続くのが1992年の夏季バルセロナ大会の266％であったことと比較すると、その問題の大きさがうかがいしれる（Flyvbjerg et al. 2016: 12）。

　転機が訪れたのは、1984年の夏季ロサンゼルス大会である。同大会では様々な取り組みが行われたが、スポーツのメガイベント化という意味で重要なのは、排他的テレビ放映権、スポンサーシップ権の販売を初めて導入した点である。モスクワ大会では総額8,800万ドルであった夏季

---

3)　スポーツ競技への参加をアマチュア amateur に限定する規定およびそれを称賛する思想を意味する。端的にいえば、プロと共に競技に参加しない、金銭のために競技しない、生活の手段として競技を教えたりしない人たちのことを指す。

大会の放映権料は、ロサンゼルス大会では2億8,700万ドルにまで増えた。なお、2020年の東京大会では31億ドルと、その高騰は現在も続いている（IOC 2023: 22）。

スポンサーシップについては、一業種一社という競争的な仕組みが導入された。これは業種ごとに入札を制した企業だけが、オリンピックのロゴマークを用いて独占的な宣伝活動ができる権利を得ることを意味する。ロサンゼルス大会では、清涼飲料水の分野ではコカ・コーラとペプシが競い、最終的には前者が1,260万ドルという当時としては巨額のスポンサー料で入札を制している[4]。1985年以降は、The Olympic Partner Programme（通称、TOP）と呼ばれる枠組みへと昇華し、4年間で夏季大会と冬季大会のそれぞれ1大会ずつ、指定された製品カテゴリーのなかで独占的な世界規模でのマーケティング権利と宣伝の機会を企業に与えるスポンサーシップの枠組みとして定着することになった。最初のTOP（冬季カルガリー大会・夏季ソウル大会）による収入は9,600万ドルであったのが、直近のTOP（冬季ピョンチャン大会・夏季東京大会）では22億9,500万ドルにまで上昇している（IOC 2023: 12）。

なお、IOCの収入もこれ以後、着実に増えていくことになるが（石坂 2018）、直近の2017年〜2021年の5年間の総収入（76億ドル）中、放映権料が61％、TOPマーケティング権が30％と、この2つによる収入が突出している（IOC 2023: 6）。また、放映権やTOPの交渉を手掛けたとされるのが、1980年代にはアディダス創業者の長男であるH. Dassler（ホルスト・ダスラー）と日本の大手広告代理店である電通が立ち上げたインターナショナル・スポーツ・アンド・レジャー（ISL）社であったが、この会社はJ. Havelange（ジョアン・アヴェランジェ）率いるFIFAと緊密な関係にあった。ISL社はFIFAワールドカップにおいても同様の手法を用いて、FIFAの収益拡大に大きく貢献したが、その後、経営破綻し、Havelangeが多額の賄賂を受け取っていたことも判明した。

4）　以下のページを参照（https://www.ssf.or.jp/knowledge/history/supporter/17.html：2024年2月28日最終アクセス）。

オリンピック拡大の三つ目の理由は、開催都市や地域にとってプロモーションの機会を与えると見なされている点にある。これを開催都市の歴史から俯瞰してみる。表2-1は、町村（2007）における1960年代以降のオリンピック夏季大会の開催都市を、首都と非首都、開催都市がある国の経済発展の水準（各国の1人当たりGDPのアメリカを1とした場合の割合）という2つの軸で類型化したものに、新しい開催都市を加えたものである。なお、経済発展の水準は各都市が開催した時点におけるものとし、その幅も若干の修正を加えている。

これをみると、オリンピック夏季大会の開催都市には、いくつかのパターンがあることがわかる。（1）これから経済成長に向かう国の首都、（2）経済成長中の国の非首都、（3）経済成長を遂げた国の非首都、最後に（4）ある程度の経済成長を遂げた国の首都、という4つである。このうち、歴史的にみて一貫して続いているのが（1）であり、経済発展しつつある国の首都が、その基本的な都市機能を備えるために必要なインフラ開発（交通網、上下水道、宿泊施設等）を主たる目的として開催する場合を指す。あるいは、国家や国民の発展や統一を担うような象徴的な意味合いも含まれる。また、（2）広域国や連邦国家の第二位都市、および（3）先進国内の広域圏中心都市、がグローバルな規模でのシティ・プロモーション[5]を目的に開催するケースも確認できる。

そして、近年の流行といえるのが（4）であり、ロンドンとパリは3

表2-1　オリンピック夏季大会開催都市の類型

		首都	非首都
経済発展の水準	2割型国家	ローマ（1960）、東京（1964）、メキシコシティ（1968）、モスクワ（1980）、ソウル（1988）、アテネ（2004）※、北京（2008）	リオデジャネイロ（2016）
	6～7割型国家	東京（2021）、パリ（2024）	ミュンヘン（1972）、バルセロナ（1992）、シドニー（2000）
	8～10割型国家	ロンドン（2012）	モントリオール（1976）、アトランタ（1996）、ロサンゼルス（1984、2028）

※アテネは2割型国家と6割型国家の中間

度目、東京は2度目の開催となっている（ただし第二次世界大戦期に返上した1940年の「幻の東京大会」を含めると3度目ともいえる）。いずれも、先進国の首都であることから、その開催の理由には様々な要因が関係しているが、都市政策という観点でいえばグローバリゼーションの時代における世界都市 global city が新しい都市レジームを構想し、そのためのアジェンダ設定を行う機会として活用していることが考えられる（町村 2007）。そこには、たとえば持続可能性、共生社会、健康等の現代社会におけるキーワードが関連するといえそうだ。また、経済的には脱工業化や情報化に伴うイノベーション、消費中心の都市空間のエンターテイメント化、ツーリズム（インバウンド）の促進、情報産業のためのデジタルインフラの整備などのトピックもあげられるだろう。

3. SME は何を残すのか？

　2000年代以降、SME をめぐっては「レガシー legacy」という言葉が多く聞かれるようになった。日本語では「遺産」を意味する。なぜ、このような現象が起きているのだろうか？

　画期となったのは、2003年、IOC がオリンピック憲章に「オリンピック大会から開催都市・国家に至るまで、ポジティブなレガシーを推進する」という項目を追加したことにあった。これには、1996年の夏季アトランタ大会での行き過ぎた商業主義や、開催候補都市による IOC 委員への金銭や贈り物による買収疑惑が物議を醸していたことが背景として関係していたとされている（石坂 2018: 204-207）。IOC は肥大化するオリンピック開催を前に、開催都市にポジティブな遺産を作り上げることを要求することで、様々な批判に対処しようとしたのである。以後、招致開催に際して立候補都市は「レガシー」概念を盛り込んだ計画作成が必須となっている。

　そしてこのことは、オリンピックだけの問題ではなくなっている。た

5）　観光客、居住者、企業、投資を誘致するために都市や自治体が行う戦略的な取り組みのことで、通常は都市のイメージアップ、観光の活性化、経済成長の促進、住民の生活の質の向上などが目的となる。

とえば、2019年に開催されたラグビーワールドカップ日本大会では、公的な財政支援を取り付けるために、ラグビー協会などが「レガシー戦略」を効果的に活用したとされている（松島 2022）。そこでは、スポーツ施設はもちろん、各開催都市の国際的知名度の上昇、ボランティアの育成、観光振興、文化振興といった様々なものを改善・向上させる手段としてSMEが位置づけられた。その開催が社会全般に恩恵をもたらす「公共性」を持つことを強調する際に「レガシー」概念は活用されたのである。

さて、SMEがそれを招致開催する都市や地域社会に何をもたらすのかという問いは、その現代的な影響力の大きさを考えたとき、避けては通れないものである。H. Preuss（ホルガー・プリウス）は「生産された時間や空間に関係なく、レガシーとは、スポーツイベントのために、またそれによって生み出され、イベントそのものよりも長く残るすべての変化と、それらの変化によって生み出されるすべての将来的な影響を包含するもの」（Preuss 2007: 211）と定義し、レガシー概念を分析的な枠組みに活用することを提案している。この定義から出発し、Preussは後に以下の構成要素がレガシーの定義に含まれるべきだとした。

1. レガシーはインパクトよりも長く残る。イベントの前や後に存在する。長い場合も短い場合もある。
2. レガシーは最初のインパクトから新たな機会を生み出し、環境が変われば独自のダイナミズムを獲得することもある。
3. ポジティブにも、ネガティブにもなりうる。同じレガシーでも、ある人にとってはプラスになり、ある人にとってはマイナスになることもある。
4. 有形であることもあれば、無形であることもある。
5. 個人的なもの、地域的なもの、国際的なもの、さらには世界的なものまである。
6. イベントのインパクトによって間接的に引き起こされることもある（Preuss 2014: 26）。

以上を踏まえて、Preussは、What：何がイベントに関連した変化と見なされるのか、Who：誰（ステークホルダー）がその変化の影響を受けるのか、How：その変化はどのような影響をステークホルダーにもたらすのか、When：レガシーはいつ発生し、いつまで持続するのか、といった点をレガシー研究の重要な問いとして立てている（Preuss 2014: 29）。

　まず、Whatの側面から説明する。ある都市がSMEを開催するとして、それによってのみ得られる発展もあれば、それに関係なく発展する側面が存在する。ただし、後者に関していえば、SMEがそれを加速させたり、政治的コンセンサスの達成を容易化したり、外部（たとえば国）からの財政援助を得ることができるといった効果は確実に存在する。そして、実際にイベントが発生させる可能性がある構築物は、以下の6つである。

1．インフラストラクチャー：道路、空港、公園、公共交通機関、競技施設、上下水道など
2．知識：ボランティア運営、招致プロセス、労働者の技能向上、イベント運営、調査、サービスなど
3．政策：教育、治安維持、環境、社会、法整備など
4．感情：イメージ、祝福、「語るための」様々な記憶
5．人的ネットワーク：政治家、スポーツ団体当局者、環境活動家、警備関係者などの間でのネットワークなど
6．文化：文化的アイデンティティ、国民性の構築、伝統など

よく知られるように、SMEの開催は都市開発を正当化する手段として用いられる。公共交通機関をはじめとする大規模な開発は、そのコストゆえに住民からの合意調達に困難を伴う場合があるが、SMEの開催は政治家やデベロッパーにその必要性をアピールする絶好の機会を提供する。なお、これらはいわゆる「有形のレガシー tangible legacy」と呼ばれる。

他方、2．以降のものは「無形のレガシー intangible legacy」とされ、様々な形態を取りうる。SME を開催することで得られるイベント運営やボランティア運営の知識は、自治体行政職員にとって有益な遺産となって残る可能性がある。また、SME を開催したことで形成されるスポーツの人的ネットワークは、施設建設とも絡み合いながら、地域社会に文化としてのスポーツを根づかせるきっかけにもなり得る（石坂 2013）。

　続いて Who および How の側面を見ていこう。レガシーは「正（ポジティブ）の遺産」や「負（ネガティブ）の遺産」として語られることがある。しかし、何がポジティブで、何がネガティブかは、実はステークホルダーによって異なることがある。SME 招致開催の主唱者たちは、誰にとってもポジティブな遺産がもたらされるかのような言説をしばしば発信するが、事態はそう単純ではない。程度の問題はあるが、特定のステークホルダーに有利に働く状況が、別の人びとには不利に働く場合もある。

　たとえば、SME 開催に乗じた都市における不動産開発は、それを購入できる中上流層にとっては移住や投資の機会になりうるが、以前から住んでいた低所得者層の人びとはそれによって立ち退きを余儀なくされるかもしれない。あるいは、仮に住み続けたとしても、物価水準の高騰によってあおりを受ける可能性もある（Preuss 2014: 32）。また、SME 開催を名目とした交通網整備は、地域社会における社会資本の充実や公共投資としてのメリットをもたらす一方、観光業に従事する人びと（特に宿泊業者）にとっては日帰り観光客を生み出すネガティブな要因にもなり得る（高尾 2013: 153-156）。

　最後に When の側面がある。レガシーの効果が持続する期間は、実に様々である。インフラ投資の影響は持続するかもしれないが、感情や政治的評価は短期間しか続かない場合もある。また、時間の経過とともに、ポジティブなレガシーがネガティブなそれへと変容するケースもある。たとえば、SME のために新設した競技施設が一時的に観光資源として効果を発揮しても、その後、設備への投資が満足になされなけれ

ば、資源としての魅力が減少したり、競技施設としての適性を満たさなくなり、果ては維持管理コストが財政的な負担をもたらすことも起こっている（高尾 2013: 158）。

4. メガイベントの社会（科）学的研究の必要性

　SME は非日常的な出来事＝イベントとして、祝祭的な装いをまとって私たちの前に姿を現す。しかしそれは、SME のほんの一部でしかない。本章で確認してきたように、SME には国際政治やグローバルな経済から大きな力が流れ込むと同時に、それは開催都市や国家の文脈と接合しつつ、一つの出来事へと編成されていく。SME の社会学ないし社会科学的研究が求められるのは、これらをひとつずつ丁寧に解きほぐすと同時に、巨視的かつ歴史的な視点の提供に貢献することである。

　M. Roche は、メガイベント研究を3つの分析レベルに分けている（Roche 2000: 12-13）。パフォーマンスやドラマとしてのイベントに焦点を当てた「中核ゾーン」、イベントの政治的・経済的利用、機能、目的、影響に焦点を当てた「中間ゾーン」、そして、イベントの過去と現在、そしてイベントの意味合いやメガイベントの遺産として広く議論されているものについての理解に焦点を当てた「イベントの地平」である。

　「中核ゾーン」は、ドラマとして、そのイベントを人びとが臨場感を持って経験する水準を指す。ここでは、特定のエリート、あるいは大衆の一部によって、象徴的な行動やコミュニケーションの場として利用される可能性がある。言い換えると、SME は包摂や排除、市民権といったものをめぐる象徴的な闘争の場となり得るのである。ジェンダーとセクシュアリティ、人種差別、開発主義など、様々なイシューをめぐってメガイベント（特にオリンピック）への反対運動が起こってきた事実は、そのことを如実に物語っている（Lenskyj 2021）。Roche はこのゾーンをドラマトロジカルな視点で読み解くことができると言っている。

　次に「中間ゾーン」とは、エリート、社会集団（階級、ジェンダー、

民族グループなど）、一般大衆（国内外）にとってのイベントの政治的・経済的利用や機能、目的、影響に関わる様々な形式の分析が必要となる水準を意味する。本章でもこの点には紙幅を割いてきた。Roche はこのゾーンを、イベントとその中期的な生産や影響のサイクルに加えて、文化的な市民権や包摂のあり方や制度を分析する批判的政治社会学の視点と称している。

　最後に「イベントの地平」である。ここでは「中核ゾーン」と「中間ゾーン」の長期にわたる構造的で、なおかつ変容していく前提条件やその含意といったものを、歴史的かつグローバルなものとして読み解いていく。この視点は、モダニティに関する社会学と呼ばれる。極めて巨視的なものであるが、SME の歴史とその現代性を認識することは、現代社会のダイナミズムを把握することにつながるはずだ。

　ただし、こうした腑分けは、あくまで分析的なものにとどまる。大切なことは、どれか一つの視点に拘泥することでなく、その連関を常に意識することである。それを通して、SME の捉えどころのなさをかいくぐり、社会にとって重要な知見を提供することが望まれる。

研究課題

1. 過去のオリンピック大会で提出された招致ファイルをインターネット等で入手し、開催都市がどのような狙いを持って同大会を招致しようとしているかを調べなさい。
2. スポーツ・メガイベントの問題点を調べるとともに、今後、その開催形態においてどのような改良の余地があるかを自分なりに考察しなさい。

引用・参考文献

Flyvbjerg, Bent., Steward, Allison. and Budzier, Alexander, 2016, *The Oxford Olympics Study 2016: Cost and Cost Overrun at the Games*, Saïd Business School Research Papers.

Lenskyj, Helen J, 2020, *The Olympic Games: A Critical Approach*, West Yorkshire: Emerald Publishing Limited.（井谷恵子・井谷聡子監訳，2021，『オリンピックという名の虚構―政治・教育・ジェンダーの視点から』晃洋書房．）

Horne, John, and Manzenreiter, Wolfren, eds., 2006, *Sports Mega-events : Social Scientific Analyses of a Global Phenomenon*, Oxford: Blackwell Publishing.

IOC, 2023, "Olympic Marketing Fact File 2023 Edition".

石坂友司，2013，「カーリングネットワークの創出と展開―カーリングの聖地・軽井沢／御代田の取り組み」石坂友司・松林秀樹編著『〈オリンピックの遺産〉の社会学―長野オリンピックとその後の10年』青弓社，168-189.

石坂友司，2018，『現代オリンピックの発展と危機 1940-2020―二度目の東京大会が目指すもの』人文書院．

町村敬志，2007，「メガ・イベントと都市空間―第二ラウンドの「東京オリンピック」の歴史的意味を考える」『スポーツ社会学研究』15：3-16.

松島剛史，2022，「ラグビーワールドカップ2019日本大会にみるレガシー概念の拡張―大会を開催する立場に注目して（下）」『立命館産業社会論集』第58（3）：85-102.

Preuss, Holgar, 2007, "The Conceptualization and Measurement of Mega Sport Event Legacies", *Journal of Sport & Tourism*, 12: 207-227.

Preuss, Holgar, 2014, " 'Legacy' revisited", Jonathan Grix ed. *Leveraging Legacies from Sports Mega-events*, London: Palgrave Pivot, 24-38.

Preuss, Holgar., Andreff, Wladimir., and Weitzmann, Maike., 2019, *Cost and Revenue Overruns of the Olympic Games 2000-2018*, Open Access: Springer Gabler Wiesbaden.

Roche, Maurice., 2000, *Mega-Events and Modernity*, London: Routledge.

Santos, Gustavo L. D., Gonçalves, Jorge., Condessa, Beatriz., Silva, Fernando N. D. and Delaplace, Marie., 2021, Olympic Charter Evolution Shaped by Urban Strategies and Stakeholder's Governance: From Pierre de Coubertin to the Olympic Agenda 2020, The International Journal of the History of Sport, 38（5）：545-568.

高尾将幸，2013，「『遺産』をめぐる葛藤と活用―白馬村の観光産業を中心に」石坂

友司・松林秀樹編著,『〈オリンピックの遺産〉の社会学——長野オリンピックとその後の10年』青弓社, 150-167.

吉見俊哉, 1992,『博覧会の政治学——まなざしの近代』中央公論新社.

3 社会現象としてのスポーツ（2）：
メディアとスポーツ

渡 正

　現代の社会現象としてのスポーツにおいてメディアとの関係は欠かすことのできない要因となっている。本章ではメディア概念について解説するとともに、メディアとスポーツの変化の概要を説明する。またメディアコミュニケーションにおける研究を紹介してメディアとスポーツについての理解を深める。

1. メディアとは

　私たちは、日々の生活のなかで、私以外の誰かに意思を伝達したり、社会関係を取り結んだりする。こうしたコミュニケーションの過程では、私の「意思」は声や文字、表情や身振りなどによって情報として伝達される。情報を運び、私と誰かを媒介する装置が「メディア（media、単数形は medium）」と呼ばれる。したがって、メディアは、声や文字だけでなく、本や電話などの情報を伝達する道具、その産業である新聞・テレビなども含まれる。さらには、人や物、そしてスポーツやスポーツイベントも何らかのメディア的機能を持つ場合もある。いずれにせよ、メディアは、2つ以上の存在によるコミュニケーションを媒体するものである。

　メディア／コミュニケーションの研究は大きく2つの潮流から理解することができる。一つは、M. McLuhan（マーシャル・マクルーハン）に代表されるトロント学派であり、もう一つがアメリカを中心にしたマス・コミュニケーション研究の潮流である。トロント学派は、メディアの変化と社会の変化を扱う社会史としてのメディア研究が有名である。一方、マス・コミュニケーション研究は、個人と個人、マスメディアと

個人におけるコミュニケーションを扱うため、「受け手」や「効果」にも着目することになる。

2. メディア研究の潮流

(1) 社会史としてのメディア

　メディア研究の一つの方向性は、メディアの変遷を社会の変化、すなわち社会史として描くというものである。こうしたアイデアは H. Innis（ハロルド・イニス）によってもたらされたとされている。Innis は、メディアにはバイアス（傾向性）があるとし、その傾向性に応じたコミュニケーションが発達すると考えた（水越 2021: 440）。たとえば、重くて永続的なメディアは、時間を超えた知識の伝播に適し、軽くて移動しやすいメディアは時間よりも空間を超えた知識の伝播に適するという（Innis 1951 = 2021: 77-78）。

　社会史としてのメディアについての代表的な論者にカナダのメディア学者である M. McLuhan がいる。McLuhan は『グーテンベルクの銀河系——活字人間の形成』において、話し言葉、文字、印刷、電子メディアという4つのメディアが社会を変えてきたと捉える。原始社会においては、話し言葉が人間の認識を決定していた。しかし文字が登場することによって世界の認識が視覚優位になった。さらに15世紀に Johannes Gutanberg（ヨハネス・グーテンベルク）によって活版印刷が登場すると、多くの人が知識にアクセス可能となり、市民的公共性や国民、国家といった近代的概念が形作られていった。20世紀にはテレビが登場し、視覚と聴覚の情報を同時に伝達するようになり視覚優位の社会が解除された。このようにメディアの変化と社会の変化を相即的に捉えている。また、彼はメディアを人間の五感を拡張したものと捉えている。メディアは身体感覚を拡張すると同時に、思考や行動のパターンを徐々に変容させるのである。このようにメディアという技術の展開が社会のあり方の変化を基礎づけていると考える点で、彼らの議論は「技術決定論」とされる。

　また McLuhan は、『メディア論——人間の拡張の諸相』で、「メディ

アはメッセージである」（McLuhan　1964＝1987）という有名な言葉を残している。この含意は、様々に解釈されるが、コミュニケーションにおけるメディアの存在に注目する必要を訴えたものと理解できる。それまでのコミュニケーション研究が、メッセージの内容に注目し（内容分析）、メディアそのものが無色透明なものとして捉えられてきたことへの批判だった。

　ただし、McLuhanの研究は学術的・科学的であるより批評的で難解で、さらに上述したように技術決定論的傾向が強いため、その後多くの研究者に批判されることになった。代表的なのはイギリスのカルチュラル・スタディーズを牽引したR. Williams（レイモンド・ウィリアムズ）である。吉澤弥生によれば、その批判は、「技術の発展は、その社会に生きる人びとが生産し、利用するという諸活動の蓄積」のなかにあり社会・文化的文脈の重要性を指摘することであった。また、「技術や制度の変化は、社会の発展の要因であると同時に反応であり、技術が社会を変えたわけでも、社会が技術を生み出したわけでもない」（吉澤　2001: 125）のである。

（2）メディア・コミュニケーション研究

　こうしたコミュニケーションの様態そのものを研究してきたのが、「（マス）コミュニケーション研究」の潮流である。以下では、大石裕（2022）の著述を参考にコミュニケーション研究を素描していこう。

　コミュニケーションは「話し手」から「聞き手」への一連の過程として理解できる。このモデルのなかでMcLuhanはメディアそのものが持つメッセージへの着目を促したのだった。しかし、コミュニケーションにおいて着目すべき点はほかにもある。大石によればH. D. Lasswell（ハロルド・ラスウェル）はコミュニケーションの分析の基本単位を「統制研究」「内容分析」「メディア分析」「受け手分析」「効果研究」に分類した（図3-1）。

　このなかで研究対象として重視されたのが「効果分析」、すなわち「マス・メディアによる、あるいはマス・メディアを通した送り手によ

図3-1　H. D. Lasswellによるコミュニケーション分析の基本単位

る受け手の説得（あるいは操作）という問題を軸」（大石 2022: 100）に展開されていった。これらの研究は弾丸効果モデル（1920年代〜40年代前半）、限定効果モデル（1940年代中頃〜60年代中頃）、強力効果モデル（1960年代後半〜90年代）、そして複合的なモデル（1990年代〜）と展開していったという。

　弾丸効果モデルとは、マス・メディアによって伝達された情報が、受け手の態度や行動の変化を換起し、弾丸のように受け手に直接到達するというモデルである。弾丸効果モデルは第一次世界大戦や第二次大戦のナチス・ドイツのプロパガンダなど、送り手から受け手への宣伝研究がなされた。

　限定効果モデルでは、効果研究においてマス・メディアと受け手の間に介在する複数の要因が発見されていった。それが「個人要因」と「集団的要因」である。個人要因は、個人の社会化過程のなかで形作られた、性格や知識などで、マスコミュニケーションの効果に影響を及ぼす。集団的要因は集団規範とパーソナルコミュニケーションの2つの要因に分けられる。集団規範とは人が所属している集団の持つ態度を指す。属する集団がどのような態度を取るかが、所属する個人の態度に影響を与える。一方、パーソナルコミュニケーションは、外部と集団、集団内でのコミュニケーションのパターンが重要である。個人は、集団と外部のゲートキーパーであり、集団内部のキーパーソンであるオピニオン・リーダーの影響を強く受けるとされる。これをコミュニケーションの二段階モデルという。このモデルでは色々な観念はメディアからオピニオン・リーダーに流れ、そこからフォロアーに流れていく。

　マス・メディアの普及と高度化が進み、限定効果モデルの有効性に疑問が付された。その結果、限定効果モデルを踏まえながら、メディア変容や社会変動を含んでメディアの影響力が検討されている。その代表的

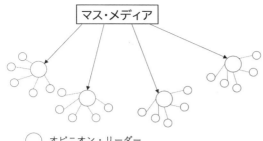

図3-2　二段階モデル

なモデルがメディアによるアジェンダ（議題）設定モデルである。このモデルによれば、マス・メディアの効果が顕著に現れるのは、ある問題や争点に対して「いかなる意見を持つべきか」ではなく「どの争点や問題について意見を持つべきか」という問題に対する認知が重要な検討事項となる。

（3）「意味付け」をめぐるアリーナ

　これまでの研究がメディアにおける送り手の問題から出発してきたのに対して、メディアの受け手の問題がある。もちろん受け手の研究はマスコミュニケーションにおける「効果分析」の研究でも行われていた。しかし、メディア・テクストにおけるメッセージの意味が構築・構成される過程で、様々な価値（観）が競合し、抗争するという見解は見られなかった。

　このような考え方は、イギリスの現代文化研究の潮流であるカルチュラル・スタディーズ（Cultural Studies）と密接に関連している。カルチュラル・スタディーズは、メディア・テクストの構成と、オーディエンスの側の受容過程を研究対象の一つとしてきた。重要なのは、従来のコミュニケーション研究で想定されていた、エリートによって生産されたメッセージに一方向的に操作される受け手としての大衆という把握の仕方が転換してきたことである。

　とはいえ、テクストは完全に自由な読みに開かれているわけではない。S. Hall（スチュアート・ホール）はオーディエンスの多様な解読を評価しつつ、そのオーディエンスによる解読・解釈のなかに、一定の階層・支配関係が存在していることも指摘している。そこで Hall は次の

ように説明する。番組制作者は社会の「技術的基盤」「生産関係」「知識の枠組み」に基づき番組の意味を作る（コード化＝encoding）。オーディエンスはそのテクストを意味あるものとして解読・解釈する（コードの解読＝decoding）。このとき、人びとが解読に用いるコードには、支配的コード、交渉的コード、対抗的コードの3つがあるという。受け手が支配的コードに従って解読すれば、既存の支配的価値の再生産・安定に資するオーディエンスとなる。この点でメディア・テクストをめぐる読解と解釈は、そのテクストの意味や意味付けをめぐる（闘争の）アリーナとなっているのである。

3. スポーツとメディアの社会史

（1）メディア・イベント概念

　メディアとスポーツの変化を追っていくにあたって、参考となる一つの概念を先に紹介しておこう。それが「メディア・イベント」である。社会の大多数のオーディエンスがメディアを介して経験する「祝祭的」な出来事を指す。D. Dayan and E. Katz（ダヤーンとカッツ）は放送メディアを念頭にメディア・イベントの特徴として、非日常性、生中継、スタジオの外での実施、事前の計画・宣伝、イベントへの敬意、ポジティブな放送、祝祭的儀式の7つを挙げる（Dayan and Katz 1992＝1996: 18-21）。

　こうした特徴を持つメディア・イベントをDayan and KatzはMax Weber（マックス・ヴェーバー）の「支配の正当性」の三類型である伝統的支配、合法的支配、カリスマ的支配に応用して分類した。すなわち、伝統的支配に対応して戴冠型、カリスマ的支配に対応して制覇型、合法的支配に対応して競技型に区分できるという。戴冠型とはイギリス王室の結婚式や即位式、日本での天皇の即位式などがあたる。制覇型とは人類にとっての一大飛躍の生放送であり、月面着陸や紛争の平和調停などが挙げられる。スポーツとメディアの関係に最も関係するのが、競技型のメディア・イベントである。これは対等な能力を有した人びとによるルールに従って戦うイベントである。オリンピックやワールドカッ

プがこれに当たるが、選挙のような政治的イベントも含まれる（Dayan and Katz 1992＝1996: 44-45）。

　吉見俊哉は特にDayan and Katzの議論における非日常性を批判し、メディア・イベントを①新聞社や放送局など、企業としてのマス・メディアによって企画され、演出されていくイベント、②マス・メディアによって大規模に中継され、報道されるイベント、③メディアによってイベント化された社会的事件という3つの要素から成り立つと指摘した（吉見 1996: 4-5）。特に日本のスポーツイベントは当初から①の意味で成立してきた。典型的なのは春と夏の「甲子園」大会である。実はこうしたマス・メディアによるスポーツイベントの開催は日本のスポーツの特徴でもあった。吉見によれば、欧米においてスポーツイベントの開催はタブロイドのような大衆紙が行うことが多い。「ところが日本の場合は（中略）主要全国紙がすべてメディア・イベントの開催に関わってきたのである」（吉見 1996: 27）と指摘している。東京2020オリンピック・パラリンピックでは主要な新聞社がスポンサーやパートナーに名を連ねたが、これも日本に特徴的なことだといえる。

　以下では、メディアの変化を勘案しつつ、メディア・イベントとしてのスポーツ・イベントがどのように展開していったかを、すなわちメディア史としてのスポーツを確認する。

（2）新聞メディアとスポーツ

　日本におけるメディアによるスポーツ・イベントは、長距離競走（マラソン）が出発点だった（黒田 2021）。1901年11月に時事新報は「不忍池長距離競走大会」を開催する。これがメディア・イベントといえるのは、大会開催までに体格検査において選手を選抜した上で「連日選手の練習風景や談話記事を掲載し、当日の競技の模様も挿絵を入れて詳細な記事とすることで大会の盛り上げを試みた」（黒田 2021: 21）点である。この頃は、大阪毎日を中心に新聞社が長距離走や競泳のイベントがいくつも開催された（表3-1）。

　明治末の長距離走の開催について、黒田は「新聞事業がスポーツを発

表3-1　メディア主催の主なスポーツ・イベント（寳學 2002より筆者作成）

年月	大会	主催メディア
1901年11月	不忍池長距離競争大会	時事新報
1901年12月	堺市大浜旧台場跡で8時間50マイル長距離走	大阪毎日
1905年8月	大阪築港から魚崎までの会場10マイル長距離競泳	大阪毎日
1908年8月	千住大橋・新大橋間5マイル競泳	報知
1909年3月	神戸・大阪間（19哩）マラソン競争	大阪毎日
1910年9月	全国学生大競走会	博文館
1911年8月	芝浦で速力検定水泳大会	時事新報

見していく過程」、「長距離走がメディアスポーツとして発見されていく過程」であり、「鉄道史の視点から見れば、郊外にスポーツのスペースを提供することでスポーツ観戦の乗客の存在に気づき（中略）、余暇活動の最適地として『郊外』を発見していく過程」（黒田 2021: 44-5）であると指摘する。

　明治末期から新聞社とスポーツ、そして鉄道の関係が深まっていくが、その関係で最も成功したのが、「甲子園野球」である。野球は1872年頃に日本にもたらされ、明治末期にかけて野球は学生スポーツとして人気を博した（清水 1998）。

　東京朝日新聞は、1911年8月20から「野球界の諸問題」、8月29日から「野球と其害毒」と題する記事を掲載し、野球や野球界の弊害を批判するキャンペーンを展開した。これに対して読売新聞が野球弁護を始めたのを皮切りに他の有力紙も参戦し、野球のあり方が社会的論議となる。いわゆる「野球害毒論争」である。この背景には、新聞販売競争、言論新聞から報道新聞への転換、智育（試験）重視のメカニズムへの批判、大学における官・私の対立（石坂 2003）という側面があったとされる。東京朝日新聞は9月19日の記事を最終回として論争を打ち切った。

　朝日新聞は「害毒論争」の4年後、1915年8月18日に全国中等学校優勝野球大会を主催する。甲子園大会の実現には2つの思惑があったという。一つが朝日新聞社の購買数の増大であり、もう一つが、自社の経営

する豊中グラウンドの利用を模索していた箕面有馬電気軌道（後の阪急電鉄）の思惑だった。特に阪急電鉄は都市部ターミナルに百貨店、郊外沿線に野球をはじめとした娯楽施設、その沿線を宅地開発という現在の私鉄沿線の戦略を持っていた（清水 1998）。

　明治末から大正期にかけて、スポーツは新聞社にとって自社の拡大の思惑を担う重要なイベントであった。自らが企画・開催していくことで販促につなげる戦略が取られた。特に甲子園野球は朝日の害毒論争を踏まえ、学生野球の精神を大切にしてそれを監視・指導するという立場を取り、「凡てを正しく、模範的に」を打ち出すことで、その後の甲子園野球の「物語」が形成されていったといえる（清水 1998）。

（3）ラジオの誕生とスポーツ中継：同時性・斉一性の獲得

　新聞の次にスポーツにとって主要なメディアとなったのはラジオだった。ラジオは1920年に世界初の定時放送がアメリカ・ピッツバーグのKDKA局によって行われたとされる。

　アメリカメジャーリーグのワールド・シリーズのラジオ中継は1921年に始まった。日本では、1925年に東京での放送が始まり1926年には日本放送協会が誕生した。さらに1927年には夏の甲子園野球の中継も始まっている。イギリスでも1927年にラグビーやサッカーの実況中継が始まっている（脇田 2015: 9）。

　ラジオ中継が始まるとアメリカでも日本でも大きな人気となった。観客数の減少を懸念したメジャーリーグは、1932年にレギュラーシーズンの中継を全面的に禁止する処置にでたという。しかし、ラジオ局が放送権料を引き上げて交渉し復活する。これはスポーツ界が放送権料という収入に気づき始めたきっかけでもあった（渡辺 1999: 60）。

　日本のラジオ中継においても、甲子園の主催者は当初、放送によって観客が減るのではないかと反対したとされる。しかし、28年にはラジオ放送の全国中継網が確立したことなどから、実況放送は甲子園野球が全国規模の大イベントに発展する契機となった（井上・菊編2020: 17）。なかでも日本のラジオ実況中継は講談調の独特な節回しで情景描写を取

り入れることで「ボールの行方」以上の野球場の「今」を演出する描写様式を発達させた。この実況は賛否両論あったが、野球の知識に乏しい者にも「聞いて面白い野球中継」を提供し、野球ファンの裾野を拡大した（山口 2010: 65）。

　時間と空間をゼロにするラジオ中継の強みは、海外での実況中継などにおいても発揮され、人びとを興奮に巻き込んでいった。特に1936年のベルリンオリンピックの中継では、水泳での「前畑頑張れ！！」という実況、というよりも応援が有名である。

　一方、ラジオはメディアがスポーツのあり方を変えていく端緒ともなった。L. Thompson（リー・トンプソン）によれば大相撲のラジオ中継が始まった1928年に、土俵上に「仕切り線」が設けられ、同時に仕切り時間に制限ができた。これは、ラジオを通じて勝負の瞬間を伝えるために工夫された結果だという（Thompson 1990: 75）。このほかにもラジオやテレビなどのメディアによる視聴経験と、そこからもたらされる放送権料を最大化するために、スポーツの側もルール変更などに取り組んだ。

　新聞が「過去の物語」としてスポーツを報じざるを得ないのに対して、ラジオは画期的なメディアであった。「時間と空間をゼロにして、ゲームの実況中継を茶の間に送り届けることを可能にした。ラジオは、その聞き手をゲームの間接的な観客に変えた」（渡辺 1999: 59-60）のである。ラジオとスポーツの関係においては「ラジオ体操」の存在が重要である。1928年11月1日に放送が開始された。ラジオという同時性の強いメディアによって階層や年齢を超えて誰もができる「国民スポーツ」が登場していくことになった（黒田 2022）。

（4）テレビとスポーツ

　「前畑頑張れ！！」のラジオ実況が興奮をもって迎えられたベルリンオリンピックでは、試験的にテレビ中継が行われた。このオリンピックは Leni Riefenstahl（レニ・リーフェンシュタール）による記録映画「オリンピア」が公開されるなど、映像メディアがスポーツの世界に導入された大会だった。その3年後の1939年に、アメリカでは野球の試合

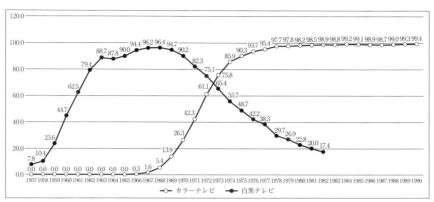

図3-3　内閣府「主要耐久消費財等の普及率」より筆者作成

がテレビ中継された。しかし、当時の映像技術では、野球中継は全く迫力のないものだったという。

そのなかで人気を博したのが、プロレスとボクシングだった。映像技術が発展していないモノクロの小さな画面でも、ボクシングやプロレスといったゲーム空間が制限されたスポーツは、視聴者にとって臨場感が得られるものだっただろう。

日本でのテレビ放送は1953年に始まる。日本初の民放テレビ局の日本テレビは、テレビ受像機がいまだ高額で普通の人びとには買えなかったため、いわゆる街頭テレビを設置した。長谷正人によれば「この街頭テレビ中継は大きな人気を呼んで、毎日のように周囲に人だかりができるようになったが、そのなかでも特に人気を呼んだのが力道山によるプロレス試合の中継だった」(長谷 2015: 23)。その後、1963年に力道山が没して以降、テレビでのプロレス人気は次第に衰退していく。代わりに人気を博したのがプロ野球だった。この変化の背景には、日本で急激にテレビが普及したことがある。その要因の一つが、戴冠型のメディア・イベントである1959年4月10日の皇太子明仁（当時）と美智子妃の「御成婚パレード」だった。さらに1964年の東京オリンピックの開催もテレビ普及とテレビ技術の向上に拍車をかけた。当初、野球の醍醐味を伝えることができなかった映像技術もこのころまでには、十分なものになっ

た。これ以降テレビとスポーツの蜜月が始まる。

（5）インターネットとスポーツ

　2000年前後にインターネットの利用が本格的に始まり、2010年代以降はよりソーシャル・ネットワーキング・サービス（SNS）が人びとの日常生活に浸透していった。笹川スポーツ財団の調査（スポーツライフ・データ）では、インターネットによるスポーツ観戦率は2022年で21.4％となり急速に増大している。2022年3月に行われたサッカーワールドカップアジア最終予選の日本対オーストラリア戦は、ワールドカップ出場のかかった試合にもかかわらず、地上波の放送は行われずスポーツのインターネット配信サービスであるDAZN（ダゾーン）によって配信された。また、2023年に行われたワールド・ベースボール・クラシック（WBC）は、地上波、J SPORTSオンデマンドとAmazon Prime Videoのインターネットでライブ放送された。現状、こうしたインターネット配信によるスポーツ中継は、スポーツのあり方を大きく変えておらず、テレビ視聴と変わらないようにみられる。しかし、インターネット配信は、携帯端末での視聴が多くなるため、今後のスポーツ観戦のスタイルの変化を生む可能性がある。

　また、SNSの普及は選手とファンの距離を縮めることになった。プロスポーツクラブや選手個人の公式アカウントから発信されるスポーツの舞台裏や選手の「素顔」、そして日常は、ファンの注目を集めることに成功している。その一方で、選手のSNSへの投稿が「炎上」したり、選手への誹謗中傷、差別的なメッセージなどが問題になっている。

4．スポーツのメディア研究

（1）スポーツの表象研究

　H. D. Lasswell（ハロルド・ラスウェル）はコミュニケーション分析の基本単位として、「統制研究」「内容分析」「メディア分析」「受け手分析」「効果分析」を挙げた。ではこれまでのスポーツとメディアの研究はどのような成果を生み出してきただろうか。

第3章　メディアとスポーツ　| 59

　メディアの内容分析に関しての研究は甲子園野球の分析が一定の厚みがある。清水諭は甲子園野球の中継についてカメラの位置や中継のプロット、解説者やアナウンサーの発言数などの甲子園野球の放送が持つメディア特性を明らかにしつつ、「甲子園野球」の内容を検討した。清水は甲子園野球の放送が、単に高校生の野球大会の放送にとどまらず、私たちに日本社会であるべき「青春」と「若者らしさ」、「男らしさ（女らしさ）」、「故郷への思い」の物語を表象していることを示したのだった。さらにこの甲子園野球的な表象は繰り返し放送されるなかで、ある種の現実を構成し、またそれを下支えしていく。日本における甲子園野球とはこうした「神話」として生産されまた再生産され続けている（清水 1998）。加藤徹郎は、2008年の『熱闘甲子園』の映像をもとに具体的に研究し直している。映像の特徴から甲子園野球の神話の維持と変容を確認している（加藤 2009）。以前に比べ甲子園野球における課題のいくつかは改善が提案されるようになり、甲子園野球の「神話」は、弱体化したともいえる。しかしそれでもまだ、あの夏の風景は我々に一定のイメージを喚起し続けている。

　このほかに内容分析の領域では、ジェンダー・セクシュアリティや、障害・障害者のメディアテキスト分析が多くの蓄積がある。たとえばジェンダー・セクシュアリティに関するスポーツのメディア表象は国内では、岡田桂の研究（2019）や稲葉佳奈子の日本サッカー女子代表「なでしこジャパン」の研究（2020）などがある。三須らによれば、スポーツをする女性の表象研究は1970年代に始まった。しかしそうした積み重ねにもかかわらず、1）平時の女性選手の報道は少なくオリンピックなどの国際大会時にのみ急増する、2）女性の身体表象、3）ステレオタイプ的な表現、4）選手の能力や達成の矮小化、5）性的な対象化といった問題が女性スポーツ・アスリートの表象には指摘されているという（三須ほか 2023: 69）。三須らは東京2020大会では、ステレオタイプ表現とルッキズム表現において男性よりも女性が多く見られたことを指摘している（三須ほか 2023: 70）。IOCは2021年に東京大会開催にあたり「スポーツにおけるジェンダー平等、公平で インクルーシブな描写

のための表象ガイドライン Portrayal Guideline: Gender-Equal, Fair and Inclusive Representation in Sport」を発表していたが（現在は第3版に更新された）、東京大会の日本のテレビ報道はまだ残念ながらジェンダー平等と呼ぶ状況には至っていないといえる。

　また障害・障害者について竹内秀一は、スポーツにおける障害者はこれまで基本的に医学的視点から、「慈悲や同情にさらされる身体」としてまなざされてきたとし、障害は乗り越えるものなどのステレオタイプ表現のなかで「がんばる障害者」像が提示され、「感動ポルノ inspiration porn」の題材とされてきたという（竹内 2020: 213）。また2012年のロンドンパラリンピックにおけるイギリスの放送局 Channel 4 の「meet the superhumans」の CM に端を発して、パラアスリートを「超人 supercrip」として描くことが増えてきている。これはこれまで「劣った」「二流の」アスリートという表象に対して、そのアスリートとしての卓越性を表現し、従来的な障害の認識を覆すことが狙われたものと通常は理解されている（竹内 2021）。

　しかしながら、C. Silva and D. Howe（シルヴァとホウ）が指摘するように「超人 supercrip の物語は障害のある人びとに対する社会からの低い期待の現れ」（Silva and Howe 2012: 175）であり、一種の障害のステレオタイプ表現である。同時に近年はパラアスリートを「サイボーグ」として科学技術と人間が融合したイメージで語ることも多い。それは、近代スポーツが持つ「自然な身体」幻想から排除されてきたパラアスリートの主体性を取り返す試みだったと指摘されている（渡 2021, 2022）。しかし、すべてのアスリートが科学技術の恩恵を受けているにもかかわらず、パラアスリートのみが「サイボーグ」として表象されることは、これも障害をもとにしたステレオタイプ表現の一種であり障害者／非障害者の多様性を画一化するものになっている（Noman and Moola, 2011）。

（2）私たちはスポーツ中継をいかにして見るのか

　カルチュラル・スタディーズでは人びとが解読に用いるコードには、

支配的コード、交渉的コード、対抗的コードの3つがあるという。この点でメディア・テクストをめぐる読解と解釈は、そのテクストの意味や意味付けをめぐる（闘争の）アリーナとなっているとする。しかし、人びとはいかに、解読のコードを変更させるのだろうか。意味付けをめぐる闘争のアリーナという視点は、確かに受け手の能動性を考える上で重要な視点であるが、そのような意味付けの手前で、私たちはどのようにスポーツ番組を視聴し、そこで行われているゲームの内容を理解しているのだろうか。

　ここでは、スポーツの実況中継におけるアナウンサーや解説者に焦点を当てた研究を例に、私たちが普段何気なくスポーツ中継を見るときに、いかに制作側が私たちの見ることをデザインしているのか、そしてそれが我々の「スポーツ視聴」を支えているのかを見ていこう。

　岡田光弘は1998年の長野オリンピックのフリースタイルスキーの実況中継をエスノメソドロジー・会話分析（Ethnomethodology and Conversation Analysis: EMCA）の視点から分析し、スポーツ中継において、ライブ映像とスロー再生では、対象のプレイについて焦点化する志向が切り替わることや、解説者という存在が専門家でありかつ競技者や同じスポーツ界の「身内」としての立場から発話している点を分析している（岡田 2002）。是永論によれば、岡田による中継場面における相互行為の構成を明らかにした知見から、実況・解説における発話間の関係は、次のようなフォーマットについて表すことができるという（是永 2017）。

　［フォーマット1］
　実況：［さあ／反応的な声］＋［場面の描出］
　解説：［場面の詳しい描出］かつ／または［評価］
　　［例1］（岡田［2002］のデータより構成）
　　1　実況：さあ、このターンそしてスピードが持ち味＝
　　2　解説：＝ええあの、吸収を：深く使って、え：的確にきてますね．今のところ、いいですよ．

また、実況と解説のやりとりは、中継における出来事を観察する基準線を視聴者にもたらし、競技や画面のなかで視聴者が「見るべきもの」となり、評価の基準となる場面をハイライトするような相互行為となっている（是永 2017）。同様に海老田大五朗と杉本隆久は、通常であれば選手の身体的知識、とっさのプレイのような他人にはその行為選択の理由が計り知れないものであったとしても、その競技に関する常識的な知識などを解説者が参照することによって、素人や視聴者にも理解可能なものとなっていることを明らかにした（海老田・杉本 2020）。

　このようにスポーツ中継における解説者はこうした競技の味方をガイドする専門家として現れるが、H. M. Collins（ハリー・コリンズ）によればスロー再生や、ビデオ判定などのテクノロジーによって審判や解説者の特権的な位置付けが失われるという（Collins 2010）。しかし、N. Akiya（秋谷直矩）は、選手のスキルや意図についての推論的記述（解説）の部分にその専門性が提示されていることをバレーボールの試合中継の分析から指摘している（Akiya 2024）。Akiyaによればスローリプレイ映像は、解説者に説明すべき対象を提供し、プレイヤーのスキルを推論的に説明することができるようにしている。特に解説者は「プレイヤー［Y］が、オブジェクト［Z］を見ることができたのでイベント［X］が起こった」という形式で推論を行い、視聴者がスポーツの映像を理解することをガイドしているのである（Akiya 2024: 16-17）。

　ここで見てきたのは、メディアの表象という大きなメッセージをどう解釈するかではなく、酒井信一郎が述べるように、普段私たち「視聴者が何をどう見るかによって、映像なり番組なりを『そのようなもの』として理解したのか、そうした実践に密着したアプローチ」（酒井 2007: 225）であった。スポーツがこれからもメディア・イベントとして提供されるのであれば、私たちはそれをいかに「当たり前」に理解できるのかという受け手の視点からスポーツを研究していくことも必要である。

研究課題

1. 特定の競技・種目を取り上げて、メディアの変化に伴ってルールやゲームに変化が見られるか調べてみよう。
2. Lasswell（ラスウェル）の図式は、SNSが当たり前になった現在では不十分である。どこが不十分でどうすれば改良できるか考えてみよう。
3. 自分の好きなスポーツを取り上げ、スポーツ実況中継の特徴を、映像とコメンテーターのやり取りから考えてみよう。

引用・参考文献

Akiya. N., 2024, "Inferred vision: An analysis of the commentators' descriptions of players' visual perceptions and intentions during volleyball broadcasts". *Discourse Studies*（online first）.

Collins, H., 2010, "The philosophy of umpiring and the introduction of decision-aid technology". *Journal of the Philosophy of Sport*, 37（2）: 135-146.

Dayarn D. and Katz E., 1992, *Media Events: The Live Broadcasting of History*, Harvard University Press.（浅見克彦訳, 1993,『メディア・イベント――歴史を作るメディア・セレモニー』青弓社.）

海老田大五朗・杉本隆久, 2020,「不可知とされがちな領域への接近――スポーツの記述とその理解及び共有について」『スポーツ社会学研究』28（2）: 9-25.

Hall, S., 1980, Encoding, Decoding Culture, Medeia, Language: Working Papers in Cultural Studies.

實學淳郎, 2002,「スポーツとメディア――その歴史・社会的理解」橋本純一編『現代メディアスポーツ論』世界思想社.

飯田豊・立石祥子編, 2017,『現代メディア・イベント論――パブリック・ビューイングからゲーム実況まで』勁草書房.

稲葉佳奈子, 2020,「なでしこジャパンはなにを代表／表象してきたのか」有元健・山本敦久編著『日本代表論――スポーツのグローバル化とナショナルな身体』せりか書房.

Innis H., 1951, *The Bias of Communication*, University of Toronto Press, 1951.（久保秀幹訳, 2021, 『メディアの文明史——コミュニケーションの傾向性とその循環』ちくま学芸文庫.）

井上俊・菊幸一編, 2020, 『よくわかるスポーツ文化論（改訂版）』ミネルヴァ書房.

石坂友司, 2003, 「「野球害毒論争（1911年）」再考——「教育論争」としての可能性を手がかりとして」『スポーツ社会学研究』11：115-127.

長谷正人, 2015, 「アウラとしてのテレビジョン——1950年代日本のテレビ受容をめぐって」『早稲田大学大学院文学研究科紀要』60：21-35.

金澤聰廣編, 1996, 『近代日本のメディア・イベント』同文舘出版.

加藤徹郎, 2009, 「筋書きのないドラマの「語り」を探る——スポーツダイジェスト番組『熱闘甲子園』における物語論」藤田真文・岡井崇之編『プロセスが見えるメディア分析入門——コンテンツから日常を問い直す』

小林利行, 2018, 「戦前の「講談調」野球実況はなぜ人気となったのか——放送種目割合や聴取者意向から検証する」『放送研究と調査』68（4）：44-56.

是永論, 2017, 『見ること・聞くことのデザインメディア理解の相互行為分析—』新曜社.

黒田勇, 2021, 『メディアスポーツ20世紀』関西大学出版部.

三須亜希子ほか, 2023, 「東京2020大会テレビ報道のジェンダー表象分析」『スポーツとジェンダー研究』21：69-70.

Norman, M. E. and Moola, F.,2011 "'Bladerunner of boundary runner'?: Oscar Pistorius, cyborg, transgressions and strategies of containment", Sport in Society, vol. 14（9）：1265-1279.

大石裕, 2022, 『コミュニケーション研究——社会の中のメディア第5版』慶應義塾大学出版会

岡田桂, 2019, 「スポーツにおけるマスキュリニティのグローバルな再配置——フィギュアスケート・人種・セクシュアリティのジェンダー表象」『スポーツ社会学研究』27（2）：29-48.

岡田光弘, 2002, 「スポーツ実況中継の会話分析」橋本純一編『現代メディアスポーツ論』世界思想社.

ラスウェル, 1968, 「社会におけるコミュニケーションの構造と機能」W. シュラム編『新版マス・コミュニケーション——マス・メディアの総合的研究』学習院大学社会学研究室訳, 東京創元社.

酒井信一郎, 2007, 「映像を見る（2）」, 前田泰樹・水川喜文・岡田光弘編, 『ワードマップエスノメソドロジー』新曜社.

清水諭，1998，『甲子園野球のアルケオロジー——スポーツの「物語」・メディア・身体文化』新評論．

Silva, C.F., and Howe, P.D., 2012, The (In) validity of Supercrip Representation of Paralympian Athletes. *Journal Of Sport & Social Issues, 36*（2），174-194.

竹内秀一，2020，「障害者アスリート表象に関する歴史社会学的検討」『学習院大学人文科学論集』29：199-224．

竹内秀一，2021，「チャンネル4によるパラリンピック・キャンペーンと障害学」『学習院大学人文科学論集』30：171-201．

トンプソン，L., 1990，「スポーツ近代化論からみた相撲」亀山佳明編『スポーツの社会学』世界思想社．

脇田泰子，2015，「オリンピック放送の原点——ラジオと1924年オリンピックの時代」『スポーツ史研究』28：1-19．

山口誠，2010，「スポーツを中継するメディアの文法」『現代スポーツ評論』22：61-72．

吉見俊哉，1996，「メディア・イベント概念の諸相」金澤聰廣編『近代日本のメディア・イベント』同文館出版．

吉澤弥生，2001，「レイモンド・ウィリアムズとメディア社会学——『テレビジョン』の視点と方法」『社会学評論』52（1）：118-132．

渡辺潤，1999，「スポーツとメディア——アメリカのプロスポーツを中心に」井上俊・亀山佳明編『スポーツ文化を学ぶ人のために』世界思想社．

渡正，2021，「スポーツにおける身体の範囲：——アスリートの義足はいかに捉えるべきか？」『文化人類学研究』21：37-53．

渡正，2022，「障害者スポーツを考える——道具・環境の相互作用とデザインの視点」『新社会学研究』7：44-56．

4 社会現象としてのスポーツ（3）：
グローバル化の諸相

稲葉佳奈子

　グローバル化によって、ヒト、モノ、資本、情報などが大量に国境を越えて行き交い、人間の諸活動が地球規模で拡大し、世界は相互依存を強め一体化していく傾向にある。スポーツもまた、こうした変化と無縁ではない。グローバル化の経済、政治、文化といったあらゆる側面に関わるだけではなく、それぞれの側面が相互に影響していることを顕在化させる。本章ではその諸相について概説する。

1.「世界の共通語」としてのスポーツ

(1) グローバル化から見たスポーツの世界的普及

　グローバル化は、地球規模の金融取引のほか多国籍企業の増加、企業間の国際競争の激化、国際分業化などの経済的な側面だけにとどまらない、多面的な現象である。政治領域では国際機関や国際的な非政府組織（NGO）が増加したほか、複数の国家が共通通貨の導入や移動の自由化、関税や輸入制限を推し進めた欧州連合（EU）の設立およびその政策が代表的な例とされる。そして文化領域では、インターネットやソーシャルメディアを通じて世界中の人びととがコミュニケーションを取ることが可能になっただけではなく、異なる文化圏の娯楽やコンテンツに関する情報がタイムラグなしで共有されるようになったことが挙げられる。情報通信や輸送交通手段の発展を背景とするこれらの諸現象はそれぞれ独立して発生したのではなく、相互に影響しながら大きな社会的変動をもたらしている。

　上記の急激な変化に加えて、冷戦の終結およびその後のロシアや東欧諸国における資本主義経済の導入といった国際情勢をふまえ、一般的にグローバル化は20世紀後半以降のできごととして認識される。ただし、

すでに近代において、資源や労働力、情報が国境を越えて行き来するなどグローバル化の兆しは見られるとされ、そのことはスポーツの成立および国際的普及ともかかわりをもつ。したがって本章ではスポーツの普及および発展との関係という観点から、グローバル化のプロセスをより長期的な視野においてとらえることとしたい。

　陸上競技、サッカー、ラグビー、テニス、ゴルフなど現代の日本社会で一般的に「スポーツ」として想起され、学校部活動などでもおこなわれる種目の多くは、19世紀後半から20世紀はじめのイギリスにおいて競技として制度化した。イギリスが「近代スポーツ発祥の地」などといわれるゆえんである。それらのスポーツが国境を越えて広がり、ポピュラーな身体運動文化として親しまれ、世界中の人びとがオリンピックやワールドカップといった大規模な競技会を観戦して楽しむようになったことで、スポーツは「世界の共通語」と評されることもある。そして後に詳述するように、近年、スポーツは単なる娯楽としてではなく健康、貧困、連帯、環境、平等などに関わるグローバル課題の解決に資する活動であることが期待されており、それを実現するための議論もさかんにおこなわれている。

　近代スポーツはなぜ「世界の共通語」となりえたのだろうか。A. Guttmann（アレン・グットマン）が「スポーツの伝播過程を決定する要因のなかで最も重要なのは、スポーツが伝播した国家間の、政治・経済・文化などの領域における力関係である」（Guttmann 1997＝1994: 198）と述べるように、そもそも近代スポーツという文化が短期間で世界的な広がりを見せたのは、その発祥の地であるイギリスが、産業革命以降の工業化と世界中に所有する植民地からの利益が支える強国であったことが影響したとされる。とりわけ、かつてのイギリス植民地において現在でもラグビーやクリケットなどがイギリスと同様に盛んである状況は、こうした歴史的背景と無関係ではない。古くからおこなわれていたローカルな民俗的遊戯に、整備された統一ルールが加わり、人格教育としての意義が付与されて、近代スポーツにおける種目の多くは誕生する。そのはじまりの舞台となったパブリックスクールは、将来エリート

表4-1 イギリスにおける主なスポーツ統括組織の設立年

設立年	組織名（設立時の名称）
1754	ロイヤル・アンド・エンシェント・ゴルフクラブ
1787	メリルボーン・クリケットクラブ
1863	フットボール協会
1871	ラグビー連盟
1874	グレート・ブリテン水泳協会
1880	アマチュア陸上競技協会
1888	ローンテニス協会
1893	バドミントン協会

（石井（2018: 73）参照のもと筆者作成）

となる少年が寄宿舎生活を送る学校である。少年期にスポーツに親しみ、のちにイギリス社会の支配層としてスポーツ統括組織を設立し制度化を進めたり、行政官として赴いた植民地にスポーツを伝えたりなど、「世界の共通語」の土台形成に関わったパブリックスクール出身者は少なくない。また、スポーツが世界に広まる際に、その方法とともに伝えられたルールやマナーに内包された価値観は、近代産業資本主義社会においてエリートに期待された資質を反映したものであった。

　一方、19世紀後半から20世紀初頭にかけて工業化と都市化が進み、政治・経済ともに国際的な影響力を強めたアメリカでは、野球、アメリカンフットボール、バスケットボールなどが誕生し、それぞれの種目でプロフェッショナルが台頭した。さらに、大衆消費社会の発達のもとスポーツ観戦が娯楽として中心的な位置を占め、アメリカ生まれのスポーツは巨大な富を生むスポーツビジネスの主要コンテンツとして大きな影響力を持つに至る（多木 1995）。そして1990年代以降、衛星放送やインターネットの普及、交通手段の発達によってアメリカ国内にとどまらず世界中にファン層を広げることが可能になった。バルセロナオリンピックが開催された1992年、プロバスケットボール（NBA）のスター選手で構成されたアメリカ代表「ドリームチーム」が活躍したのを契機とし

て、バスケットボールは国境を越えた人気を獲得した。テレビ放送の範囲は200か国以上にもおよび、また、ヨーロッパや日本などでNBAの試合がおこなわれるようにもなる。こうした動きは、スポーツ組織であるNBAが他業種の多国籍企業にならって展開した、グローバルな市場拡大戦略の一環であるとされる（千葉 2010）。

　スポーツのグローバル化は「文化帝国主義」や「アメリカ化」といった概念と結びつけて批判的に解釈されることもある。覇権的な文化であったスポーツが広まって「世界の共通語」となり、教育やスポーツビジネスを通じて大衆の教養や娯楽として席巻するプロセスを通じて、政治面あるいは経済面において強国の影響下にあった国の伝統的な身体文化やそれにともなう諸価値が圧倒され、衰退してしまうというのである。こうした批判的言説に対しては、次のような反論もある。すなわち、植民地に伝わったスポーツは現地人のエリート層を形成して宗主国の利益となった反面、スポーツによって形成されたコミュニティが反植民地主義運動の基盤となることもあった。旧植民地がかつての宗主国をスポーツで打ち負かすとき、その「形勢逆転」が植民地化された側の自尊心や民族意識にポジティブな影響をおよぼし、エンパワーメントとなりうる（Guttmann 1994=1997）。また、マクドナルドやコカ・コーラと同様に「アメリカ化」の代表例とされるNIKE文化は、ヒップホップやラップなどポジティブな「黒人文化」表象や、バスケットボールのMichael Jordanなどアフリカ系アメリカ人のヒーローを生み出した（西山 2006）。これらの現象に着目するならば、スポーツのグローバルな広がりは支配する側から支配される側へといった一方的かつ単線的な構図ではなく、より複雑なプロセスとしてとらえる必要がある。

（2）グローバル化におけるナショナリズム

　先述のとおりグローバル化は政治、経済、文化の諸側面で国境を越えた相互依存が強まる現象であるため、近代的な国民国家（ネーションステート）の枠組みに依拠した「ナショナルなもの」の役割や存在感は相対的に低下したようにもみえる。スポーツにおいては、多木（1995）が

1993年に日本で発足したJリーグに言及しつつ「ネーションの相対化」を論じたように、サッカーのチームが一つの固有の都市と結びつくだけではなく世界中のリーグとつながり、国境を越えたネットワークのなかを選手や人が行き来するさまは、人びとの「想像力をネーションを超えたものに拡張」（多木 1995: 184）する側面も確かにあったと考えられる。

　しかしグローバル化と呼ばれる現象を通じて起きているのは、「ナショナルなもの」の消失ではない。そもそもグローバル化とナショナリズムは相反する対抗的なものではなく、相補的なものだともいわれている（伊豫谷 2021）。したがって、先述のとおりJリーグや世界各国のプロリーグにおいて国境を越えた選手の移動や多国籍・多人種によって構成されるチームが珍しくない一方で、国際大会では国家を代表するナショナルチームの躍進が人びとを魅了し、代表チームを「祝福する人びとの歓喜や感動が織りなすナショナリズムとそれを表現する集合的な儀礼」（山本 2020: 6）もまた、グローバル化する現代社会でみられる現象として検討の対象となりうるのである。

2. 多国籍企業とスポーツ

（1）スポーツ用品産業における国際分業化

　経済のグローバル化の進行において重要な役割を担ってきたのは、本拠地以外の複数の国に子会社等をもつ、いわゆる多国籍企業である。自由貿易協定（FTA）や規制緩和の後押しを受けて展開された多国籍企業のビジネスを通じて、自動車や食品・飲料、衣料品産業などで原料調達から販売等に至る国境を超えたサプライチェーンが構築され、それぞれのプロセスが別々の国や地域で進行する、国際分業の体制がとられるようになった。多国籍企業にとって国際分業化のメリットの一つは商品製造におけるコスト削減が図れる点にあるが、それは裏を返せば、製造拠点が置かれた国の労働者が低賃金かつ長時間労働で働かされているということでもある。また、商品の開発や設計など高い付加価値をもつプロセスは先進国に集中し、それに対して製造は開発途上国に偏ることに

より、両者の経済格差はさらに広がるとみられる。

　小売や製造に携わる多国籍企業による経済競争が、商品の製造プロセスを担う開発途上国での労働搾取を生み出すという仕組みは、スポーツ用品産業にも大いに関係する。世界的な注目を集める競技大会やプロアスリートのスポンサーなどで知られる有名な多国籍企業のスポーツ用品が、労働者を低賃金かつ健康に害をおよぼすほどの劣悪な労働条件で働かせる「スウェットショップ（搾取工場）」で製造されていることに、反グローバリズムの活動家たちは運動の初期から関心を向けており（Manzenreiter 2013）、世界中のスポーツ愛好者たちが安価で手にするシューズやウェア、ボール、グローブなどを「誰」が作っているのかということが批判的に問われるようになった。

（2）若年層の搾取という問題

　スポーツ用品のサプライチェーンにおける国際分業がもたらした代表的な問題の一つは、児童労働である。そこで以下、P. Donnelly and L. Petherick（ピーター・ドネリーとリーアン・ペザリック）(2004) および国際労働機関 (2004) を参照してその概要を述べる。スポーツ用品産業における児童労働に関する最初の報告書が発表されるなど、国際的な批判が高まったのを受けて、1997年に世界有数のサッカーボール生産地であったパキスタンのシアールコート商工会議所は国際労働機関（ILO）および国際連合児童基金（UNICEF）との間に協定を結び、サッカーボール製造業における児童労働を禁じるなどのプロジェクトを推進した。このとき南アジアについては、クリケットボールの部品となるなめし革の工場やボクシング・グローブの縫製工場での児童労働も報告されている。NGO団体のグローバル・マーチとILOは、2002年の日韓ワールドカップに向けて「Kick Child Labour out of Soccer（サッカーから児童労働をなくそう）」キャンペーンを展開し、それを支持する欧州議会は2006年のサッカーワールドカップが児童労働のない初めての大会になることをFIFAに求めた。そして国際サッカー連盟（FIFA）は、児童労働によって製造されたサッカーボールにFIFAの公式スタン

プを押すことを禁止したほか、2003年にはILOとともに「Red Card to Child Labour（児童労働にレッドカード）」キャンペーンの展開を決定した。このようにスポーツ用品産業における児童労働を根絶するための様々な取り決めがなされたものの、違反も横行していたことがグローバル・マーチによって指摘されている。

Donnely and Petherick が指摘するもう一つの若年層搾取の問題は、アスリートとしての才能を持つ若者たちがハイパフォーマンス・スポーツにおいて「人身売買」され、労働に従事させられた事例である。なかでもサッカーはその問題が顕著であることが知られており、1990年初頭に西欧の裕福なサッカークラブが東欧や旧ソ連諸国の才能ある若者に甘言を弄してスカウトし、彼らの貧困につけこんだわずかな契約金で独占契約を結ぶなど、選手やその家族を搾取したと考えられている。貧困がより深刻な、アフリカや南米の若者に対する同様の搾取もみられる。欧州諸国と比べて文化的・地理的な距離があることから、サッカーで成功できずクラブから放置された選手は故郷にも戻れないまま他の職に就くこともできず、路上生活や売春をしながら生き延びることを強いられるという。こうした状況はメディアでも取り上げられ、「新たな奴隷貿易」との批判の声もあがった（Donnely and Petherick 2004）。この問題に対して、FIFAは2009年に18歳未満の国際移籍を原則禁止とする規約を設けている。

図4-1 ILOによって配布された「RED CARD TO CHILD LABOUR」カード

3. スポーツ移民

「スポーツ移民」あるいは「スポーツ労働移民」という言葉から一般的に想起されるのは、自国を離れて他国に移り住みスポーツキャリアを重ねるアスリートであろう。プロフェッショナル・スポーツにおいては、欧州サッカー連盟（UEFA）が統括する各国リーグやアメリカの野

球（MLB）、バスケットボール（NBA）など世界規模のトップリーグでプレイするためにそれらの国に生活拠点を置くということが、日本のアスリートにとってもすでにめずらしい現象ではなくなっている。

　才能あるアスリートが労働力として国境を越えて移動をするプロセスは、資本主義世界経済におけるスポーツの商品化と密接に結びついている。ただし J. Maguire（ジョセフ・マグアイワ、1996）によれば、個々のスポーツ移民は、国境を越えて移動するアスリートという共通項を持ちつつも、移動の動機や定住の度合によって経験が異なる場合がある。したがって、スポーツ移民の採用や労働者の権利、給与、住居の確保などをめぐる問題について考える際には、移動先に定住するタイプ、短期的な利益のために移動する「傭兵」タイプ、あるいはサーファーやスノーボーダーのように「旅」を重視する「ノマド」タイプなどによる相違を想定する必要があるとされる。

　2023年の MLB 開幕ロースターには19の国や地域から全体の28.5％を占める269人の外国人選手が含まれており、そのなかで最も多い104の選手を送り出しているのがドミニカ共和国である（Randhawa 2023）。以下の A. Klein（アラン・クレイン、2010）による議論に基づくならば、MLB は才能ある若者を、リーグにとって重要な「資源」として海外で確保し、現地の機関を通じて選手を「製造」すなわち育成する多国籍企業としてグローバル化してきた。ドミニカとの関係において、MLB はベースボールアカデミーやドミニカ・サマーリーグを通じて選手を発掘し、育成し、選別する。スポーツの経済的なグローバル化という観点で先述のスポーツ用品産業と比較すると、このプロセスにおける「商品」は選手の労働力それ自体であるという点で特異だといえる。そして選手の移動が「大国」アメリカと貧困問題に直面する国との間であることを踏まえると、生産された「商品」がいかにスムーズに必要とされる場所に供給されるかは言語や生活の格差といった文化的変数が大きく影響するため、生産プロセスに「意図せざる結果」が入り込む可能性が無視できないとされる。

　つぎに、サッカーにおけるスポーツ移民に目を向けると、1995年のい

わゆるボスマン判決が欧州の移籍市場にとって歴史的なターニングポイントと見られている。従来 UEFA および傘下にある各国サッカー統括組織は、元の所属クラブが移籍先のクラブに移籍金という形で金銭的保証を求めることを認めていた。そうした取り決めが、労働者の自由移動を保証する EU の基本条約に反すると判断したのがボスマン判決である。以降、契約期間の終了した選手は移籍金なしで移籍が可能となっただけではなく、EU 加盟国の国籍を持つ選手は EU 圏内では外国人枠から除外されるようになった。このことは、通信・情報システムのグローバル化に乗じて世界規模のビジネスが展開されている欧州のサッカーリーグにおいて、EU という政治面でのグローバル化の論理が影響し、世界中の才能あるアスリートが集まることでさらに注目される一部のリーグがグローバルビジネスとして突出して成長する現象と見ることができる。

　欧州サッカーに関する研究機関 CIES によれば、世界135のプロサッカーリーグにおいて出身国以外でプレイするアスリートは2022年現在で約14,000人おり、2017年から約16％増加している。外国人選手の割合が最も高いのは UEFA 加盟国のリーグである。逆の流れで見ると、サッカー選手を海外リーグに最も多く輩出してきたのはブラジルだが、2019年のピークを境に2022年現在3年連続でその数が減少しており、海外への選手輩出が2番目に多いフランスとの差は、2017年の407人から2022

表4-2　各大陸サッカー連盟所属クラブと海外からの移籍選手（2023年）

	リーグ数	所属（人）	移籍（人）	
アジア	20	8223	1573	19.1％
アフリカ	4	2019	244	12.1％
欧州	83	37362	10340	27.7％
北中米カリブ海	10	4444	1113	25.0％
南米	18	10562	1135	10.7％

（R. Poli ほか（2023）参照のもと筆者作成）

年の241人に縮まっている。そしてアジアサッカー連盟（AFC）が2023/24シーズンからAFCチャンピオンズリーグに参加するクラブの外国人選手の上限を4人から6人に変更するなど、アジアもまたクラブにおける外国人選手の存在感が増すという形で近年のグローバルな潮流に位置づいているのだといえる。

4. グローバル課題とスポーツ

（1）世界的潮流としてのSDP

　グローバル化が進んだ世界では、ネガティブな現象もまた国境を越えて広がり、影響をおよぼしうる。環境問題や難民問題、国際的な金融危機などは代表的な例といえるだろう。そのように一国の政府だけでは対処できないグローバル課題に対して、解決に向けたルールの枠組みや、ルールの枠組みを保証する国際機構や各国政府の連携を含む多様な制度体、すなわちグローバル・ガバナンスに基づく取り組みがなされてきた（Giddens 1989＝2006）。こうした動向のもと、スポーツが最も明確に位置づけられているコンセプトが「開発と平和のためのスポーツ（SDP）」である。国際連合（国連）は2013年の総会で、4月6日を「開発と平和のための国際スポーツデー」と制定した。そして2022年には、2024パリオリンピック組織委員会とフランス外務省が「連帯、一体性、社会的結束、教育、医療といった人類の主要な課題におけるスポーツの貢献を称える機会」としてこの日にマラソン大会を開催するなど、その重要性は広く共有されている。

　先進国と途上国の間の格差が、長年の取り組みにもかかわらずいっこうに縮まらないという問題に対して、それまで主流であった「経済開発」という開発援助のアプローチの見直しがなされた。そのことが、スポーツがグローバル課題とのかかわりで言及されるようになった背景としてあげられる。そして従来型の「経済開発」だけではなく、支援対象の人間的・社会的側面を重視する「社会開発」アプローチが展開されるなかで、途上国の人びとに依存意識を持たせるのではなく主体的に状況改善に取り組むことをうながす方策として、スポーツの活用可能性が注

目され始めたのだという（小林 2014）。

　世界的潮流がSDPに向かう経緯について概説するにあたり、以下はおもに小林（2014、2020）を参照する。「スポーツ」と「開発」が急速に接近し、SDPへの関心が高まったのは21世紀に入ってからのことである。2000年に国連で「ミレニアム開発目標（MDGs）」が設定されると、翌年からMDGsの達成に向けてスポーツが果たしうる役割について検討が始まった。MDGsのゴールは、貧困の撲滅、初等教育の完全普及、ジェンダーの平等、乳幼児死亡率の削減、妊産婦の健康改善、HIV／エイズその他の疾病への対策、環境の持続可能性、開発のためのグローバル・パートナーシップという8つである。2003年には「第1回スポーツと開発に関する国際会議」が開催され、その成果であるマグリンゲン宣言はスポーツが国家の発展や国際開発にとって重要な一部分になりうるとうたった。同年の国連総会では「教育を普及、健康を増進、平和を構築する手段としてのスポーツに関する決議」および2005年を「スポーツ・体育の国際年」とする決議が採択された。それまで余暇活動や健康増進の文脈で理解されてきたスポーツ（development of sport）が、社会経済的または政策的な目的達成のツール（development through sport）として概念を転換させたのである。

　2015年の国連サミットでは、MDGsが残した課題を踏まえ、その後継として2016年から2030年までの新たな目標として「持続可能な開発目標（SDGs）」が採択された。ここで掲げられたのは、あらゆる形態の貧困を解消するための17の目標、169のターゲット、230の指標である。この移行を受けて、2015年の国連サミットで採択された「持続可能な開発のための2030アジェンダ宣言」の37項に以下の文言が明記された。

　　スポーツもまた、持続可能な開発における重要な鍵となるものである。我々は、スポーツが寛容性と尊厳を促進することによる、開発及び平和への寄与、また、健康、教育、社会包摂的目標への貢献と同様、女性や若者、個人やコミュニティの能力強化に寄与することを認識する。（「JICAグローバル・アジェンダ」リーフレット）

表4-3　JICAが貢献を目指す主なSDGs目標

SDGs目標	関連する取り組み
3．すべての人に健康と福祉を	・学校体育の普及 ・幅広い年代への運動機会の提供
4．質の高い教育をみんなに	・学校体育の普及 ・幅広い年代に対するスポーツを通じた学びの場や機会の提供
5．ジェンダー平等を実現しよう	・女性のスポーツ機会の確保
10．人や国の不平等をなくそう	・スポーツ環境の整備 ・学校体育の普及
16．平和と公正をすべての人に	・相互理解を促進する場や機会（大会、交流プログラム等）の創出 ・国家の統一や民族融和の象徴となるアスリート（ロールモデル）の育成
17．パートナーシップで目標を達成しよう	・スポーツへのアクセス向上 ・多種多様な外部団体との連携

（JICA（2022）参照のもと筆者作成）

　開発のためのスポーツという点で共通するMDGs時代のSDPとの大きな違いは、17の目標のなかのどの目標にどのように貢献しうるのかをスポーツの立場から打ち出せるという点である。このことは、スポーツが国連からさらなる後押しを獲得し、効率よくSDGsを実現するための動きと見ることができる。

（2）SDPの具体的事例と課題

　鈴木（2014）はスポーツを通じた開発支援として、2005年にイギリスで設立されたNGO団体のKick4Life（K4L）に注目し、以下のように論じた。同団体はアフリカのレソト王国で2007年に少年少女によるサッカー大会、HIV/AIDS教育にサッカーを用いる既存の手法を応用したセッション、HIV検査の実施で構成されるイベントを行い、成功をおさめた。その後もプレミアリーグやUNICEFなどと提携あるいは資金

提供を受けながら、上記をベースとしたイベントのほか定期的なサッカーリーグを開催し、グラウンド付き施設をオープンして人が集まる場を設けるなどして活動を継続し、2014年にはレソト社会に根づいた開発を主目的とするサッカークラブとして地域の人びとに持続的な支援を提供しうる存在となった。この事例は、サッカーを通じた開発支援における成功例として位置づけられる。しかし一方で、サッカーを通じた開発全般について言えば、とくにワールドカップなどメガイベントとの関連から生じるリスクが想定される。すなわちメガイベントの一過性がもたらす害悪や、サッカーに付与された開発のツールとしての側面が強調されすぎてスポーツとしての側面が疎外される可能性などである。

　また、岡田（2020）は、ホームレス状態にある人のみが参加できるフットサルの世界大会「ホームレスワールドカップ」について、「貧困」に焦点をあてたSDPの事例として論じた。2003年から始まった同大会は、「ホームレス状態を社会からなくすこと、ホームレス状態にある人びとが自らの人生を変えるきっかけを作ること」を目的とする。2010年以降は64か国から500人の選手が参加し、1週間にわたってフットサルの試合をおこなう。参加国のなかからジンバブエ、カンボジア、オランダを対象として実地調査を行った結果、3か国ともに参加選手の心身の健康増進、コミュニケーション能力の向上、ソーシャルスキルの習得といった個人的な成果が確認された。また、参加を重ねるなかでホームレスワールドカップが目標から通過点となり、大会をツールとして活用しながら支援団体の発展につなげる傾向が見られた。一方、習得したソーシャルスキルを活かす場の有無などの点で、大会参加が貧困削減につながるかどうかは国によって差が出る。こうした実態はスポーツの場での成功体験が実生活で活かされるわけではないという、すでに指摘されているSDPのジレンマでもある。

研究課題

1．世界的なプロスポーツチームに在籍する外国人選手の人数を調べてみよう。
2．身近なスポーツ用品が、どの国で製造されているか調べてみよう。

引用・参考文献

千葉直樹，2010，「越境するスポーツ―1980年代以降のNBAのグローバル戦略―」『体育の科学』60（5），299-302．

Donnelly, Peter and Petherick, Leanne, 2004, *Workers' Playtime? Child Labour at the Extremes of the Sporting Spectrum*, Sport in Society, 7（3），301-321.

Giddens, Anthony,［1989］2006, SOCIOLOGY Fifth edition, Polity Press.（松尾精文・小幡正敏・西岡八郎・立松隆介・藤井達也・内田健訳，2020，『社会学 第五版』而立書房．）

Guttmann, Allen, 1978, *From Ritual to Record: The Nature of Modern Sports*, Columbia University Press.（清水哲男訳，1981，『スポーツと現代アメリカ』TBSブリタニカ．）

Guttmann, Allen, 1994, *GAMES & EMPIRES: Modern sports and Cultural imperialism*, Columbia University Press.（谷川稔・石井昌幸・池田恵子・石井芳枝訳，1997，『スポーツと帝国――近代スポーツと文化帝国主義』昭和堂．）

石井昌幸，2018，「イギリス―近代スポーツの母国」坂上康博・中房敏朗・石井昌幸・高嶋航『スポーツの世界史』，一色出版．

伊豫谷登士翁，2021，『グローバリゼーション――移動から現代を読みとく』筑摩書房．

Klein, Alan, 2010, "Sport labor migration as a global value chain", Joseph Maguire and Mark Falcous eds., Sport and Migration: *Borders, Boundaries and Crossings*, Routledge.

小林勉，2014，「なぜスポーツを通した国際開発か？」『現代スポーツ評論』31，36-51．

小林勉，2020，「貧困削減かアカウンタビリティか？―日本における『スポーツ×開発』の課題―」『スポーツ社会学研究』28（1），37-57．

国際労働機関駐日事務所，2004，『トピック解説第25回　児童労働』（2024年2月25日取得，https://www.ilo.org/wcmsp 5 /groups/public/---asia/---ro-bangkok/---ilo-tokyo/documents/article/wcms_249665.pdf）．

Maguire, Joseph, 1996, *BLADE RUNNERS: CANADIAN MIGRANTS, ICE HOCKEY, AND THE GLOBAL SPORTS PROCESS*, Journal of Sport and Social Issues, Vol.20（3），335-360.

Manzenreiter, Wolfram, 2013,「スポーツ用品産業におけるグローバルなプロダクションネットワーク，新たな国際的分業，そして，近年の東アジアでの展開について」『立命館産業社会論集』48（4），189-210.

西山哲郎，2006，『近代スポーツとは何か』，世界思想社．

岡田千あき，2020，「『ミレニアム開発目標』時代の『開発と平和のためのスポーツ』―ホームレスワールドカップ出場国の事例の比較検討―」『スポーツ社会学研究』28（1），7-20.

Raffaele Poli, Loïc Ravenel and Roger Besson, *Global study of football expatriates*（2017-2023），CIES FOOTBALL OBSERVATORY，（2024年2月25日取得，https://football-observatory.com/MonthlyReport85）．

Randhawa, Manny, 2023, "Opening Day rosters feature 269 players born internationally",（2024年2月15日取得，MLB.com，https://www.mlb.com/news/international-players-on-2023-opening-day-rosters）．

鈴木直文，2014，「アフリカにおけるサッカーを通じた開発」『現代スポーツ評論』31，52-65.

多木浩二，1995，『スポーツを考える―身体・資本・ナショナリズム―』，筑摩書房．

山本敦久，2020，「『『日本代表』を論じるということ」有元健・山本敦久編著『日本代表論』，せりか書房．

5 | 社会現象としてのスポーツ（4）：
スポーツ政策

高尾将幸

　スポーツ政策の必要性が叫ばれて久しい。本章では政策対象としてスポーツが公共性を有するまでの歴史的経緯、政策研究の対象としてのスポーツ政策について概説するとともに、スポーツ政策研究への社会学的アプローチの役割や必要性を論じる。

1. スポーツ政策とは

（1）スポーツの公共化

　政策（policy）という語は「会社のポリシー」や「自分のポリシー」といった使われ方をする。ここでは、そうした「ポリシー」一般ではなく、狭義の公共政策としてのスポーツ政策を取り扱う。公共政策とは「公共的問題を解決するための、解決の方向性と具体的手段」を意味する（秋吉ほか 2020: 27）。公共的な問題は、個人や小さな集団で解決することが難しい、社会で解決すべき問題であると認識された問題のことである。公共政策学では、政策問題（policy problem）とも称される。

　スポーツが政策的対応を要する現象（問題）であると認められることは、スポーツが公共的である、公共性を持つ現象である、と多くの人に認知されることにほかならない。後述するように、私たちはスポーツが政策の対象になるほど、その公共性を認められた社会に生きている。したがって、まず考えるべきはスポーツの公共性の内実とその歴史である。

　私たちがよく知るスポーツの源流は、19世紀イギリスに端を発するといわれている。その最大の特徴は、書かれたルールに基づく競争的なゲームであるという点にある。それ以前には、たとえばイングランド地

方でモブフットボールと呼ばれる、ルールによる取り決めがない、共同体による慣習が支配する暴力的なゲームが多様な形で存在していた。これが近代的なスポーツへと変化する場となったのが、パブリックスクールというエリート養成のための私立学校であった。

あくまで個人の自由な活動であり、そうであるがゆえにその自主的かつ献身的なエリートとしての徳を、己の身体でもって学ぶ活動であった当時のスポーツが、労働者階級や大衆にもかかわる「公共的」なものであるとの理解は希薄であった。そのエリートたちが信奉したのは、スポーツによる金品の授受を禁止するアマチュアリズムの価値観であり、それは一方でスポーツの自由さや純粋さを担保するための倫理的コードとして、他方ではエリート以外の（競技）スポーツ参加を排除する障壁として機能したのだった。その意味で、初発の段階にあった近代スポーツに「スポーツ政策」が存在する余地はなかったといえる。

（2）政治化と経済化

それでは、スポーツが政策的な対応を必要とする程、その公共性を認められるようになるきかっけとは何だったのだろうか。言い換えると、（初期の）近代スポーツを超えて、スポーツが現代化していくには、どのような変化が生じなければならないのだろうか。端的に言えば、それはスポーツが主に政治的、経済的な社会の動向と密接に関わり合うようになることである。スポーツが公共性を帯びる背景には、その政治化と経済化という趨勢が関わっている（佐伯 2005）。

スポーツの政治化とは、スポーツが政治的手段として用いられるようになることを意味する。その歴史的な端緒の一つとして、1936年のベルリン・オリンピックがあげられる。当時、ナチスドイツは政権としての正当性を国内外に宣伝するために、オリンピックを盛大なセレモニーに仕立て上げた。第二次世界大戦後も、独立を果たした新興諸国やソビエト連邦を中心とした東側諸国が国を挙げて競技スポーツの振興に乗り出し、国力を誇示しようと努めた。その結果、特にオリンピック大会はナショナリズムと政治的イデオロギー闘争の場と化したのである。国家が

政治的威信をかけて競技者養成に取り組むこの動きは、もちろん現在も続いている。

次に1970年代頃から、アメリカを中心にスポーツの経済化、すなわちプロスポーツを中心としたビジネス化の趨勢が顕在化する。スポーツ大会にスポンサー企業の名前を競技大会名に用いる冠大会が盛んになるとともに、競技者自身も報奨金や賞金を得ることを目指すようになっていった。IOCにおけるアマチュア規定は1970年代には撤廃され、1984年のロサンゼルス・オリンピック以降、オリンピック大会も商業主義へと大きく舵を切ることになる。オリンピックのTOPプログラムが代表的だが、企業の側も経済のグローバル化を背景に、マーケティング戦略の一環としてスポーツ・メガイベントや有名アスリートの活用を進めてきた（第2章も参照）。トップアスリートが商品のアイコンとして登場するCMを見ることは、もはや日常的な風景となっている。

（3）高度化と大衆化

上記のような意味でのスポーツの公共性の高まりは、スポーツそのもののあり方にも変化をもたらす。一つには競技レベルの高度化である。マスメディアの発達を背景に、国際競技大会における勝敗や記録は、国民の一体感や優秀性、政治体制の正当性に訴求する象徴性を帯びることになる。一部の競技は、さながら代理戦争の様相を呈することもある（WBCの日韓戦を思い起こせばよい）。こうした状況下で、国家は公的資金（税金）を使って、競技者の発掘・養成制度を確立するという競技スポーツ政策を打ち出すことになる。

また、ハイレベルな競争の担保はメディアコンテンツとしてのスポーツにとって死活問題となっている。オリンピックやFIFAワールドカップは元より、欧州チャンピオンズリーグをはじめボーダーレス化するリーグやワールドツアーの創設など、グローバルに広がるメディア・オーディエンス（視聴者）の期待に応えようとする動きは、その話題性の源泉にハイパフォーマンスの発揮を必ず要求することになる。

他方、1960年代以降、とりわけ経済的な成長を遂げた西側資本主義国

では、競技者を除く一般市民のためのスポーツ振興が政策課題として浮上する。1959年に旧西ドイツが始めた「ゴールデン・プラン」は、人びとがスポーツ・身体活動にこれまで以上に参加できることを目指し、宝くじ（Loto）の売り上げを財源にした公共スポーツ施設の整備拡充計画を打ち出した。これを支えたのが産業化に伴って増大する余暇活動の充実と、産業のオートメーション化に伴う運動不足解消のための健康体力つくりといった公共的な問題意識であった（菊 2011）。以後、脱工業化社会に向かう欧米諸国や日本において、スポーツの大衆化は、いわゆる生涯スポーツ政策やスポーツ・フォー・オール政策として推進されることになる。

（4）日本のスポーツ政策

スポーツの振興やスポーツが持つ諸価値を社会に体現させることを目的とする諸政策を、仮にここで狭義のスポーツ政策だとして、日本におけるその概要を確認しておきたい。

まず、先ほどの大衆化の方向を目指す政策として、わが国で定着しているものの一つに生涯スポーツ政策があげられる。歴史的に見れば、競技力向上とは異なるスポーツ振興策としては、社会体育政策が1960年代に始まり、その後、コミュニティスポーツ政策（1970年代）、みんなのスポーツ政策（1980年代）と続き、1990年代以降は生涯スポーツ政策の時代へと推移している（佐伯 2006）。いずれも、競技力向上や学校体育政策とは異なり、主に就労期以降の人びとの日常におけるスポーツ実施とその振興に主眼が置かれてきた政策だといえる。

2000年に文部省によって示された「スポーツ振興基本計画」では、スポーツ行政の基本的な方策として（a）生涯スポーツ社会の実現に向けた地域におけるスポーツ環境の整備充実方策、（b）国際競技力の総合的な向上政策、（c）生涯スポーツおよび競技スポーツと学校体育・スポーツとの連携推進方策、が掲げられた。このうち、生涯スポーツについては、

1）国民の誰もが、それぞれの体力や年齢、技術、興味・目的に応じ

て、いつでも、どこでも、いつまでもスポーツに親しむことができる生涯スポーツ社会を実現する、

 ２）その目標として、できる限り早期に、成人の週１回以上のスポーツ実施率が２人に１人（50％）となることを目指す、

と初めて数値目標が示された。これを実現するための牽引役として期待されたのが、市区町村における総合型地域スポーツクラブであり、少なくとも各市区町村に１つ以上を育成することが到達目標とされた。その特徴は以下の通りである。

１．複数の種目が用意されている。
２．子どもから高齢者まで、初心者からトップレベルの競技者まで、地域の誰もが年齢、興味・関心、技術・技能レベル等に応じて、いつまでも活動できる。
３．活動の拠点となるスポーツ施設及びクラブハウスがあり、定期的・継続的なスポーツ活動を行うことができる。
４．質の高い指導者のもと、個々のスポーツニーズに応じたスポーツ指導が行われる。
５．以上について、地域住民が主体的に運営する。

 2010年には文部科学省が「ライフステージに応じたスポーツ機会の創造」を含む５つの柱からなる「スポーツ立国戦略」を発表した。ここではあらたな目標値として、国民の誰もが、それぞれの体力や年齢、技術、興味・目的に応じて、いつでも、どこでも、いつまでもスポーツに親しむことができる生涯スポーツ社会を実現するため、成人の週１回以上のスポーツ実施率を３人に２人（65％程度）、成人の週３回以上のスポーツ実施率を３人に１人（30％程度）とすることが示された。

 さらに2011年には「スポーツ基本法」が制定された。ここでは、スポーツが「世界共通の人類の文化」であるとともに「心身の健全な発達、健康及び体力の保持増進、精神的な充足感の獲得、自律心その他の精神の涵養等のために個人又は集団で行われる運動競技その他の身体活

動であり、今日、国民が生涯にわたり心身ともに健康で文化的な生活を営む上で不可欠のもの」であることから、「スポーツを通じて幸福で豊かな生活を営むことは、全ての人々の権利」であることが明記された。

　狭義のスポーツ政策として、次にあげるのが競技スポーツ政策である。わが国では、1980年代までは各中央競技団体が競技力向上に主体的に取り組んできたが、当時、国際競技大会で成績不振が続いたことから、文部省（現・文部科学省）が介入を始めることになる。1988年には、それまでの文部省スポーツ課が生涯スポーツ課と競技スポーツ課に分かれ、翌年には日本オリンピック委員会（JOC）が日本体育協会から独立する。2000年のスポーツ振興基本計画においても、国際競技力の向上が一つの重要施策に位置づけられ、オリンピックにおけるメダル獲得率を倍増させることが政策目標として明示されることになった。

　その後は、スポーツ振興の財源のためのスポーツ振興くじ（toto）が始まるとともに、2001年にはJOCが本格的な国際競技力向上戦略（ゴールドプラン）を発表し、競技団体の枠を超えた競技力向上施策がスタートする。同年、スポーツ医・科学研究推進の中核機関として国立スポーツ科学センター（JISS）が、さらに2008年には北京オリンピックを目指してナショナルトレーニングセンターが開所し、科学的な情報収集・蓄積から、継続的かつ集中的なトレーニング環境整備に至る様々な事業が実施されていった。

　2010年の「スポーツ立国戦略」（既述）では、新たなメダル獲得数の数値目標（過去最多の獲得数を目指す）が掲げられるとともに、トップアスリートがジュニア期から引退後まで安心して競技に専念することができるための環境整備等が盛り込まれた。また、国際競技大会の積極的な誘致・開催によって、さらなるスポーツの振興、地域の活性化を図ることが示された。翌年の「スポーツ基本法」（既述）では、選手たちが国際競技大会（オリンピック競技大会、パラリンピック競技大会その他の国際的な規模のスポーツの競技会）や全国的な規模のスポーツの競技会において優秀な成績を収めることができるよう、競技水準の向上に資する諸施策の効果的な推進がうたわれた。

生涯スポーツ政策と競技スポーツ政策は、しばしばスポーツ政策の両輪にも例えられる関係にあるが、現代社会ではさらに「スポーツを通した政策」、すなわち特定の政策課題にスポーツを活用するケースも増えつつある。たとえば、観光、経済産業、健康福祉など特定の政策目的の実現のために、スポーツが様々な形で活用されているのである（真山・成瀬編 2021）。

2. 政策研究とスポーツ

（1） 公共政策の基本構造

時間の推移から見た場合、政策には大きく3つの局面があり、基本構造をなしている。決定、実施、評価という局面であり、公共政策では企画 plan・実施 do・評価 see として把握されることが多い。また、公共政策が一定の歴史的な積み上げを持つ社会に関していえば、どんなに新しい企画であっても、古い政策に対する評価と反省に基づくことになる。その意味で、これら3つの局面は循環過程すなわち、「政策循環」として理解する必要がある（武川 2012: 14）。

また、人びとの相互行為を重視する社会学にとって、何をもって「政策が効果的に実施された」と判断するのかは重要である。したがって、実務に即した用語法についても整理をしておくことが重要である（秋吉ほか編 2020）。

まず、ここでいう政策（Policy）とは、国または自治体がある分野の問題や課題について取り組む上での「将来像や基本的方針」を示すものといえる。国レベルであれば、国会で審議・承認される「○○基本法」をはじめ、閣議決定で示される基本計画等もこれに該当する。例えば、2011年に施行されたスポーツ基本法がそれにあたる。自治体では「施策大綱」といった名称が採用される場合もある。

次に、施策（Project）があり、これは理念として示された政策を実現するための「具体的方針や対策」として、一定のグループにまとめられたものを指す。たとえば、上記のスポーツ基本法（法政策）に基づいて、国がスポーツ基本計画を立て、さらに地方自治体が地方スポーツ推

進計画を定めることになる。そのなかでは、地域住民のスポーツ実施率の向上やスポーツを通じた地域の活性化策が策定されることがある。

　最後に、事業（Program）があり、これは施策に含まれるより「具体的な手段や活動」のことを指す。たとえば、先ほどの地方スポーツ推進計画のなかで、子育て世代の親子が一緒に参加できる運動プログラムを計画したり、学校体育施設を地域のスポーツクラブなどの活動に開放する事業を実施したり、といったことが考えられる。

　こうした政策・施策・事業の階層間には「目的手段関係とその連鎖」が存在することは、おさえておく必要がある。つまり、上位で示された目的に対し、下位の局面がその手段を提供するという関係性が連鎖構造をなしているのである。特にこれが重要になるのが政策評価の段階であり、上位目標に対して行政がどのように貢献したかということに関して業績指標が設定されることになる。

　また、こうした階層性を有する公共政策は、目的、対象、手段、権限、財源という5つの構成要素からなる。目的とは、公共政策の作成・実施によって目指すべき状態を意味する。対象は、そうした目標を達成するために、政策が対象とする目標集団とそのニーズのことを指す。手段は、具体的な行動案であり、直接規制・直接供給、経済的インセンティブ、その他（例としてイベントや広報活動といった啓発的手段）からなる。権限は、具体的手段での政府の活動に対して、法によって規定・付与されるものである。財源は、政府の活動に関して与えられる資金を指す。

　続いて政策研究のあり方にも触れておきたい。政策科学が登場した背景には、第二次世界大戦後、（主にアメリカにおいて）政策決定の合理化を実現するという挑戦があったとされている。すなわち、為政者の独断や行政機構による経験や勘に任せたり、あるいは特定の強力な利益集団に左右されるのではなく、一般市民にとって合理的な政策決定がなされることが望ましいという期待が広がったことに関係している（秋吉ほか編 2020）。

　したがって、政策科学を中心とする政策研究では、政策が作られる過

程である政策決定研究が最も歴史が古い。そしてそれは、（1）政策課題の設定、（2）政策案の作成、（3）政策の決定そのもの（手続き）、に分類することが可能である。すなわち、何が克服・改善すべき課題なのか、それはいかなる手段や財源によって克服・解決されるべきなのか、どのような手続きによって決定がなされるのか、に関するやり取りが研究対象になる。

　そして、政策決定（企画）の次には、当然のことながら政策実施の研究がなされなければならない。政策を取り巻く政治・経済的環境に関心がある政治学や行政学は、この実施段階の研究に一定の力を発揮する。また、事業レベルのアクター、とりわけ実務担当組織や実施担当者への注目も忘れてはならない。

　最後に、実施された政策を評価する政策評価の研究がある。これには、政策の過程を評価するものと、政策（施策・事業）そのものを評価するものとに大別できる。前者は政策が規定どおりに実施されているか、能率的に実施されているかに注目する。後者は、結果の測定、目標の達成度、問題解決への貢献度などを評価する。わが国では、政策評価や事務事業評価などが導入されつつあるが、誰が何のために評価を利用するかについて十分な合意があるとはいえないとされている（真山 2011: 9）。

（2）政策研究の理論

　スポーツ政策の研究を行う際、理論の役割を過小評価してはならない。しかし「理論」とは何だろうか？いわゆる科学 Science における理論とは、通常、演繹的推論体系を指す。具体的には、既知の事実に基づいて新しい仮説を立て、それが示す状態を観測によって確かめるという手続きを踏むことで、知的実践が組み立てられることになる。その意味で、演繹的推論の理論は、客観的な数式で表されることも少なくない（科学志向の経済学が良い例である）。

　ところが、社会（科）学のいう「理論」は、必ずしも演繹的推論体系を持つものばかりではない。それは「理論」が日常言語に近いこともあ

り、推論が人や状況によって特定の方向へと偏ることが起こりうることにも起因している（筒井 2021: 4-5）。こうした状況で、社会学者の G. Abend（ガブリエル・アベンド）は「社会学における理論とは何か？」ではなく、「社会学において『理論』とは何を意味するのか？」と問い、それを7つに整理している（Abend 2008）。（1）2つ以上の変数間の関係を確立する一般的命題、あるいは論理的に連結された一般的命題の体系、（2）特定の社会現象の因果的説明、（3）社会的世界における経験的現象の解釈学的説明、（4）学説史、（5）世界を見たり、解釈する上での総合的なパースペクティブ、（6）事実／価値判断の区別を退ける規範的要素を含んだ説明、（7）包括的な社会理論（ミクロ—マクロ接合、主体と構造、社会秩序など）、がそれにあたる。

　スポーツ政策研究者の B. Houlihan（バリー・フーリハン）は、このAbend の議論を踏まえ、スポーツ政策研究の理論の位置づけにおいては特に以下の4点が重要だとしている（Houlihan 2014）。

　まず、（5）世界を見たり、解釈する上での総合的なパースペクティブである。これは、経験とは独立したアプリオリな枠組みを提供する世界観であり、概念的な言語に加えて、社会的な探求を構造化する世界についての命題のセットを提供してくれるものである。具体例としては、フェミニズム、（ネオ）マルクス主義、（ネオ）プルーラリズム（多元主義）、合理的選択理論などがある。その一部は強い規範性を帯びており、研究にとっての大きな推進力を与えてくれるものもある。

　次に重要なのは、（2）特定の社会現象の因果的説明である。これは、たとえばスポーツ政策の決定プロセスを説明するために彫琢されたメゾレベルの理論が該当し、断続平衡論、唱道連携フレームワーク、政策ネットワークなどが含まれる。

　三つ目に（7）包括的な社会理論がある。この種の理論は、構造とエージェンシーの関係（たとえば構造化理論）や経路依存性など、政策過程の特定の問題や側面の分析に関わっており、マルクス主義や多元主義といった多くのマクロ理論や、いくつかのメゾレベルの理論に含まれる要素である。

最後に（1）2つ以上の変数間の関係を確立する一般的命題の意味での理論がある。例として、Robert Michels（ロベルト・ミヒェルス）が指摘した「寡頭制の鉄則」をあげる。寡頭制の鉄則とは、大規模な組織ではそれが存続する際、指導的地位の分化が生じ、この地位が固定化されるが、このことがさらに指導を少数者による支配へと転化するというものである。組織規模の増大（変数1）は、組織が果たすべき課題を増大・複雑化させるために組織運営の分業化と専門化、職務の階層化（ヒエラルキー）を発生させ（変数2）、組織の統一的な指導を行う少数の指導者（寡頭制）の登場（変数3）をもたらすという、変数間の一般的な関係性が示されることになる。

　スポーツ政策の社会(科)学的研究を行う際、研究者は上記のいずれかの理論、あるいはすべてを用いることになる。ただし、その組み合わせは研究課題によって異なるだろう。また、実際の研究に際しては後述するメゾレベル（中範囲）の理論、モデルが利用されることが多い。しかしながら、上述したようにスポーツ政策が成立するためには、スポーツの公共性が何らかの形で担保されなくてはならない。それがいったい何によって可能になっているのか、それはどのような社会的・経済的・政治的文脈においてか、といった点について長期的かつ構造的な視点を持つことは、個々の政策を考える上でも重要であるといえる。そのためにもマクロな社会理論を軽視すべきではない。

（3）マクロ理論

　表5-1はHoulihan（2014）が示したスポーツ政策研究で取り扱われる可能性が高いマクロ理論のリストを、一部、筆者が修正し、再構成したものである。各理論における分析の単位、国家（権力）の役割、公共政策のダイナミズムに関する見解、特に相性の良いメゾレベルの理論／枠組み、スポーツとの関連における主な焦点を示している。また、分析変数（たとえば、社会階級、利益集団、ネットワーク、市場など）における重点の違いにも言及した。ただし、これらのマクロ理論をそのまま援用する場合には注意が必要である。というのも、特定の政策が決定、

表5-1　スポーツ政策研究における主たるマクロ理論

	ネオマルクス主義	ガバナンス論（統治性論）	ネオプルーラリズム	市場自由主義 (market liberalism)
分析の単位	社会階級	政策ネットワークとサブシステム	利益集団	市場と個人
国家の役割	マルクス主義のもとでは、国家は支配資本家階級の道具であるとされる。ネオ・マルクス主義においては、国家の位置づけと役割は明確ではなく、国家の役割は資本主義を管理することであり、資本蓄積の利益に反する短期的な行動（たとえば、正統性を高めるために税制を通じて福祉サービスを提供する）を伴うかもしれないと主張する者もいる。	社会問題の複雑化に伴い、政府は様々な市民社会組織とのパートナーシップを模索していると考えられる。これを権力の喪失（国家権力の空洞化）と見ているか、権力関係それ自体の拡張や展開と見て取るかは論者によって判断が分かれる。	国家は対立するグループ間の仲介も行いつつ、政策決定に積極的に参加するが（特に問題定義や望ましい解決策に関連して）自らの利益を保護・促進することもあると考える。国家はビジネスの利益への偏向を有するといわれる。	市場は社会福祉を最大化し、個人は合理的に効用最大化しようとすると主張される。国家の役割は、市場が（できるだけ規制を少なくして）効果的に運営できるようにすることである。特に合理的選択理論は、国家の行動を深く疑い、政治家や国家公務員が合理的に行動し、その結果として、（課税を通じて）予算を最大化し、組織の成長とそれによる個人的報酬の増大を確保しようと努めると主張する。国家の役割は、財産権の保護、防衛、基本的なインフラやサービスの提供（市場の失敗の場合）、独占の規制といった活動に限定されるべきであると考える。
政策形成のダイナミズム	階級闘争と／あるいは資本主義の内在的な不安定性（例：2008年のグローバルな金融危機）	エビデンスの蓄積と／あるいは外的なイベント（例：財政危機）	不均等な影響力を伴う諸集団間の相互作用	市場競争と（個人による）私的利害の追及
関連するメゾレベルの枠組みとアプローチ	はっきりしたものはないが、ビジネスが支配する、あるいはビジネス志向のネットワークが政策サブシステムを管理するというネットワーク理論の要素、さらに支配的な力関係が国家のなかで制度化されるという制度主義の諸要素が関連する。	政策コミュニティ、制度主義	唱道連合フレームワーク（ACF）、断続平衡論、制度主義	政策の窓モデル（MSF）
スポーツ政策研究の主たる焦点	社会統制の手段としてのスポーツ、利潤の源泉としてのスポーツ（たとえば、スポーツの放映と商品化）	スポーツ政策ネットワーク／スポーツ政策コミュニティ、およびそれらのメンバーシップ、価値、決定プロセス	エリート、女性、若者、コミュニティといった利害に対する唱道連携の存在および影響	国家の調整的・規制的な役割。国家、市場、非営利セクターの関係性
方向性／重要な問い	"新しい産業"としてのスポーツと、福祉の提供としての要素との緊張は、いかにして管理されるのか？	コミュニティにおける支配的な価値とは何か？コミュニティのメンバーシップはいかにして決定されるのか？政策のサブ・セクターから、あるコミュニティはいかにして分離されるのか？	どの程度、唱道連合がスポーツにおいて存在するか？もし存在するとすれば、彼らの相対的な強みは何であり、統治機構に対する関係はどのようなものか？	スポーツ施設を提供することで、国家は民間セクターに対抗しているのだろうか？国家によるスポーツへの関与の拡大は、公務員（社会福祉よりも個人的利益、つまり給与の増加を求める）の公共選択に関する批判を裏付けるのだろうか？

実施、評価されていく上で実際の組織が、どのようにそれに関わっているのかを分析・説明するには、これらは少々目が粗すぎるからである。したがって、マクロ理論を念頭に置きつつも、政策研究におけるメゾレベルの理論を理解する必要がある。

（4）メゾレベル（中範囲）の理論

　政策過程は逐次段階を経て進んでいく。いわゆる段階モデルとして、現実を理解する上では重要である。以下の図はそうしたモデルの一例である。

図5-1　政策研究における段階モデルの例

（秋吉ほか編（2020：49）より）

　上述したように、政策決定研究の蓄積は分厚いものがあるが、公共政策研究において、何を検討するかを選ぶ、決定の前段階が重要だと考える立場がある。これをアジェンダ設定理論と呼ぶ。アジェンダ（agenda）は、政策決定者や政策決定に密接に関わる人びとが注意を払う論点、課題、因果関係に関する知見、シンボル、解決策のリストを含む。

　アジェンダを用いた政策決定の理論で有名なのが、J. Kingdon（ジョン・キングダン）による「政策の窓モデル（multiple streams framework＝MSF）」である。これがここで示す一つ目の理論である。Kingdonは政策案を売り込む好機が訪れることを「政策の窓が広く」と表現したことから、日本ではこの名称が用いられている。彼は、政策過程には問題、政治、政策案という3つの相対的に自立した流れ（stream）があり、これらが合流した時、政策決定ないし政策変容が発生しやすいことを示した。また、政策起業家（policy entrepreneurs）という、この流れの結節点において重要な役目を担う個人というもの

も、この理論枠組みでは強調されている（Kingdon 1984=2017: 271-272）。

　まず、問題の流れは、国民や政策立案者が取り組もうとする課題（issues）から構成される。問題は、指標（たとえば、国民のスポーツの実施率の低さや若年層における肥満の蔓延など）、大きな事件や出来事（たとえば、国際連盟における汚職、ドーピング事件、オリンピックにおけるメダル獲得における失敗など）、フィードバック（たとえば、スポーツの実施レベルの向上が進んでいないことを示す事業データ）など、様々な形で政策立案者の注目を集めることになる。次に、政治の流れは、政治的イデオロギー、スポーツの国内統括団体やオリンピック委員会といった利益集団の強度とその活動、国民的世論から構成される。三つ目の政策案の流れは、研究者、各種専門家、政府職員による提案からなる。長期的な競技者育成プログラムのような才能の発掘と育成プログラム、スポーツ参加への資金援助方法、指導者養成プログラム、スポーツ組織に認められる自治の度合いなどをめぐる競争、などが含まれる。政策が選択される際の基準は、運営組織の価値観との適合性、技術的・財政的な実現可能性が関わっている（Houlihan 2014）。

　スポーツ政策研究への適用例として「スポーツ基本法」制定の政策形成を分析した横井（2023）があげられる（実際に用いられているのはMSFの改良版である「新・政策の窓モデル」）。そこでは、参加者、政策アクティビスト（Kingdonの政策起業家）、政策形成の場、問題の流れ、政治の流れ、政策（案）の流れ等の概念によって、スポーツ基本法制定というアウトプットに至る政策過程が3つの時期区分のもとで分析されている。複雑な政策形成過程を分析的なモデルによって動態的に把握しているだけでなく、そこから発見的な事実を見出すことが可能になっている。

　次に、もう一つ紹介する理論枠組みとして「唱道連合フレームワーク（advocacy coalition framework＝ACF）」がある。ここでは、特定の政策領域について利害や関心を有する様々なアクターが参加し、相互に影響を及ぼす「政策サブシステム」という分析単位が設定される。そし

て、政治家、官僚、利益集団、メディア、政策分析者といったアクターによって、ある特定の政策を推進する唱道連合というグループが複数、形成される。このとき、唱道連合は単なる利益ではなく、信念システム（belief system）を共有し、これを政策に反映させるために、他の連合との長期にわたる相互作用を行い、その結果として政策が決定されることになる。

さらにその際、連合間の相互作用においては、政策志向学習といって、①信念システムで重要視する目標および変数の状態に関する理解の改善、②信念システム内部での論理・因果関係の理解の改善、③自身の信念システムへの異議申し立ての特定化および対抗、という3つの特徴を持つ学習が発生するという。利益や制度による説明を重視する政治過程に対し、このACFはいわゆる「アイディア・アプローチ」に位置づけられる。すなわち、アイディアや専門知識といったアクターの認知的側面を重視する立場であり、社会科学における構築主義（constructivism）の理論的インパクトのもとにある（桶本 2017）。このような認知的側面の重視は、アクターの利益を固定させてしまうことや、制度の規定力を重視する視点に対して、より持続的で動態的な政策変容のあり方を特定することに優れているといえる。

スポーツ政策研究への適用例として、マレーシアにおける障害者スポーツ政策の形成過程を分析した遠藤ほか（2021）があげられる。同論文は、障害者のスポーツがいかにして競技振興的な意味合いを持つスポーツ施策として位置づけられるようになったのか、その要因に照準している。結果として、地域における競技大会の発生が惹起した唱道グループ間の政策志向学習、それに関連した政策ブローカーの行動が政策変容の主な要因として特定されている。

このほかにも、Houlihan and Green（フーリハンとグリーン 2006）がMSFとACFの双方を用いて、イングランドにおける学校スポーツと体育の政策的地位の急上昇がいかに起こったのか、その変容過程を分析している。このケースでは、強固な信念体系を保持する唱道連合が政策志向学習によって変化をもたらしたとするACFの説明よりも、政策

起業家という強力な個人の存在によって3つの流れが結合したことで政策変容が可能になったというMSFの方が適合的であると結論付けられている。Houlihan（2014）も指摘するように、ACFは首尾一貫した信念を持つ特定の連合が優位に立つことで、安定した政策が持続する状況下で説明力を発揮すると思われる。

3. スポーツ政策研究への社会学的アプローチ

　従来、社会学的研究は公共政策への関与を回避しがちだったという指摘がある。武川（2012）は、その理由に社会学における3つのバイアスの存在を指摘している。一つは理想主義である。社会（学）理論における社会変革の構想の伝統が、極めて高邁な理想を掲げてしまってきたがゆえに、その後の社会学は現実との乖離に諦念を抱き、公共政策から距離を取ってきたという。

　次に価値中立のバイアスである。社会学者M. Weberによる「価値自由」に関する理解が、日本の社会学における価値判断への禁欲的態度を育む土壌を作ったとされる。

　最後は批判主義のバイアスである。人びとが自然的態度をもって生きる社会生活の自明性を相対化すること、すなわち当たり前を疑うことは、社会学にとって重要な知的態度の一つである。そのことは、社会に関する客観的認識を得る上でも大切なことである。しかし、批判が自己目的化してしまい、理念の世界の住人になってしまうと、具体的な（ノイズに満ちた）公共政策の研究から距離を取ってしまうことになってしまう。実はこの点は、理念主義的にスポーツ政策を批判してきた一部のスポーツ社会学者にも当てはまる。スポーツ政策への社会学的アプローチも、やはりこの3つのバイアスから自由になる必要がある。

　先に述べたように公共政策には企画・実施・評価の循環があるが、とりわけ企画の段階に際しては、スポーツに関する政策の対象となる地域社会や住民、職場、学校、家庭といった生活の圏域に関する詳細な現状把握が必要となる。量的データによる実態把握に加えて、社会学におけるモノグラフ研究やエスノグラフィーは、政策を企画する上での重要な

資料となり得る。

　また、アジェンダについて論じたように、ある課題（issue）が解決を要する社会問題として政策形成の場に浮上するためには、その社会的認知が高まっていなければならない。現状把握にとどまらない問題提起、問題そのものがどのように構成されているのかを把握する上で、社会学者が力を発揮する場面は決して少なくないと思われる。

　さらに、問題に対する解決手段の模索や合意形成の過程においても、社会学が役に立つ局面は存在する。AFCでも示されたように、複雑化する現代社会における政策形成に専門知識は欠かすことはできない。それゆえ、その専門知識を異なる唱道連合が相互作用するなかで鍛え上げていく局面が出てくる。その際、データに基づいた論点整理や事前評価が重要な役割を果たすことがある。ここにも社会学者を含む、研究者の活躍の場があるといえる。

　加えて、政策の実施においても社会学者が貢献できることがある。とりわけ、スポーツ政策の場合には、実際の人びとのスポーツの実施をめぐって、クラブや組織において、あるいはそれらの間で相互作用をする場面が想定される。人びとの相互行為をめぐる研究の知的伝統を持つスポーツ社会学が力を発揮する余地は十分にある。

　最後に公共政策学を中心としたスポーツ政策研究は、分析的なメゾレベルの理論モデルの構築および活用に重きを置く傾向がある。その一方、本稿で示したようなマクロ理論のなかには、スポーツ社会学の知的伝統にも深く根付いているものが少なくない。その意味でメゾレベルの理論が依拠する様々な前提をめぐって、社会学者が対話を求めていくことは可能であり、むしろ必要とさえいえる。同時にスポーツ政策研究から得られた知見を、現代社会とスポーツの関係性をめぐる（マクロな）理論的説明へと投げ返していくことも社会学的研究には必要である。

研究課題

1. 自分が住んでいる自治体（都道府県または市町村）がどのようなスポーツ推進計画を立てているかを調べなさい。
2. 政策研究におけるメゾ理論を、教科書内で触れたもの以外で一つ探し、その概要を述べるとともに、どのようなスポーツ政策の研究に活用できそうかを考察しなさい。

引用・参考文献

Abend, Gabriel., 2008, The Meaning of 'Theory'. *Sociological Theory*, 26（2）: 173-199.

秋吉貴雄・伊藤修一郎・北山俊哉編, 2020, 『公共政策学の基礎［第3版］』, 有斐閣.

遠藤華英・舟橋弘晃・間野義之, 2021, 「途上国における障害者スポーツ政策の形成過程―マレーシアを事例として」『スポーツ産業学研究』31（3）: 267-289.

Houlihan, Barrie., 2014, "Theorising the Analysis of Sport Policy", In Henry, Ian, and Ko, Ling-Mei. Eds., *Routledge Handbook of Sport Policy*, Routledge : Oxon, 11-22.

Houliha, Barrien. and Green, Mick., 2006, "The changing status of school sport and physical education : explaining policy change", *Sport, Education and Society*, 11（1）: 73-92.

菊幸一, 2011, 「スポーツの公共性」, 菊幸一ほか編『スポーツ政策論』成文堂, 159-168.

Kingdon, John W., 1984, *Agendas, Alternatives, and Public Policies, Update Edition, with an Epilogue on Health Care 2nd Edition*, Harlow : Pearson Education.（笠京子訳, 2017, 『アジェンダ・選択肢・公共政策―政策はどのように決まるのか』勁草書房）

真山達志, 2011, 「政策研究とスポーツ」, 菊幸一ほか編『スポーツ政策論』成文堂, 3-17.

真山達志・成瀬和弥編著, 2021, 『公共政策の中のスポーツ』晃洋書房.

成瀬和弥・真山達志編著，2023,『地方におけるスポーツ価値実現の実像』晃洋書房.
桶本秀和，2017,「政治過程における専門知識―その機能から見た理論的到達点」『城西現代政策研究』10（1），31-48.
佐伯年詩雄，2005,「スポーツの概念と歴史」，日本体育協会編『公認スポーツ指導者養成テキスト共通科目1』，36-43.
佐伯年詩雄，2006,「スポーツ政策の歴史と現在」,『現代スポーツ評論』15：36-48.
武川正吾，2012,『政策志向の社会学―福祉国家と市民社会』，有斐閣.
筒井淳也，2021,『社会学―「非サイエンス」的な知の居場所』岩波書店.
横井康博，2023,「スポーツ基本法制定の政策形成―新・政策の窓モデルによる実証研究―」『スポーツ健康科学研究』45：11-23.

6 社会現象としてのスポーツ（5）：
地域社会とスポーツ

植田　俊

　国民の誰もが、それぞれの体力や年齢、技術、興味・目的に応じて、いつでも、どこでも、いつまでもスポーツに親しむことができる「生涯スポーツ社会」づくりの問題は、戦後のスポーツ政策の、それを受けて現場で実践する人びとの、そしてそれを学術的に捉えて分析する研究者たちの関心の中心に常に置かれてきた。本章では、戦後から現在に至るまでのそれらの展開と到達点および課題について学習する。

　身近な歩道や公園でウォーキングを楽しむ人びと、専用コースに集まった人同士で組を作りパークゴルフに興ずる人びと、早朝から近所の広場でラジオ体操に勤しむグループ、コートを借りてテニスに励むサークルの人びとや野球場で真剣に練習を行う少年団など、こうした光景を目にする機会は私たちの日常生活のなかにありふれている。

　教育の一環としての体育や課外活動としての運動部活動の領域を越え出て、学卒後も国民の誰もが、それぞれの体力や年齢、技術、興味・目的に応じて、いつでも、どこでも、いつまでもスポーツに親しむことができる「生涯スポーツ社会」づくりを、その舞台となる地域を視野に収めながら戦後の日本は常に目指してきた。その歩みは、都度様々なキー概念を用いて打ち出されてきたスポーツ振興のスローガンと、それに誘導され蓄積をみた政策・実践・研究とともにあった（佐伯 2005）。上記のような光景の日常化は、戦後の大きな社会変動を契機として提唱され振興がはかられてきたスポーツが、政策的にも実践的にも学術的にも、単に国民の健康・体力づくりにとどまらず、地域社会が直面する問題の解決も志向してきたことに多くよっているのである。

　本章では、我が国におけるスポーツ振興と地域社会の結びつきについて、スポーツ政策と実践の展開とそれに連動する研究の蓄積をあとづ

け、「スポーツは地域社会が直面する問題の解決に寄与する」という、体育・スポーツ領域において連綿と受け継がれてきた理念と期待の実現を目指す政策や実践に研究がどのように対峙してきたかについて深考していく。

1. 社会体育:「社会問題解決の手段としてのスポーツ」という発想の登場

(1) 戦後の社会変動と体育

　欧米から様々な学問や技術とともにスポーツ文化が伝播して以来、我が国では長らく「学校」が運動・スポーツ活動の中心地であった（表8-1）。

　学卒後も運動・スポーツを継続できる環境の整備が問題として本格的に認識され始めたのは、戦後、運動・スポーツへの欲求が次第に高まり始めたころからである。その背景には、高度経済成長が人びとに生活水準の向上と自由時間の増大をもたらしたこと、その反面、日常生活における活動量は低下し運動機会も減少したこと、そして公害・自然環境破壊の進行によって人びとの健康が脅かされたことなどがあった。他方、都市人口が増大し農山村の過疎化が進行したことで「家の変質」「家族崩壊」「地域社会の崩壊」といった問題も叫ばれ始めていた（松村1988）。こうしたドラスティックな社会変動への有力な対応策の一つとして提起されたのが「社会体育」だった。

　社会体育とは、学校体育に対する用語であり、「地域や職場、家庭などにおける身体活動の助成・育成を目指す組織的教育活動」（粂野1988: 648）のことを指す。1949年に制定された社会教育法第1章総則

表8-1　日本におけるスポーツ人口の推移

(男女計%)

年	1955年 (S.30)	1963年 (S.38)	1965年 (S.40)	1972年 (S.47)	1976年 (S.51)	1979年 (S.54)	1982年 (S.57)	1985年 (S.60)
実施している	14%	42%	47%	60%	65%	68%	64%	63%

（東海大学社会体育学研究室編 1989: 2）

第2条において、「学校の教育課程として行われる教育活動を除き、主として青少年及び成人に対して行われる組織的な教育活動（スポーツ及びレクリエーションの活動を含む）」と規定されている社会教育の一分野である。社会教育法の制定の同年、文部省体育局が廃止され、社会体育行政は社会教育局運動厚生課に移管される。その後、1964年東京五輪の成功を念頭において、社会体育行政は文部省内に新設されたスポーツ課に1958年に移行したことで日本体育協会との連動が深まり、選手養成にも重きが置かれるようになった。そのため、体育・スポーツ振興は高度化と大衆化の二元体制となった（内海・尾崎 1984）。

(2) 社会体育への期待

　さて、スポーツの大衆化を実現するために文部省は1950年に「社会体育実態調査」を実施するとともに、翌1951年に振興の羅針盤となる「社会体育指導要項」を発表した。そのなかには、スポーツを社会が直面する課題の解決に資する方途として見なす発想の萌芽が見られる（木下 1995）。戦後初期から体育研究を先導した前川峯雄も、社会体育の意義を「社会人のための運動機会の確保」と「社会が抱える問題（国民の健康づくり、社会福祉と豊さの向上、犯罪・浪費・暴力・偏見の撲滅）の解決」を通じて、共同生活としての社会に必要な「共同の精神」が涵養される点に見出している（前川 1952）。

　こうした経緯を経て、文部省は社会体育による社会問題解決への寄与とその実現のための条件や手順をまとめた指針『社会体育 考え方・進め方』を1960年に発表している。そこでは、「家庭・職域・集団の各生活の仕組みやパターン（構造）の変化」「地域・職域生活の場所の変化」「生活時間の区別（仕事と休み）の進展」「大衆生活の場の登場」という新たな問題を社会が抱えているという認識を前提として、社会体育には①個人的機能（体力づくり・生産性向上）と②社会的機能（地域再組織化、人間関係改善）、すなわち「国民の生活力の再生産」という役割が期待できると示された。

(3) 社会体育の潜在力を引き出す主体とは？

　その後、この社会体育に対する期待を、誰がどのように実現するのか（＝実現の主体）をめぐって議論が展開する。上述の『社会体育』においては、継続的に活動するグループ（≒チーム・クラブ）を組織すること、そのグループが活動できる施設や行事を準備し整えることがスポーツの社会的機能の発揮にとって重要だとされ、それを主導する主体として、地域社会、職場・企業等の営利団体、スポーツ協会などの民間団体、国や地方公共団体などが想定された。

　これに対して、営利企業（商業資本）が社会体育領域へ参入することはスポーツ産業の過剰な競争を生み、「健康で文化的な生活」を保障すべき国家の役割が不明確化してしまうと危惧し、「教育」という認識に基づいてスポーツを公的に補償すべきとする意見（内海・尾崎 1984）や、非営利・福祉的ねらいを持って半公共的に活動するスポーツ少年団やYMCAのような団体・組織こそ社会体育の重要な受け皿となりうるという主張（日本スポーツ少年団本部編 1972）、企業として利潤を上げることを目的に運動・スポーツが提供されるバッティングセンターやボーリング場なども社会体育の場として考えるべきであるという考え方（松島・江橋 1972）が示され、社会体育のポテンシャルをいかに引き出して展開していくことができるかが様々な立場から追求されていった。

　しかしながら、こうした社会体育にかけられる期待の増大と理論的探求の深化とは裏腹に、人びとの生活様式と生活意識の都市化（都市的生活様式化[1]）はますます進んでいった。それを目の当たりにした政策家・実践家・理論家双方の危機意識は、必然的に次なる発想・解法の探究へとつながっていく。その際、キーワードとなったのが「コミュニティ」である。

---

[1]　都市生活者の営む、特質ある社会的共同生活のこと。住民の相互扶助システムによる共同問題の共同処理としての村落的生活様式と区別される、「専門サービスのシステム、すなわち専門処理システムによる共同処理を原則とする共同生活の営み方」（倉沢　1993：1095）を指す。

2. コミュニティ・スポーツ：スポーツは「理想的な地域社会」の形成に寄与するか？

（1）社会からコミュニティへ

　1961年に「スポーツ振興法」があらたに制定され、国民の誰もが自身の適性や健康状態に応じて自発的・自主的にあらゆる機会・場所でスポーツを行うことができるようにするための条件整備をさらに促進していく体制が整えられていく。この方向性を踏まえつつ、『社会体育』の時点ですでに期待されていたスポーツの社会的機能をより体系的かつ明確に示したのが、国民生活審議会調査部会コミュニティ問題小委員会によって1969年9月に発表された『コミュニティ——生活の場における人間性の回復——』であった。そこでは、交通網の発達やモータリゼーションの進展による生活圏域の拡大、人口の都市集中、科学技術の発達とマス・メディアの浸透などによって大きく変化した人びとの生活様式に対して、適合性を失った伝統的な村落共同体や都市内の隣保組織に代わる新しい理想の地域社会像が提示された。それが「コミュニティ」だった。

　コミュニティとは、「市民としての自主性と責任を自覚した個人及び家庭を構成主体として、地域性と各種の共通目標を持った、開放的でしかも構成員相互に信頼感のある集団」を指す。地域住民を古い束縛から解放するとともに、交通安全の確保や公害等の防除といった「生活防衛・環境改善」の役割や、余暇の充実や地域内融和の深化といった「生活拡充」の役割を果たすことが期待され、新全国総合開発計画や建設省・自治省などの生活圏構想、社会教育などと連携をはかりながらその実現を目指すことが目標に据えられている。スポーツを含む余暇については、「かつての地域共同体が果たしていた機能を代替したり、あるいは地域共同体のワクによっては果たしえない機能を持つ諸種の機能集団」として好意的に捉え、圧倒的に不足している施設や活動プログラムの開発・充実化、新たな集団の育成を余暇行政の確立と足並みを揃えながら進めていくことが今後の指針として提言されている。

（２）コミュニティ・スポーツ政策と研究の連動

　この指針に、「コミュニティ・スポーツ」というあらたな用語を当てがい、具体的な振興計画を提示したのが経済企画庁による『経済社会基本計画――活力ある福祉社会のために――』（1973年）であった。そこでは、増大する自由時間をより充実化させるという目標達成のための手段としてスポーツが位置づけられており、スポーツ活動が地域住民相互の接触を深め、コミュニティ形成に寄与することを期待して、①日常生活圏で手軽に利用できる運動・スポーツ施設の整備と②指導者の養成の必要性が示された。この計画の具体的展開と推進をはかるために、1974年5月に同じく経済企画庁から『コミュニティスポーツ施設計画調査報告書』が発表された。これは、全国から3つのモデル地区を選定し、文部省、労働省、建設省、自治省、経済企画庁及び地方公共団体が協力して行った調査の結果をまとめたものである。ここにおいて、「新しいコミュニティ形成への志向が、生活の場における人間性の回復に根差しているとするならば、全人的な活動としての性格を持つスポーツ活動の日常的な場における展開は、それ自体がコミュニティ形成の側面を持つと同時に、福祉の拡大と人間性の回復を生活環境全体に押し広げていく契機ともなるだろう」と述べられ、国民生活審議会が提示したコミュニティ像に基づいてコミュニティ・スポーツの理念と構想が明確に打ち出された。これを期に、政策担当者や体育研究者たちの間にスポーツがコミュニティ形成の有力な手段であるという認識が広まっていき（伊藤・松村 2009）、実践報告や研究が蓄積され始めた。その多くは、「コミュニティが形成されるための基本的な要件は、地域住民の意識のうちに存する」という認識に基づいた①スポーツとコミュニティ意識の関連を追求する研究、また「コミュニティ行政は、コミュニティ施設行政と呼んだほうが実態に即している」（園部 1984: 339）と指摘されたようにコミュニティ施策が施設整備とそれを活用したイベント・行事の企画・実施に傾斜していたことから、②スポーツ活動を可能にする施設やグループの実態を解明する研究、この2つに集中した。これらの研究は、「スポーツは地域住民の生活に資する」ことを与件とし、その実現方策を検

討するものであり（中山 1991）、「政府の方針と一体化した体育協会などの権威的団体や専門家の描く公定のモデルの提示と、その公定モデルにどれだけ接近できるかといった、育成のための課題発見と解決策に主眼を置いた主張に終始」（小林 2013: iv）した。

（3）コミュニティ・スポーツに対する批判

　それに対して、園部雅久は「社会目標としてのコミュニティ」は、①都市社会において欠落した第一次的人間関係の回復と②市民的連帯を通じて住民が直面している共同の生活問題の自主的解決や行政への住民参加の達成をもくろんでいることを見抜いて、①を親交的コミュニティ、②を自治的コミュニティと名づけて区別し、スポーツやレクリエーション活動が①の形成の主要な手段と見なされていること、また①の形成に連動して②が達成されるという発展の流れが政策上にも研究上にも措定されていることに疑義を呈した。その上で、「人々の交流の場となった井戸端会議にしても、水を確保し利用するという日常の生活の維持のための問題処理活動が、その場を共同で利用する人々の間に親密な人間関係を形成せしめたものであった」（園部 1984: 334）と例示し、自治的コミュニティにこそ親交的コミュニティの源泉を見出すことができると述べてコミュニティ・スポーツ論を真っ向から批判した。また、鈴木広は福岡市における住民の余暇行動の調査結果を分析して、人びとのスポーツ・運動量は年齢と反比例して減少していること、また近隣がスポーツの相手としてもスポーツをする場所としても選ばれることが少なくスポーツ行動は単独もしくは家族・友人と共に商業施設で成立している事実を指摘する。そして、時間的秩序、空間的秩序、身分と年齢序列の秩序、「私」的なるものと「全体」的なるものとの関係の秩序からなる人びとの「生活構造」を踏まえてスポーツを、余暇行事（＝ハレの時間）として制度化されたものとして捉え、「ハレ感覚を戦術として発達する余暇産業たるファッション型スポーツ企業が、日常性の地味なケの空間を忌避し、スポーツをいやがうえにも『非日常』の方向に整形する。それは結果的には、ケの日常性＝近隣志向に根ざす『適当な運動量』を破

壊するように働く」（鈴木 1986: 462）と現状を分析し、単なる延べ人数としてのスポーツ人口の増加は、近隣の空洞化を一層進行させスポーツ参与の不均等をかえって拡大させるだけであると警鐘をならしている[2]。

園部や鈴木ら都市社会学者からの批判に対して、スポーツ実践者を、みな運動欲求に突き動かされる「運動者」と捉える視点ではなく、地域社会で暮らしを営む「生活者」と捉える視点からコミュニティ形成におけるスポーツの可能性と限界を実証する試み（伊藤・松村 2009）や、それぞれ実感・経験を異にする「楽しみ」や「面白さ」を自発的かつ自律的に求める個人がスポーツには集合していることを突きとめ、スポーツは「アソシエーション」として成立している実態を提示する研究（海老原 2003）など既存の議論とは異なる視点に立つスポーツ社会学者たちや、「自治的」と「親交的」は概念として峻別されるべきだが実際の地域社会にあっては双方の性格を併せ持つコミュニティがあっても不思議ではなく、地域社会に暮らす人びとがみなあらかじめ共有できる価値は準備できなくとも、多様な価値を持った人びと同士がつながり新たな価値を創出できるような何らかの出会いの契機が確保されていることが重要である、という都市社会学者による応答もなされたが（江上 2002）、その後も続くスポーツ振興政策の展開はこうした議論を無視するような形で進んでいくことになる（小林 2013: 24）。

3. 生涯スポーツ：「下から」のスポーツ振興への視座転換

（1）クラブ育成への力点移動

さて、コミュニティ・スポーツという言葉の登場と同時期に保健体育

---

[2] よって鈴木は、スポーツの場としての近隣を重視する立場をとる。「私は大都市の場合には、とくに（都心でのスポーツ・デパート式の大規模施設など、投資効率のある、量的・年齢的に限られた利用者層を予想した私企業と競合する問題よりも）ケの日常生活の根拠地たる近隣レベルで、スポーツのための空間とスポーツもする集団を育成していくことに公共投資を集中することが、スポーツを通じての市民社会形成（強調筆者）という社会教育的意義からみて、優先すべきだと考える」（鈴木 1986: 460）。

審議会は「体育・スポーツの普及振興に関する基本方策について」（1972年12月）という答申を発表している。その前提にある問題意識は、経済企画庁と同じく、めざましい科学技術の進歩にともなう経済成長は、人々に生活様式の急激な変化と日常生活における身体的な活動の減退による体力低下をもたらしていること、また引き起こされた公害や自然環境破壊によって国民の健康や生活が脅かされていることに向けられていた。しかし、これらの問題に対処する方法として、既存の政策と志向を異にして①体育・スポーツ施設の整備充実、②自発的なグループ活動の促進、③指導者の養成、④これらを実現するための資金の確保をうたったが、なかでも②を強調した点が重要であった。全国に約2万8,000団体、会員数約425万人が所属するスポーツクラブが当時すでに存在していたものの、それらの多くは行事中心の活動であり、地域住民が日常的・継続的に運動欲求を満たせる組織になっていなかったことを問題視して、「クラブの育成」をこれまで以上に重視する姿勢へと変化したことが見て取れるからである。

　その後も、文部省体育局は地域社会における体育・スポーツ活動の実態調査に精力的に取り組んでいく。1976年3月には『社会体育実態調査（施設調査）報告』を、1976年12月には『日常生活におけるスポーツ推進に関する調査研究』を矢継ぎ早に発表し、地域住民の健康の増進と相互の協調・親睦を深め明るい地域社会の形成にも寄与する、自発的な結合に基づく継続的なスポーツ活動の基盤となる地域スポーツクラブの育成を提言した。その結果、1977年にはあらたに「スポーツクラブ育成推進事業」が立ち上がり、①スポーツを行うという目的を共有する人びとの自発的な集まり、②継続的・計画的にスポーツを行う、③スポーツ施設など活動する場所を確保している、④集団運営や活動の秩序を保つためのルールを作って持っている、⑤指導者を定めている、⑥クラブ運営のために所属員が協力して役割を分担したり経費を負担し合ったりしている、⑦加入脱退が自由で所属員以外の人にも貢献できる仕組みを持っている、という要件を具備するスポーツクラブの育成が本格的に始まった（図8-1）。

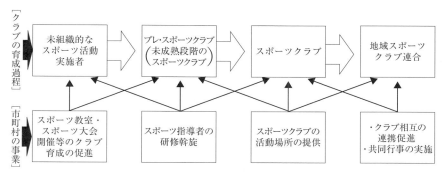

図8-1　地域スポーツクラブ育成における市町村の役割（山川 1977: 3）

（2）スポーツ権の確立

　こうした政策方針転換の背景にあるのは、世界的にひろがりを見せた「Sports for All（みんなのスポーツ）」ムーブメントである。これは、特定の社会階級、スポーツエリート、若者、都市住民、男性などに限定されてきたスポーツの枠組みを、あらゆる人びとに開放しようという理念である。1967年にノルウェー・スポーツ連盟によって初めてこの理念は掲げられ、その後1969年にノルウェー・オスロで開催された国際会議を経て1975年にヨーロッパ評議会加盟21か国の体育・スポーツ閣僚会議にて「ヨーロッパ・スポーツ・フォア・オール憲章」として結実し、1978年第20回ユネスコ総会における「体育・スポーツ国際憲章」の宣言へとつながった。この宣言の意味は、スポーツ活動が自由権的・人格権的・社会権的性格などを有する基本的人権の一つとして保障されていることを確認し（小林 2013: 6-7）、その条件整備を国や地方公共団体の責務としているところにあった（平澤・粂野編 1977）。これによって、スポーツ振興の根拠（＝万人の権利としてのスポーツ）とスポーツ施策の目的とねらい（＝万人がスポーツを享受できる機会と場としてのクラブの育成）、そして施策推進の責任主体（＝行政）がより鮮明になった。

（3）「下から」の取り組み重視へ

　当時のクラブ育成への関心の高まりは、日本最大のスポーツ統括団体であり競技力・記録の向上・オリンピックでのメダル獲得を第一義にす

えてきた日本体育協会にすら、「国民総スポーツ」という理念に基づいた底辺拡大を目指すクラブ育成策を打ち出させるほどのものであった（関 1997)[3]。しかし、公益財団法人日本スポーツクラブ協会が行った『スポーツクラブ実態調査』(1984年) によれば、全スポーツクラブの約87％にあたる34万4,500クラブの活動拠点が公共のスポーツ施設であり、そのほとんどが単一種目型のクラブであった。クラブ数は増加基調にあり量的拡大は少しずつ進んでいたが、「スポーツクラブ育成推進事業」が設定した目標の質的充実の達成には程遠い状況が明らかとなったのである。こうした状況を打開すべく、文部省は個々のクラブ間の交流や有機的連合を促すために同事業を発展させた「地域スポーツクラブ連合育成事業」(1987年) をあらたに開始した。これに続く保健体育審議会答申「二一世紀に向けたスポーツ振興法策について」(1989年) においても、スポーツの社会的機能すなわち「明るく豊かで活力に満ちた社会の形成に寄与する」ことへの期待は保持したまま、日常生活に定着したスポーツ活動として発展し、生涯スポーツの基盤となるようクラブ間の連携を深めつつ、一層の振興、充実をはかるよう提言された。とはいえ、日本の文教政策が「教育」から「学習」へ、すなわち他所から与えられることを受けて行う活動ではなく自発的かつ主体的に行う活動へとシフトし、それを可能にする環境整備に重点を置くようになる流れと軌を一にするように、スポーツの社会的機能の発揮は従来のような行政主導（＝上から）ではなく、市民による自発的かつ自主的な取り組み（住民主導＝下から）によってなされることが期待されるようになった。この流れのなかであらたに浮上したのが、現在まで続く総合型地域スポーツクラブの育成という方策とそれに関する研究群である。

---

[3] クラブ育成は「国民総スポーツ振興事業の現状と3か年計画」(1973年) において重点施策の一つに位置づけられたが、理念と実態との間に様々な矛盾やズレを抱えていた。詳しくは関 (1997: 219-241) を参照。

4. 総合型地域スポーツクラブ：スポーツ振興戦略としての「多様化」

（1）新たな発想としての多様化

　上述した「地域スポーツクラブ連合育成事業」を推進しても、いまだほとんどのスポーツクラブが単一種目型であり、かつ競技志向を共有する同世代・同性のメンバーが集まって特定の拠点を持たずに活動している現実を前に、文部省は次なる一手に踏み切る。それは、クラブ員、施設、プログラム、指導者などを効果的に連動させ、定期的・継続的に活動を行うクラブを育成しようとする「総合型地域スポーツクラブ育成モデル事業」（1995年）であった。ここでいう「総合」が意味するのは、①種目の多様性、②世代や年齢の多様性、③技術レベルの多様性のことである。この事業で最も強調されたのが、地域社会の中核をなす地域住民がクラブに自主的に参加できるようにすることすなわち「地域社会」と「住民の主体性」を前面に押し出すことであった。なぜならば、この事業の推進が図8-2に示したメリットの達成をねらっていたからである。この方策においても変わらず地域住民同士の交流や連帯意識の高揚・活性化が想定されていることがわかるだろう。

図8-2　総合型地域スポーツクラブのねらい

○スポーツが生活の一部になり、スポーツ文化の醸成につながる	○青少年の健全育成
○地域コミュニティの形成による地域の活性化	○スポーツ施設の有効利用
○地域の健康水準の改善による医療費の軽減	○地域教育力の回復
○親子や家族の交流	○世代間交流の促進

（小林 2013: 13）

　1997年の保健体育審議会答申「生涯にわたる心身の健康の保持増進のための今後の健康に関する教育及びスポーツの振興のあり方について」の後押しも受けたこの方針は、スポーツ振興法を根拠として制定された「スポーツ振興基本計画」（2000年9月）において、「2001年度からの10年間のうちに総合型地域スポーツクラブを全国の各市区町村に少なくとも一つは育成する」という明確な数値目標と達成年度が設定されたこと

でさらに推進されていく。2002年9月には、中央教育審議会答申「子どもの体力向上のための総合的な方策について」にて幼児や運動が苦手な子ども、女子の参加も促せるよう体を動かすことの楽しさを感じられるプログラムや指導の工夫の必要性が示された。それを受けて、2006年に行われた同計画の改訂の際に「子どもの体力の向上」が重要政策課題の一つに組み入れられ、計画の目標幅はさらに広がった。それとともに、これまでコミュニティ・スポーツ、生涯スポーツに注力していた研究者たちの興味関心は大いに総合型地域スポーツクラブへと惹きつけられていった。

（2） 総合型地域スポーツクラブ研究の成果と課題

　総合型地域スポーツクラブに関して積み重ねられた研究成果は、大きく①政策的側面についての研究と②クラブ運営の側面についての研究に分けて捉えられる。①は、当該政策が形成される過程を歴史遡及的に追跡する方法による研究（長登・野川 2014）ないし関係アクター同士が構築するネットワークに着目して分析を行う研究（黒須 2008）や、当該政策の実効性を法・財政的根拠をもとにしたりスポーツ人口や費用便益など客観的指標を活用したりして行う評価研究が中心をなす（小林ほか 2007）。②は、スポーツクラブの合理的運営や育成推進を効果的に進めていくための課題分析を行う研究、クラブが提供するプログラムの質的向上を企図して、組織論的な視点やソーシャル・キャピタル論の視点からなされた研究が主流を占めている（伊藤 2009; 小林 2013）。

　これらの研究によって、政策やスポーツクラブの合理的運用のあり方は解明が進んだのは確かだった。しかし、合理化した政策やスポーツクラブは果たして、生活過程のなかでスポーツを実践する地域住民にいったい何をもたらすのだろうか。反対に、地域住民が直面する（公共的な）問題は政策やスポーツクラブ運営の合理化に何か影響を与えたのだろうか。政策研究は、理念（＝政策目標）を現実化するための施策や事業はその受恵者である地域住民のためになされるものであるという政策の本義を脇に置いて、政策主体の分析に拘泥した。いうなれば、政策の

表 8-2　戦後の地域スポーツ政策と研究の展開

年	政策	関連
1949	「社会教育法」の制定	文部省体育局廃止
1950	「社会体育実態調査」の実施	
1951	「社会体育実施要項」の作成	
1958		文部省体育局設置
1960	『社会体育 考え方・進め方』の発表	
1961	「スポーツ振興法」の制定	
1967		ノルウェー・スポーツ連盟が Sports for All の理念を世界で初めて掲げる
1969	『コミュニティー生活の場における人間性の回復―』の発表	Sports for All に関するヨーロッパ会議がノルウェー・オスロで開催される
1972	「体育・スポーツの普及進行に関する基本方策について」を答申	
1973	『経済社会基本計画―活力ある福祉社会のために―』の発表	
	「国民総スポーツ振興事業の現状と3ヵ年計画」の発表	
1974	『コミュニティスポーツ施設計画調査報告書』の発表	
1975		ヨーロッパ評議会スポーツ担当大臣会議「みんなのスポーツ憲章」採択
1976	『社会体育実調査（施設調査）報告』の発表（3月）『日常生活におけるスポーツ推進に関する調査研究』の発表（12月）	
1977	「スポーツクラブ育成推進事業」の開始	
1978		ユネスコ総会「体育及びスポーツに関する国際憲章」の採択
1984	「スポーツクラブ実態調査」の実施	
1987	「地域スポーツクラブ連合育成事業」の開始	
1989	「二一世紀に向けたスポーツ進行方策について」を答申	
1995	「総合型地域スポーツクラブ育成モデル事業」の開始	
1997	「生涯にわたる心身の健康の保持増進のための今後の健康に関する教育及びスポーツの振興のあり方について」の答申	
2000	「スポーツ振興基本計画」の策定	
2002	「子どもの体力向上のための総合的な方策について」を答申	
2006	「スポーツ振興基本計画」の改定	
2010	「スポーツ立国戦略」の策定	
2011	「スポーツ基本法」の制定	
2012	「スポーツ基本計画」の策定	
2022	「第3期　スポーツ基本計画」の策定	

（長登・野川（2014: 6）を元に筆者改変）

体をなす、地域住民による政策の「生きられ方」を看過したのである。また、クラブ運営研究は地域住民が暮らしのなかでスポーツクラブに関わっているフェーズのみ切りとり、そこだけを見てクラブの可能性を論定しようとした。それは、クラブと人びとをサービスとしてのスポーツを受与する関係として一面的に理解するだけで満足したことを意味する。

　2010年8月、文部科学省はスポーツ振興基本計画に代わるあらたな政策として「スポーツ立国戦略」を打ち出した。そこでもスポーツの社会的機能に関する以下のような喧伝が繰り返された。スポーツは地域住民の結びつきを強め、地域の一体感を生みソーシャルキャピタルの生成に大きく貢献するものである、と。また、総合型地域スポーツクラブを通じて地域住民同士が連携・協働することで、家族や地域社会といったお互いに顔の見えるつながりのなかでスポーツを主体的に楽しむことができる環境が整う、と。この考え方は、現行のスポーツ政策である「第3期スポーツ基本計画」（2022年3月）とその法的根拠をなす「スポーツ基本法」（2011年8月）にも通底している。

（3）地域スポーツ研究の課題と展望

　ここまで、戦後から現在まで続くスポーツ振興と地域社会の結びつきの変遷を見てきた。社会体育から総合型地域スポーツクラブに至る流れのなかで、政策上の強調点、研究の着眼点・方法論は変化を繰り返してきた。しかし、現在まで不変の、政策にも研究にも共通する認識論的前提があることを最後に指摘したい。それは、「戦後の急速な社会変動を受けて人びとの生活意識は根底から変容してしまった」という認識である。このことは国民生活審議会報告書のサブタイトルが「人間性の回復」（強調筆者）であったことに現れている。「回復」は、「元の状態が失われた」という認識に基づく発想だからである。加えて、スポーツ基本法条文の「スポーツは地域の一体化や活力を醸成するもの」「人間関係の希薄化等の問題を抱える地域社会の再生に寄与するもの」（強調筆者）という表現にも現れている。「醸成」も「再生」も、「今それは存在

しない」ことを前提にする発想だからである。この認識はコミュニティ・スポーツ論も、コミュニティ・スポーツ論を批判した都市社会学のコミュニティ論も共有する前提であったがゆえに、異なる前提に立たない限り「都市社会学からの批判に真っ向から反論できるほど、地域とスポーツに関する研究はいまだ十分な成果は生み出していない」（小林 2013: 23）という主張が繰り返され、学術的前進はいつまで経っても期待できないのである。日本における社会学の学的伝統と蓄積を踏まえて地域スポーツ研究を牽引してきた松村和則が、「彼ら（既存の地域スポーツ研究者：筆者注）が対象としていた地域社会とスポーツ行動の『主体』は、あくまでも『スポーツ欲求』に突き動かされる『個人』をベースとしている。松村らの混住化した農村地帯のモノグラフで措定された『生活者』という単位と対照する時、『人間像』（強調筆者）の大きな違いを見て取れるだろう」（松村 1993: 176）と述べた含意は、まさにここにあると筆者は理解する。地域におけるスポーツ実践を「メディア」と捉える松村の視点の前提は、理念としてのコミュニティの根幹をなす、伝統的な村落共同体を「封建的」「前近代的」と全否定し戦後に確立を目指した「自律した個」「権利としての自由」を前提とする西欧的市民社会の発想とはまったく異なっている。「我々は、この政策課題を担ったコミュニティ・スポーツ論も、これに批判を加える『生活の社会化』論を基底に持つ国民スポーツ論共々が論理構成の出発においている『生活』の構造的変化を、如何に捉えるかを議論すべき」（松村 1993: 174）である。その積み重ねが、「スポーツ空間は単に社会理論の検証や応用の場ではなく、あらたな注目すべき社会学のパースペクティブを生み出すのに役立つ場」（松村 1993: 192）であると、地域スポーツをテーマとする日本のスポーツ社会学研究者の口からいずれ語られることにつながるはずである。

研究課題

1．戦後から現在まで生涯スポーツ社会づくりを目指してきた政策に通底する考え方について説明してみよう。
2．生涯スポーツ社会づくりを目指してきた政策と実践について、研究はどんなことを論じてきたか説明してみよう。
3．地域社会とスポーツの関わりの現実を捉えていく上で、どのような発想や観点が必要になるか考えてみよう。

引用・参考文献

海老原修，2003，「コミュニティ・スポーツの限界とアソシエーション・スポーツの可能性」海老原修編著『現代スポーツ社会学序説』杏林書院，226-233.

江上渉，2002，「コミュニティと住民活動」倉沢進編著『改訂版 コミュニティ論』放送大学教育振興会，44-54.

平澤薫・粂野豊編，1977，『生涯スポーツ―幼児・児童・青年・成人・高齢者のための―』プレスギムナスチカ．

伊藤恵造，2009，「『スポーツ政策』論の社会学的再検討―『スポーツ権』・『総合型地域スポーツクラブ』をめぐって―」『秋田大学教育文化学部研究紀要 人文科学・社会科学部門』64，15-25.

伊藤恵造・松村和則，2009，「団地空間における公園管理活動の展開とその変容」『体育学研究』54（1），107-121.

木下秀明監修，1995，『戦後体育基本資料集 第9巻』大空社．

小林勉，2013，『地域活性化のポリティクス スポーツによる地域構想の現実』中央大学学術図書．

小林勉・布目靖則・早川宏子，2007，「日本のスポーツ政策に関する政策評価―総合型地域スポーツクラブに関する政策評価に着目して―」『中央大学保健体育研究所紀要』25，p.67-113.

粂野豊，1988，「社会体育」『世界大百科事典12』平凡社，648.

倉沢進，1993，「都市的生活様式」，森岡清美・塩原勉・本間康平，『新社会学辞典』有斐閣，1095.

黒須充，2008，「総合型地域スポーツクラブと行政の協働の可能性」黒須充編著『総合型地域スポーツクラブの時代2　行政とクラブの協働』創文企画，7-20.
前川峯雄，1952，『体育入門』金子書房.
松島茂善・江橋慎四郎編，1972，『社会体育』第一法規.
松村和則，1988，「生涯スポーツ，コミュニティ・スポーツを考える」森川貞夫・佐伯聰夫編著『スポーツ社会学講義』大修館書店，90-100.
松村和則，1993，『地域づくりとスポーツの社会学』，道和書院.
長登健・野川春夫，2014，「日本の生涯スポーツ政策における地域スポーツクラブ育成の変遷」『生涯スポーツ学研究』10（1・2），1-9.
中山正吉，1991，「地域スポーツ研究の軌跡と課題」『体育・スポーツ社会学研究』10　道和書院，35-50.
日本スポーツ少年団本部編，1972，『国民スポーツの拠点をつくろう：「社会体育の方向」をさぐる』日本体育協会日本スポーツ少年団本部.
佐伯年詩雄，2005，「体育社会学の半世紀：そのあゆみから，課題を展望する」『体育学研究』50，207-217.
関春南，1997，『戦後日本のスポーツ政策　その構造と展開』，大修館書店.
園部雅久，1984，「コミュニティの現実性と可能性」鈴木広・倉沢進編著『都市社会学』アカデミア出版会，315-342.
鈴木広，1986，『都市化の研究』恒星社厚生閣.
東海大学社会体育学研究室編著，1989，『データとグラフで見る社会体育1』東海大学出版会.
内海和雄・尾崎正峰，1984，「都市化過程と社会体育——社会体育研究の課題」『日本の社会教育』28　東洋館出版社，98-107.
山川岩之助，1977，「国の体育・スポーツ振興方策」『月刊 体育施設』第72号，2-4.

7 | 個人の経験におけるスポーツ（1）：
学校体育の経験

下竹亮志

　学校体育は、単にスポーツを経験する場ではない。たしかに、戦後日本の学校体育にはスポーツが教材として取り入れられてきた。しかし、「体育」と「スポーツ」を同列に語れないところに、学校体育の経験を考えるヒントが隠されている。本章では、学校体育をめぐる理念の変遷を確認した上で、生徒が学校体育で得る経験や体育嫌いが生み出されるプロセス、体育教師の存在などに着目しながら、学校体育が担う社会的役割について論じる。

1. 学校体育の二重性

　初めてスポーツを経験した日のことを、あなたは覚えているだろうか。保護者がスポーツに熱心であれば、幼い頃からスポーツクラブに通って、何らかの競技に邁進したかもしれないし、記憶をたどれないほど小さな時からスイミングを習っていた（と保護者から聞いた）人もいるかもしれない。また、スポーツクラブといった形ではなく、公園で家族や友だちとキャッチボールをしたり、サッカーボールを蹴り合ったりした風景が浮かんできた人もいるだろう。このように、個人の経験におけるスポーツの始まりは、人それぞれによって異なっていよう。しかし、人生のある地点において、日本社会に生きる私たちが必ず共通したスポーツ経験を得る場がある。それが、本章の主題となる学校体育である。

　ところで、学校教育における「体育」は、単に「スポーツ」を経験する場なのだろうか。後に触れるように、たしかに戦後の学校教育において、体育という教科は様々なスポーツを経験する場として構成されてきた。そうであるならば、わざわざ「体育」などと呼ばずに「スポーツ」と呼べばよいような気がしてくる。けれども、たとえそこでスポーツが

実践されているのだとしても、両者を同列に語れないところに学校体育の経験を考えるヒントが隠されている。

「体育座り」を例にしてみよう。閉じた両脚を抱えるように座るこの姿勢は、学校教育でおなじみのものだろう（図7-1）。校長先生の長い講話を、全校生徒が一糸乱れぬ姿で聞いている様子が想起されるように、体育座りは学校教育における秩序を象徴的に体現している。まさに、体育座りと呼ばれるように、体育という教科には、生徒を抑圧したり何かを強制したりするイメージがまとわりついている。一方で、国語、数学、社会、理科、英語といったいわゆる座学の授業がカリキュラムの中心を占める学校教育において、スポーツを通じたある種の解放感を体育の時間に感じた人も多いのではないか。学校体育には、生徒を解放したり自由にしたりする側面もたしかにありそうだ。

　方　　法
　　腰をおろし、両膝はそろえて軽く曲げ、手は膝のやや下方で、膝頭を抱え込むようにして組み、座った姿勢をとる。

図7-1　体育座りの正しい方法（文部省（1987: 10）より）

松田恵示（1999）は、抑圧や強制のイメージが強い体育という言葉に対して、スポーツという言葉には「自由」のイメージが付与されていることを指摘する。スポーツという言葉は、運動や競技に楽しみを求めて自ら行う、個人の活動に着目して用いられる。それに対して、体育は身体運動を媒介とした社会成員の意図的な形成、つまり教育という社会の営みの側面に着目する言葉なのである。松田は、これを「スポーツ―個人―自由」と「体育―社会―強制」という図式で表現している。

すなわち、個人の経験の位相ではスポーツを媒介にした楽しみや自由

がある一方、そうした経験とは必ずしも重ならない形で、教育的な意図や期待を通じた強制や抑圧が学校体育には生じている。学校体育の姿を捉えるには、スポーツを通じて生み出される個人の経験のみならず、体育という言葉が持つ独特な含意に着目しなければならないのである。

以下、第2節では戦前までさかのぼって学校体育をめぐる理念の変遷を確認する。第3節では、生徒が学校体育をどのように経験しているのかについてデータをもとに概観した上で、体育嫌いが生み出されるプロセスを描き出す。最後に第4節では、生徒の経験に大きな影響を与える体育教師という存在に着目し、学校体育が担う役割について総括したい。

2. 学校体育をめぐる理念の変遷

（1）身体の教育：戦前の学校体育

学校体育をめぐる理念は、これまで一貫していたわけではない。まずは、戦前についてみていこう。学校体育について論じる前に当時の状況を確認しておくと、注目すべきは日本人の身体が大きな変容を迫られていた点である。三浦雅士（1994）は行進を例にあげながら、それまでの日本人はリズムに合わせて歩くなどということをしておらず、それが習得されるべき身体動作であったことを指摘している。特に、日本人古来の歩き方である「ナンバ」（右足と右手、左足と左手が同時に出る歩き方）は整列行進に向かず、戦闘に必要な機敏な動作にも向かないものだと捉えられていたという。諸外国と肩を並べるべく近代化の道を歩み始めた当時の日本において、身体の規律化は喫緊の課題であった。

フランスの思想家であるM. Foucault（ミシェル・フーコー）は、近代社会における身体の規律化を独自の権力論から捉えている。Foucaultは、権力を禁止や制限としてではなく、特定の振る舞いを導く技術や技法からなる生産的な作用として概念化した。なかでも、「一望監視装置（＝パノプティコン）」[1] を通して、個人が権力のまなざしを内面化するよう導き、権力に従順な身体を育むのが規律訓練権力である。それは、近代社会において監獄、軍隊、工場、病院、そして学校などあらゆる場

所に偏在している、とFoucaultは指摘する（Foucault 1975＝1977）。

　戦前の日本において、国民の身体を規律化するために白羽の矢を立てられた場こそが学校体育だった。戦前の学校体育が現在のそれと最も異なっているのは、そこでスポーツが行われていたわけではないことである。学校体育で行われたのは、スポーツではなく体操であった。

　清水諭（2001）は、当時の学校を身体加工の装置と位置づけるなかで、森有礼と永井道明に着目している。初代文部大臣であった森は、1886年に公布された『学校令』で体操を教科として位置づけ、保健・衛生や健康の向上とともに、規則や上司に服従し、集団への従属感を高める道具として体操を捉えていた。そうした森の思想を身体化し、広めたと目されているのが、東京高等師範学校と女子高等師範学校の教授を務めた永井である。一例をあげれば、身体の主要な部分として胸部に着目していた永井は、著書のなかで胸を張ることを解剖学的視点から強調した上で、「気を着(つ)け」の姿勢や号令のかけ方を図示しながら細かに記しているという（図7-2）。体育の授業で「気をつけ！」と「休め！」を号令に沿って繰り返したり、隊列の組み換えを練習したりする集団行動を経験した人も多いはずだが、その起源にはこうした歴史が横たわっている。

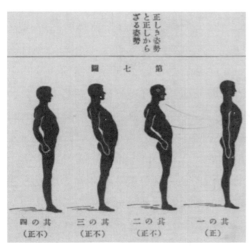

図7-2　姿勢の良し悪しに関する例示
（永井（1913: 56）より）

1）　イギリスの哲学者 J. Bentham が設計した刑務所の構想。中央の監視塔を取り囲むように独房が配置され、収容者からは看守の姿をみることができない設計になっている。そのため、看守にいつみられているかわからない収容者は、自ら規則正しい生活を営むようになっていく。Foucault は、このモデルを規律訓練権力の説明に用いた。

このように、戦前の学校体育は身体そのものを作り上げるような場であった。それを、友添秀則（2009）は「身体の教育」と呼んでいる。この「身体の教育」は、軍国主義のイデオロギーが運動を媒介に注入される「精神の教育」と表裏一体をなしていた。戦前の学校体育は、体操を中心とした「身体の教育」と服従精神を涵養する「精神の教育」という二つの柱を持ちながら、軍国主義的人間の形成を模索したのである。

（2）身体活動／スポーツによる教育：「多面的な発達」と「体力づくり」

　第二次世界大戦での敗戦を契機に、日本社会は軍国主義から民主主義へと急速に変貌を遂げる。その変化と軌を一にして、学校体育にも変化が求められた。佐伯年詩雄（2006）によれば、軍国主義的な戦前の体育は占領軍（GHQ）によって徹底的に否定され、民主的な社会に生きる子どもを育てる新しい体育が必要とされた。そのようなあらたな理想を求める体育は、明治以降のそれまでの旧体育に対して新体育と呼ばれる。新体育は、「身体の教育」から「身体活動による教育」へという目的の側面、「体操中心」から「スポーツ中心」へという内容の側面、「教師中心」から「児童中心」へという方法の側面における転換をなしとげた。

　身体活動による教育としての体育は、身体活動を通じて身体的・知的・情緒的・社会的な全人格の発達を図るものであり、特に民主的な人間形成の機能が注目されることになる。そこでは、権利・義務・公正・協力等の態度を養うための内容としてスポーツが選ばれ、その教授方法として児童中心の学習が重視されるようになったのである。

　友添（2009）によれば、こうした理念の転換は体育を身体の発達だけでなく、人間の多面的な発達に貢献する教育の方法領域として位置づけることになった。ところが、戦後から1950年代末頃まで展開されていた身体活動による教育としての体育は、ある出来事を契機に変容を迫られることになる。戦後の日本は、徐々にオリンピックなどの国際スポーツへと復帰を果たしつつあったが、日本人選手の成績不振が問題になったのである。これを受けて、1964年東京大会に向けた選手強化体制づくりの必要性が喚起され、体育における基礎体力の育成やスポーツの基礎技

術の向上が要請されるようになった。

　また、当時の飛躍的な経済成長は日本人の生活様式を大きく変えるとともに、健康に対する脅威や受験競争の激化をも生じさせ、青少年の体力問題が関心を集めるようになっていた。したがって、戦後に蓄積されてきた多面的な人間形成という身体活動による教育の理念が放棄されたわけではないものの、「体力づくり」が学校体育の中心に位置づくようになる。スポーツを、体力の向上をもたらす手段として位置づける「スポーツによる教育」の時代がここに始まったのである。

（3）スポーツの教育：「楽しい体育」という到達点

　スポーツによる教育の時代は、1970年代半ば頃まで続いたが再び転機が訪れる。1970年代以降に始まった産業社会から脱産業社会への転換は、人びとの生活を大きく変えると同時に、スポーツが社会や文化の一領域として認知される契機となった。とりわけ、ヨーロッパを中心とした「Sports for All（みんなのスポーツ）」ムーブメントによって、スポーツや運動を健康のためだけではなく、生涯の楽しみとして享受すべきとする生涯スポーツの理念が提唱された。このような変化は、スポーツを手段として用いる「スポーツによる教育」から、スポーツそれ自体の価値を重視する「スポーツの教育」へと体育理念の転換をもたらすことになった。

　ここに登場したのが「楽しい体育」という理念である。楽しい体育を主導した佐伯（2006）は、人間にとっての運動を必要の充足という手段的な意味と、欲求の充足という目的的な意味の二重性から捉えている。その上で、「楽しい」は欲求充足の経験の平易な表現であり、「楽しい体育」とは運動の欲求充足の機能的特性を学習指導の中核に置く考え方であるとする。したがって、「楽しい体育」は子どもにとって運動そのものの学習が楽しいこと、運動の楽しさを学習する授業であることを重視する。また、それは決して子どもを「楽しませてやる」「遊ばせてやる」ものではなく、自らの力で運動を楽しみ、楽しさを求めて自ら工夫・努力し、自らを洗練し、鍛えてゆく子どもを育てることが目標である、と

佐伯は指摘している。

　本節では、戦前から現在までの学校体育をめぐる理念の変遷をたどってきた。現在の学校体育に連なる理念として、スポーツそのものの楽しさに価値を見出す「楽しい体育」が提唱されて久しい。しかし、すでに体育座りの例をあげたように、学校体育は現在においても単に「楽しい」と述べるだけでは捉えられない側面を有しているだろう。言い換えれば、理念的な到達点として「楽しい体育」が掲げられている一方で、その理念では説明し切れない学校体育の社会的役割があるように思えるのである。その考察に移る前に、次節では様々なデータをもとに学校体育が実際にどのような経験を生み出しているのか確認しよう。

3. 体育嫌いが生み出されるとき

（1）データにみる体育の好き嫌い

　まず、体育という教科が学校教育のなかでどのような位置づけにあるのかを確認したい。学研教育総合研究所が2022年9月に小学校1年生から6年生各学年の男子100名、女子100名ずつとその保護者、合計1,200組に調査した「小学生白書」の結果によると、体育は17.5％の小学生が一番好きな教科に選んでおり、算数の22.5％に次いで第2位となっている[2]。同研究所の「中学生白書」と「高校生白書」も確認しよう。2020年8月に中学校1年生から3年生各学年の男子100名、女子100名ずつとその保護者、合計600組に調査した「中学生白書」では、保健体育が一番好きと答えた中学生は8.2％であり、数学（22.7％）、英語（14.5％）、社会（12.0％）、国語（11.7％）に次いで理科と同率の5位という結果である[3]。また、2021年8月に中学生と同様の方式で調査した「高校生白書」では、9.2％の高校生が保健体育を一番好きな教科に

---

2) https://www.gakken.jp/kyouikusouken/whitepaper/202209/chapter8/01.html （2023年10月24日閲覧）。ちなみに、同調査において体育は7.1％の小学生が一番嫌いな教科に選んでおり、算数の24.3％と国語の19.3％に次いで3位にもなっている。

3) https://www.gakken.jp/kyouikusouken/whitepaper/j202008/chapter8/01.html （2023年10月24日閲覧）。

あげており、数学（16.2％）、地理歴史（12.2％）、外国語（11.2％）に次ぐ4位となっている[4]。

　これらの調査結果からうかがえるのは、体育という教科が決して不人気ではないことである。それどころか、小学校では多大な人気を博している。中学校や高校でも、いわゆる主要5教科以外では最も人気の科目であるといえる。ただし、体育の人気が中学校になると著しく低下してしまい、高校でそれがおおよそ維持されている様子も確認できる。この点について、もう少し詳しいデータをみてみよう。

　神奈川県立体育センター指導研究部スポーツ科学研究室（2007）は、小学生3,735名、中学生3,933名、高校生4,309名を対象に質問紙調査を行っている。そのなかに、「あなたは、体育の学習が好きですか」という質問項目がある。その回答結果が、図7-3である。ここから、①回答が「とても好き」、「どちらかというと好き」を合わせた「好き群」の割合は、小学生・中学生・高校生どの年齢段階でも男子74.3％、女子57.5％を超えていること、②「好き群」の割合は、小学校4年生男子89.4％、小学校4年生女子84.3％が最高値で、その後学年進行とともに減少していること、③「好き群」の割合の減少は、男子が中学校3年生、女子が高校1年生で止まっており、その後男子は上昇傾向、女子は上昇していること、④「好き群」の割合は、小学生・中学生・高校生ともに男子の方が女子よりも高いことが明らかにされている。

　同調査は、体育の好き嫌いとは別に運動やスポーツの好き嫌いに関する質問も行っている。その結果が図7-4である。体育に関する結果とおおむね同様の傾向がみられる一方で、興味深い違いを見出すことができる。それは、体育よりも運動やスポーツが好きだと答える割合が、とりわけ中学校以降においてどの年代でも男女問わず高いことである。少なからぬ生徒が、「運動やスポーツは好きだけど体育は嫌い！」と答えるような、いわゆる「スポーツ好きの体育嫌い」なのだ。

　この「スポーツ好きの体育嫌い」は、他の調査においても確認されて

---

[4]　https://www.gakken.jp/kyouikusouken/whitepaper/h202108/chapter8/01.html（2023年10月24日閲覧）。

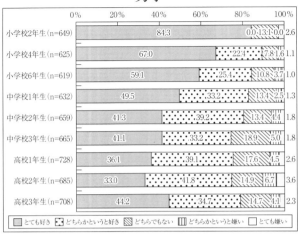

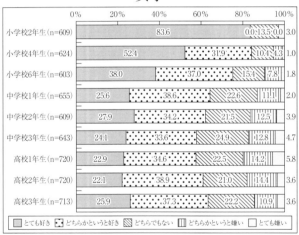

図7-3　体育の好き嫌い
（神奈川県立体育センター指導研究部スポーツ科学研究室（2007: 8）をもとに改変）

いる。菊幸一（2022）は、1993年から1995年にかけて日本体育協会（当時）が行った「青少年のスポーツ参加に関する研究」[5]を参照しながら、生徒に「スポーツ好きの体育嫌い」の傾向があることを見出してい

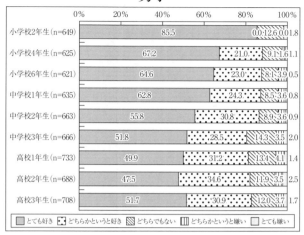

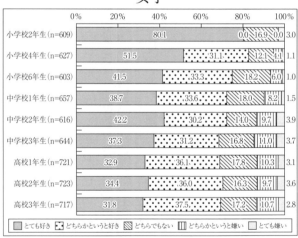

図7-4 スポーツの好き嫌い
（神奈川県立体育センター指導研究部スポーツ科学研究室（2007: 6）をもとに改変）

5）　各年度の報告書は日本スポーツ協会の下記URLから閲覧することができる。https://www.japan-sports.or.jp/publish/tabid674.html#h01（2023年10月27日 閲覧）。

る。菊によれば、同調査において「スポーツを行うことがとても好き」「好き」と回答したのは小学生82.1％、中学生79.9％、高校生75.8％と約8割にのぼったのに対し、「体育授業がとても好き」「好き」と回答したのは小学生77.1％、中学生72.5％、高校生61.1％であった。

　このように、学校体育をめぐる様々な調査結果を概観してみると、次の3点が理解できるだろう。第一に、体育は決して不人気科目ではないが、特に小学校高学年から中学校期にかけて体育嫌いになる生徒が増えること。第二に、そのなかには「スポーツ好きの体育嫌い」が少なからず含まれていること。言い換えれば、スポーツが好きであるにもかかわらず、体育という教科がはらむ何らかの要因によって体育嫌いになってしまう生徒がいること。第三に、体育の好き嫌いには男女差があり、体育を好まない割合は女子の方が高いことである。

（2）近代スポーツの弊害：体育をめぐるジェンダー・ポリティクス

　では、このような状況を生み出すプロセスには何が起こっているのだろうか。井谷惠子ほか（2019）は、5名の女子大学生に対するインタビュー調査から、体育嫌いの傾向を示す生徒に共通する経験を明らかにしている。井谷らによれば、体育嫌いの彼女らには共通して小さい頃の貧弱な運動経験があるという。幼少期をほとんど家のなかで遊んで過ごしたり、病弱などのために運動発達の機会が不足していたりすることから、運動技能や体力が低い水準にとどまってしまうということである。また、体育はそうした低い技能や体力が、身体を通した可視的なパフォーマンスとして人目にさらされてしまう。低いパフォーマンスを人目にさらす恥ずかしさや、他者からの評価に対する重圧などの嫌な思いを経験することで、体育に対するネガティブな感情が引き起こされることになる。

　マイペースでやる運動やレクリエーションが嫌いではない一方で、競争や高い技能ばかりを目指す体育に疑念を抱いたり、技能の低い生徒や体育に不安を持つ生徒への配慮が不足している教師に不満や不信感を抱いたりすることを、インタビュー対象者は語っている。こうして、ネガ

ティブな感情が引き起こされることで体育嫌いに拍車がかかり、貧弱な運動経験は繰り返されることになる。すなわち、女子の体育嫌いには「貧弱な運動経験」「低い技能・体力」「嫌な思いをした経験」「ネガティブな感情」が連鎖する負のスパイラルを見出すことができるのである。

さらに井谷ほか（2022）は、女子の体育嫌いについてより詳細な経験をインタビュー調査から明らかにしている。たとえば、男性目線で定められている理不尽な規範が学校体育には存在する。一般的に学校には服装に関する多くのルールがあるが、男子の性的な関心を引かないようにあらかじめ体操服の下に着用するインナーの色が定められているなど、体育では特に厳密なルールが適用されている場合がある。体操服自体が体のラインを際立たせてしまうことや、水泳の授業における男子の目線に対する嫌悪感なども同様である。さらに、生理への配慮が乏しく、欠席や見学は減点対象となるため無理をして参加しなければならない、生理という不可避な現象の辛さが不可視化され、女性自身でその対処を内々に行わなければならない、といった不満が語られてもいる。

井谷らの一連の研究から明らかなように、学校体育には女子を体育嫌いにさせるプロセスが存在している。井谷らは、その原因として近代スポーツが体育という教科の中核にあることをあげる。体育は男性の教育手段として発展した近代スポーツを中核としており、勝敗や技能、数値的な記録などのより高いパフォーマンスが目指される特性がある。そのパフォーマンスは身体を通して明確に可視化され、優劣の評価がなされもする。加えて、スピードやパワーを重視する近代スポーツの特徴は、異なる経験を男女に振り分ける。男子は、第二次性徴期以降の身体発達によるたくましい筋肉質な体や、そこから発揮される優れたパフォーマンスを通して満足感や自己肯定感を生みだしやすい一方で、パフォーマンスを阻害する脂肪を蓄えた思春期の女子の身体は、低いパフォーマンスのみならず、性的な対象として可視化されることによってネガティブな経験が生み出されるのである（井谷ら 2022: 17）。

実のところ、学校体育において近代スポーツがカリキュラムの中核を

なすことは、女子だけでなく男子にも影響を与えている。三上純ほか（2022）は、体育嫌いの男子大学生5名に対するインタビュー調査をもとに、近代スポーツで理想化された男性性に対して、彼らが従属的な位置へと追いやられていくプロセスを描いている。たとえば、以下のようにネガティブな経験が語られている。小学校では男女一緒に上手か下手か関係なくワイワイ行う遊びに近かった体育が、中学校になると本格的に実施されるようになり、特に勝敗が重視される団体競技で身体能力による序列が可視化されるようになる。あるいは、「男はできて当たり前」という想定で授業が行われる結果、うまくできないことを「ふざけている」と解釈されたり、自分の力に合わせて運動していることを「サボり」と捉えられ叱責されたりする。太っている自分の身体が体育教師によって否定的に言及されることもある。このように、高い運動技能を有することやがんばること、筋肉質な身体などを理想化する近代スポーツの男性性は、そうではない女子のみならず、運動やスポーツの苦手な男子をも従属的な位置へと追いやり、体育嫌いにさせてしまうのである。

　本節で明らかになったのは、学校体育においてスポーツが行われていることで体育嫌いが生み出されるプロセスであった。第2節でみたように、戦前の体操を中心とした軍国主義的な学校体育への反省から、戦後においてスポーツが取り入れられた。ところが、その意図せざる結果として体育嫌いが生み出されてしまっている様子がみえてきたわけである。スポーツには、楽しみや自由を生み出す側面がある一方で、その場から離脱者を生み出してしまう要素が構造的に内包されている。

4．学校体育が担う役割

（1）ジャージと警官服：体育教師の両義的なイメージ

　そもそも、冒頭で記したように学校体育はスポーツと必ずしも重なるものではなかった。体育座りや集団行動といった形で、体育は学校秩序を統制する役割を明確に担っている。では、それを生み出しているのはいったい誰であろうか。記憶をたどってみてほしい。思い出されるのは、怖い、偉そう、高圧的といったイメージをまとった体育教師ではな

いか。

　坂本拓弥（2023）によれば、体育教師のそうしたイメージは体罰や暴力はもちろん、頭髪の色や制服の着方などの生徒指導と結びつきながら形成されてきたものである。そして坂本は、体育教師のイメージは教科担任制が始まる中学校以降に強化され、体育教師が嫌い＝体育が嫌いという図式を成立させている可能性を示唆する。すでに、体育嫌いの生徒が中学校期に増えることをデータで確認したが、ここには体育教師という存在がかかわっているということだ。

　体育教師が体育という教科を担当するのみならず、生徒指導の中心をも担っていることはデータから確認できる。たとえば木村博人ほか（1991）は、高校の男性体育教師161名を対象に質問紙調査を行っている。その結果、校務分掌において生徒指導を担当している者の割合は41.8％であり、それに次ぐ保健衛生の14.3％と比べても非常に高い値であった。また、対象の91.4％が生徒指導の担当経験を有していたという[6]。

　さらに、杉本厚夫（1989）は中学校145名、高校266名の体育教師を対象に質問紙調査を行っている。杉本は、「したい・したくない」という欲求レベルの認知と、「しているか・していないか」という行動レベルの認知をもとに「したくてしている（WILL）」、「したいけどできない（CAN'T）」、「したくなしししていない（NEEDN'T）」、「したくないがしなければならない（MUST）」という４象限を設定し、様々な役割について体育教師自身がどのように認知しているのかを問うている。そこでは、非常に高い割合の体育教師が「授業中態度の悪い生徒への指導（97.3％）」、「生活指導における生徒への指導（97.0％）」、「クラブ中態度の悪い生徒への指導（96.5％）」を「したくてしている」と答えている。

---

6) この調査が「男性体育教師」を対象としていることにも現れているように、生徒指導のような学校秩序の統制に貢献する体育教師の役割やイメージは、常に男性に割り当てられている。それは、前節で論じた女子の体育嫌いや体育に近代スポーツを導入する弊害とも通じているだろう。

このように、体育教師は授業においてスポーツを教えるだけではなく、学校秩序そのものを統制する中心的な担い手として期待され、自らもその役割を自認してきた。そして、そのような役割は体育教師をめぐるある両義的なイメージとともに作り上げられてきたのである。
　松田（1999）は、高校生と大学生を対象に体育教師のイメージを作画させた結果について報告している。その絵に現れた体育教師のイメージとして、まず目につくのは肉体的特徴にかかわるものだという。松田によれば、半数の割合を超える絵が頭髪の短さを強調し、「背が高い」「筋肉質」「胸板が発達している」といった体格のよさについて多く描かれる傾向がある。一方で、体育教師が年中ジャージを着ていることを描く絵も全体の7割を超えている。さらに、絵に添えられたト書きには、「名前を呼び捨てる」「すぐに暴力をふるう」などの恐さや嫌悪のイメージとともに、「なんとなくおかしい」「きさくな口調」「相談にのってくれる」など、おもしろさや親しみやすさのイメージが同居しているという。これらの結果から、管理や統制の最前線に立つ「秩序の番人」としての「恐さ」と、先生らしくない側面に対する「親しみやすさ」という両義性のうちに体育教師はイメージされている、と松田は指摘している。
　こうした両義性について、佐伯（2006）はジャージと警官服を対比させつつ体育教師の役割を学校教育全体に位置づけながら論じている。佐伯によれば、学校教育には大きく分けて二つの成果が期待されている。一方で、それは人間的成長などの抽象的な教育目的に表現される人格主義的成果である。他方で、実用的な知識や技術の獲得といった功利主義的成果も産業社会では強く求められる。また、後者の成果はいわゆる主要5教科の学業成績や受験の結果として不平等に配分され、生徒間に分裂の契機が与えられる。佐伯は、そのような契機にこそ人格主義の教育と統制機能の発揮が体育教師に期待されることになると述べる。体育教師には、功利主義的秩序から落ちこぼれ非行や逸脱に向かう生徒を学校教育につなぎ止めつつ、その秩序に服させる役割が構造的に求められるのである。こうした体育教師への役割期待について、佐伯はジャージと

警官服の対比から次のように論じている。

> ジャージのカジュアルな雰囲気—スポーツマンの快活・明朗・親和的なイメージは、警官服—暴力的・管理的・威圧的・権力的・支配的イメージと密通している。この体制の内部では、体育教師の人格主義は、愛情と体罰の同居のように、袈裟の下に鎧が、ジャージの下に警官服が見え隠れする。（佐伯 2006: 263）

ジャージ姿の「親しみやすさ」に隠された秩序の番人としての「恐さ」を、体育教師は構造的に期待されている。体育嫌いを生み出す要因は、スポーツが学校体育に取り入れられていることだけではないようだ。「スポーツ好きの体育嫌い」が一定の割合で生み出されていたように、体育教師、ひいては体育という教科に対する構造的な役割期待が学校体育の経験に影響していると考えられるのである。

（2）体育教師イメージの変容？：学校体育の未来

ジャージと警官服。親しみやすさの下にのぞく「恐さ」のイメージは、これまで私たちが対峙してきた体育教師に通底しているだろうし、日本社会で強固に流布してきたそれそのものだろう。ところが、そうしたイメージが変容している可能性が指摘されている。

門屋貴久ほか（2021）は、高校生581名を対象としたインターネットによる質問紙調査を実施し、近年の体育教師イメージについて検討している。門屋らによれば、体育教師のイメージは近年において、「健康である」「体力がある」といった項目から構成された「アスリート」因子の値が最も高く、次いで「明るい雰囲気」「思いやりがある」といった項目から構成された「慕われる人柄」因子の値が高い。また、「生徒指導の中心的存在」という項目において高校生の過半数が支持していることから、体育教師が生徒指導を担うイメージは変わっていないという。その結果、門屋らは体育教師のイメージが「生徒指導＝保健体育科教員＝怖い・力がある（体格や風貌）」から「生徒指導＝保健体育科教員＝明るく思いやりがある」へと変化している可能性を示唆している。生徒

指導の教員として力で生徒を制圧する怖い存在から、明るい雰囲気で慕われるイメージに変化しているというのである。

しかし注意すべきは、イメージの変化によって体育教師が生徒指導のような学校秩序を統制する役割から撤退したわけではないことである。むしろ、ジャージがより一層前景化し、警官服がみえづらくなった分、後者の役割は巧妙に隠蔽されつつ遂行されるようになったとすら捉えられるかもしれない。そうだとすれば、いまだ学校秩序の統制を中心的に担う体育という教科の未来にはいかなる道筋があるだろうか。学校秩序の統制とは異なる方向へ、生徒の身体を開くことにヒントを見出そう。

坂本（2023）は、体育の授業で行われるスポーツがあくまで一つの教材でしかないことを私たちは忘れていると指摘する。学校体育において身体を使って運動することには、球技やランニングのようなスポーツだけでなくストレッチや散歩、深呼吸などが含まれてもよいはずだ。人間が運動することの多様性はスポーツ以上に豊かであり、「運動＝スポーツ」という幻想から解放されることが必要だというのである。そこで、近代スポーツを通して行われる運動の多くは身体に力を入れるものであるが、学校体育において力を抜く運動も必要ではないか、と坂本は提案する。その実践例として「寝方」を学ぶことをあげながら、坂本は多様な運動を通して一人ひとりの身体と向き合う学校体育に可能性を見出している。

本章では、学校体育の内容が体操からスポーツへと移り変わってきたこと、スポーツが行われることで体育嫌いの生徒が生み出されていること、本来は関係のない生徒指導の役割を体育教師は期待され、現に担っていることなどをみてきた。生徒の身体を、特定のスポーツや学校秩序に適したものへと規律化する役割が、体育という教科に期待されているのである。規律化された身体ではなく、多様で個別的な生徒といかに向き合い、一人ひとりのかけがえのない身体を育んでいけるかという課題が、今後の学校体育に課されているのではないだろうか。

研究課題

1．学校体育の理念がどのように変遷してきたのか整理してみよう。
2．体育嫌いが生み出される要因とプロセスについて整理してみよう。

引用・参考文献

Foucault, Michel, 1975, *Surveiller et Punir-Naissance de la Prison*, Gallimard.（＝田村俶訳，1977，『監獄の誕生——監視と処罰』新潮社）．
井谷惠子・井谷聡子・関めぐみ・三上純，2019，「体育離れのジェンダー・ポリティクス——当事者へのインタビュー調査から」『スポーツとジェンダー研究』17：6-20．
井谷惠子・三上純・関めぐみ・井谷聡子，2022，「カリキュラムの多層性からみた『体育嫌い』のジェンダー・ポリティクス」『スポーツとジェンダー研究』20：6-19．
門屋貴久・清宮孝文・阿部征大，2021，「高校生の保健体育科教員に対するイメージについての研究——体育授業・保健授業に対する意欲との関係」『運動とスポーツの科学』27（1）：1-11．
神奈川県立体育センター指導研究部スポーツ科学研究室，2007，「学校体育に関する児童生徒の意識調査——小学生・中学生・高校生の意識」，（2024年2月19日取得，https://www.pref.kanagawa.jp/documents/12706/2400_1.pdf）．
菊幸一，2022，『学校体育のプロモーション——体育社会学からのアプローチ』創文企画．
木村博人・太田雅夫・小泉昌幸・須田洋・鈴木良則・三浦康暢・須田柳治，1991，「体育教師の意識・行動に関する研究——高等学校男性教師の調査から」『スポーツ方法学研究』4（1）：1-8．
松田恵示，1999，「体育とスポーツ——あるいはスポーツ文化の『二重性』について」井上俊・亀山佳明編『スポーツ文化を学ぶ人のために』世界思想社，188-207．
三上純・井谷惠子・関めぐみ・井谷聡子，2022，「体育におけるヘゲモニックな男性性の構築——『体育嫌い』の男性の声から」『スポーツとジェンダー研究』20：20-35．

三浦雅士，1994，『身体の零度——何が近代を成立させたか』講談社．
文部省，1987，『学校体育実技指導資料第5集　体育（保健体育）科における集団行動指導の手引』ぎょうせい．
永井道明，1913，『學校體操要義』大日本図書．
佐伯年詩雄，2006，『これからの体育を学ぶ人のために』世界思想社．
坂本拓弥，2023，『体育がきらい』筑摩書房．
清水諭，2001，「係留される身体——身体加工の装置としての学校と消費社会における身体」杉本厚夫編『体育教育を学ぶ人のために』世界思想社，81-101．
杉本厚夫，1989，「体育教師の社会学的アンビバランス——社会的役割に対する認知的不一致」『京都体育学研究』4：1-11．
友添秀則，2009，『体育の人間形成論』大修館書店．

8 | 個人の経験におけるスポーツ（2）：
学校部活動の功罪

下竹亮志

　学校部活動は、日本特有の教育活動として、私たちのありふれた日常の一部を構成している。様々な問題が生じながらも、学校部活動は多くの生徒や教師を巻き込みながら大規模に展開されてきた。なぜ、学校部活動は人びとを惹きつけるのだろうか。本章では、主に運動部活動を取り上げ、学校部活動の制度的位置づけや「ブラック部活」の現状、指導者や生徒の経験に触れながら、その未来を考えるためのヒントを提示する。

1. 学校部活動という曖昧な制度

（1）学校部活動における濃密な経験

　　午後三時、学校の上に重くのしかかっていた陰うつな雲が晴れあがると、そこは別世界となる。おおいそぎで教室の掃除をすませ、生徒たちはクラブ活動へと向かうか、それとも友だちと連れだって家路につきはじめる。校門近くの廊下や運動場、さらにはクラブの部室が急に活気づいてくる。
　　開けはなたれた窓からは、音楽が聞こえてくる。運動部員が力強く互いに声をかけあっている。しかつめらしい授業だけ見て、午後三時から六時までの学校生活を目のあたりにしないと、日本の高校を全体として正しく理解したことにはならないだろう。
　　　　　　　　　　　　　　（Rohlen 1983＝1988: 183、強調ママ）

　これは、アメリカの文化人類学者 T. Rohlen（トーマス・ローレン）が、日本の高校をフィールドワークするなかで放課後の様子を書き記したものである。ここで Rohlen は、日本の高校を正しく理解するためには、授業だけではなく学校部活動（以下、運動部と文化部双方にかかわ

る箇所では「学校部活動」「部活動」と表記）に代表される放課後の風景を目の当たりにする必要性を説いている。Rohlenの観察からおよそ40年が経った現在においても、こうした風景は私たちにとって馴染み深いものであるが、アメリカ人のRohlenにとって日本で盛んに行われている学校部活動は、まさに「理解」しなければならない現象だった。

　このように、私たちが何の違和感もなく当たり前に経験してきた学校部活動は、日本特有の教育活動である。運動部活動を例にあげてみよう。学校は教育課程内の体育だけではなく、教育課程に含まれない運動部活動においてもスポーツの機会を用意する。生徒は、関心がない場合や運動が苦手な場合も含めて、運動部活動に加入することでスポーツに触れる。教師は、たとえスポーツの経験がない場合でも、顧問として運動部活動の指導と運営に携わる。つまり、日本の運動部活動の特殊性は、一見すると学校教育と無関連に思われるスポーツを、その一環として大規模に編成している点にある（中澤 2014）。

　その結果、中学校で約6割、高校で約4割の生徒が運動部活動に参加し、およそ300万人の生徒が年間700時間を費やしている（友添編 2016）。近年、運動部への入部率が下がってきているという指摘もあるが[1]、それでも運動部活動は日本の学校教育において、いまだ大きな影響力を持っているだろう。それは、生徒にとってどのような場なのだろうか。

　山本宏樹（2021）によれば、生徒を対象にしたいくつかの調査結果が示すのは、多くの子どもにとって「特別活動（学校行事・学級活動・生徒会活動等の総称）」と「部活動」こそが、学校教育の「二大花形」だということである。修学旅行で夜遅くまで語り合い、文化祭や体育祭で日頃の成果を発表し、生徒会選挙で清き1票を投じ、部活動の試合で生徒同士抱き合って涙を流す。そこには、普段の授業にない熱狂や連帯が生まれる。「特別活動」や「部活動」は、殺伐とした受験戦争に訪れる

---

[1] https://www3.nhk.or.jp/news/html/20221226/k10013920681000.html（2024年1月29日閲覧）。同記事では、中学生の運動部入部率が2022年度において59.6％と過去最低になり、運動部離れが進んでいる可能性が指摘されている。

ひとときの休息であり、ルーティーン化された学校の日常に活力を与える「祝祭」の場である、と山本は指摘するのである。

　ここで山本は、「特別活動」と「部活動」を同列に捉えているが、修学旅行や文化祭、体育祭のような一過性の行事とは異なる面が学校部活動にはあるだろう。学校部活動は、放課後や休日の長い時間をクラスや学年の枠を超えて共にする場であるからだ。学校部活動は濃密な経験を蓄積する、終わりのない「祝祭」の場だといえるかもしれない。

（2）グレーゾーンとしての学校部活動

　このように、学校部活動は生徒にとって非常に重要な場である。一方で、山本は学校部活動を特別活動と並ぶ「二大花形」と呼ぶと同時に、「影の主役」とも呼んでいる。おそらく、それには理由がある。というのも、学校部活動は制度的にみれば極めて曖昧なものだからである。内田良（2017）は、それを「グレーゾーン」という言葉で表現している。

　学校部活動は体育や音楽の授業と異なり、「教育課程外」の活動であるため、時間割に組み込まれていない。学校部活動は、教育目標や内容、授業時数等が学習指導要領で定められているわけではないのである。けれども、学校部活動は学習塾などと異なり、「学校教育内」の活動ではある。放課後の学校で、教員の指導にもとづき行われているのだからそれは当然だ。内田は、学校部活動が完全に学校教育の内側にあるわけでもなく、完全に切り離されているわけでもない「グレーゾーン」に位置づく曖昧な制度である、と指摘しているのである。

　しかし、学校部活動はもはや「制度」ですらないのかもしれない。中澤篤史（2014）は、運動部活動を例に内田と同じく制度的な基盤の脆弱さを論じている。どのような部を設置するかは学校の任意であるため顧問教師の異動などでしばしば廃部にされること、公式の指導計画がなく顧問教師に一任されていること、指導方法が教員養成課程に組み込まれていないことなどを例示しながら、運動部活動は制度としてあまりにも脆弱であり、「慣習」と呼ぶ方が適切だというのである。

　いずれにせよ、学校部活動が脆弱な基盤の上になり立っていることは

間違いない。それにもかかわらず、学校部活動は日本の学校教育において大規模に展開されてきた。とはいえ、学校部活動をめぐって、様々な問題が指摘されてきたのも事実である。以下では、主に運動部活動を取り上げ、手始めに近年「ブラック部活」と称して問題化されている現状を、生徒と教師それぞれの視点から論じる。次に、それでも運動部活動に多くの人びとが惹きつけられる理由を、「規律」と「自主性」の関係に着目して考える。そして最後に、運動部活動改革がこれまで幾度も挫折してきた歴史を踏まえて、その未来を考えるためのヒントを提示したい[2]。

2. 問題化される学校部活動

（1）生徒にとっての「ブラック部活」

まずは、学校部活動に与えられている制度的な根拠について正確に確認しておこう。平成29年に告示された中学校学習指導要領には、学校部活動に関して以下の文言がある。

> 教育課程外の学校教育活動と教育課程の関連が図られるように留意するものとする。特に、・生・徒・の・自・主・的、・自・発・的・な・参・加により行われる部活動については、スポーツや文化、科学等に親しませ、学習意欲の向上や責任感、連帯感の涵養等、学校教育が目指す資質・能力の育成に資するものであり、学校教育の一環として、教育課程との関連が図られるよう留意すること。（文部科学省 2017: 27、強調は筆者）

ここには、学校部活動が「グレーゾーン」に位置づけられていることが記されていると同時に、その前提が明記されてもいる。学校部活動は何より、「生徒の自主的、自発的な参加により行われる」、と述べられているのである。中澤（2014）によれば、こうした「自主性」の理念こそが、第二次世界大戦以後に日本特有の教育活動として運動部活動を拡大・維持させてきた原動力であった。

---

[2] 本章では、主要な論点を下竹（2022、2023、2024）にもとづき再構成している箇所があることをあらかじめ断っておきたい。

しかし、生徒の「自主性」という理念は、必ずしも実態を伴っていない。たとえば、スポーツ庁（2018a）の調査には学校長に生徒の部活動への所属方針を問うた項目がある。そこで、「部活動への所属は、生徒の希望である」と答えた割合は中学校67.5％、高校77.8％であったのに対して、何らかの形で全員が所属することを強制している割合は中学校31.8％、高校19.5％であった。つまり、少なくない割合の学校で、自主的な参加に任されるはずの部活動が強制されているのである（表8-1）。

岩手県、東京都、新潟県、静岡県、香川県、山口県、鹿児島県の8都県における全公立中学校を対象とした中澤ほか（2009）の質問紙調査においても、部活動の加入を義務づけている割合は38.4％と概ね同様の結果が示されている。一方で、その内実には地域差があり、たとえば東京都で加入を義務づけている割合は8.9％であるのに対して、岩手県では99.1％とほとんどすべての学校が加入を義務づけている。

このように、とりわけ中学校において少なくない割合の学校が、自主的であるはずの部活動を半ば強制している実態がある。学校部活動では

表8-1 生徒の所属方針

(n/%)	中学校 全体 n446		公立 n414		私立 n32		高等学校 全体 n370		公立 n274		私立 n96	
1. 部活動への所属は、生徒の希望である	301	67.5	276	66.7	25	78.1	288	77.8	200	73.0	88	91.7
2. 全員が所属し、活動も原則参加する	131	29.4	126	30.4	5	15.6	42	11.4	41	15.0	1	1.0
3. 全員が所属するが、活動への参加は生徒の意思に任せている	9	2.0	8	1.9	1	3.1	28	7.6	22	8.0	6	6.3
4. 全員が運動部と文化部1つずつに所属し、活動も原則参加する	2	0.4	1	0.2	1	3.1	2	0.5	2	0.7	0	0.0
5. 全員が運動部と文化部1つずつに所属するが、活動への参加は生徒の意思に任せている	0	0.0	0	0.0	0	0.0	0	0.0	0	0.0	0	0.0
6. その他	3	0.7	3	0.7	0	0.0	6	1.6	6	2.2	0	0.0
無回答・無効回答者数	0	0.0	0	0.0	0	0.0	4	1.1	3	1.1	1	1.0

（スポーツ庁（2018a: 10）をもとに改変）

建前上やりたいことができるはずなのだが、実際はやりたくなくてもやらなければならないケースがあるということだ。そして、不本意ながら加入した部から容易に離脱できないという問題もある。

内田（2017）は、平日だけでなく土日をも一緒に過ごす濃密な関係が続くため、学校部活動をやめることには人間関係上のリスクが生じる、と指摘している。学習指導要領で「連帯感の涵養」がうたわれていたように、生徒同士のつながりの強さを目指す部活動ほど、人間関係の消失や「いじめ」にあってしまう恐れなど様々な不安が生徒の脳裏をよぎり、結局はそこにつなぎ止められてしまうのである。

学校部活動は、「自主性」という理念の裏で「強制性」を発揮して生徒を巻き込む場であり、そこから容易に離脱させない力を持っている。そこで、体罰やハラスメントに遭遇するともなれば、文字どおり「ブラック部活」として生徒に経験されるだろう。

（2）教師にとっての「ブラック部活」

　想像してほしい。もし、職場の上司からあなたに突然、「明日から近所のA中学校で、バレー部の生徒を指導してほしい」とお願いがあったら、あなたはどう返すだろう？

　「私には、そんな余裕ありません」とあなたが答えれば、「いや、もうやることになってるから」と返される。「バレーなんて、ボールをさわったことくらいしかないです」と抵抗したところで、「それで十分！」と説得される。

　そして条件はこうだ――「平日は毎日夕方に所定の勤務時間を終えてから2〜3時間ほど無報酬で、できれば早朝も所定の勤務が始まる前に30分ほど。土日のうち少なくとも一日は指導日で、できれば両日ともに指導してほしい。土日は、4時間以上指導してくれれば、交通費や昼食代込みだけど一律に3,600円もらえるから」と。

（内田 2017: 136、強調は筆者）

　この文章には、「ブラック部活」を教師の視点から捉えた場合の問題

点が凝縮されている。傍点を付して強調した部分についてみていこう。まず、架空の上司が「もうやることになってるから」と、有無を言わさずバレーボール部の指導を依頼している点である。学校部活動は、生徒のみならず教師にも「強制性」を発揮する。それは、「全員顧問制度」と呼ばれる体制にはっきり現れている。たとえば、先述したスポーツ庁（2018a）の調査をみると、全教員が何らかの形で顧問として配置される学校の割合は中学校で93.3％、高校で93.2％であり、希望する教員が顧問に当たることを原則とするのは僅か2.2％と1.4％であった。教師であることと学校部活動の顧問であることは、ほとんど同義である（表8－2）。

次に、架空の部下が何とか依頼を断るためにバレーボールの経験がないことをアピールするものの、上司は一顧だにしていない点である。これは、「素人顧問」の問題として知られている。日本スポーツ協会（2021）の調査によると、最も力を入れて取り組んだスポーツと運動部活動で指導しているスポーツが「同一である」と答えた運動部活動指導

表8－2　顧問教員の配置方針

(n/%)	中学校 全体 n446		中学校 公立 n414		中学校 私立 n32		高等学校 全体 n370		高等学校 公立 n274		高等学校 私立 n96	
1. 全教員が顧問に当たることを原則とし、一つの部に複数名の顧問を配置することとしている	278	62.3	265	64.0	13	40.6	221	59.7	188	68.6	33	34.4
2. 全教員が顧問に当たることを原則とし、部ごとの顧問の人数は部員数等に応じて配置している	127	28.5	112	27.1	15	46.9	121	32.7	78	28.5	43	44.8
3. 全教員が複数の顧問に当たることを原則としている	11	2.5	11	2.7	0	0.0	3	0.8	3	1.1	0	0.0
4. 運動部のみ複数名の顧問を配置している	13	2.9	12	2.9	1	3.1	3	0.8	1	0.4	2	2.1
5. 希望する教員が顧問に当たることを原則としている	10	2.2	9	2.2	1	3.1	5	1.4	1	0.4	4	4.2
6. その他	7	1.6	5	1.2	2	6.3	16	4.3	2	0.7	14	14.6
無回答・無効回答者数	0	0.0	0	0.0	0	0.0	1	0.3	1	0.4	0	0.0

（スポーツ庁（2018a: 13）をもとに改変）

者の割合は中学校48.8％、高校58.0％であり、「異なる」と答えたのは40.0％と29.1％、「力を入れて取り組んだスポーツはない」と答えたのは11.2％と12.9％であった。自分の専門種目と異なるだけではなく、スポーツ経験の未熟な者まで指導に駆り出されている現状がある。

　そして最後に、自分の不得意なことを強制的に任せられたあげく、ほとんど無報酬で行わなければならない点である。公立学校の教員は、いわゆる「給特法（公立の義務教育諸学校等の教育職員の給与等に関する特別措置法）」が適用され、給料月額4％相当の教職調整額を支給する代わりに、時間外・休日勤務手当は支給されない。加えて、学校部活動は「グレーゾーン」にあることから、平日の指導に対する報酬は一切なく、休日4時間程度の指導に3,600円の部活動手当がかろうじて支払われるだけだ[3]。学校部活動の指導はいわばボランティアなのである。

（3）理想と現実のギャップ

　ここまでみたように、「自主性」の理念と相反して生徒も教師も半ば強制的に巻き込まれながら、学校部活動は行われている。とりわけ、運動部活動で繰り返し問題化されてきたのは、休養日を設けず長時間にわたって活動されていることである。そうした実態に対して、政策的な対応がなかったわけではない。たとえば近年、スポーツ庁（2018b）は週2日以上の休養日の設定や、平日2時間、休日3時間程度の活動時間を推奨するガイドラインを策定している。ところがその影響で、皮肉にも部員らが下校後に公共の体育館やグラウンドで行う、「闇部活」なるものが生まれている。「闇部活」は、新型コロナウイルスの影響で学校が一斉休校となっていた際にも横行していたという[4]。

　ここで、あるデータをみてみよう。内田（2017）は、神奈川県教育委

---

[3]　2017年度から、文部科学省は4時間程度の指導に対する手当の基準額を、それまでの3,000円から3,600円に増額した。しかし、これはあくまで国の指針であり、具体的な支給額や支給方法は都道府県や政令指定都市の裁量に任されているのが現状である。
[4]　https://toyokeizai.net/articles/-/340980 （2024年2月2日閲覧）。

員会（2014）の調査結果から、運動部活動をめぐる理想と現実のギャップについて論じている。同調査には、中学生、高校生、教員に、週あたりの理想および現実の活動日数を尋ねる項目があるが、理想の活動日数を「6日以上」と回答した割合は中学生46.1%、高校生42.8%、教員35.1%であった。それに対して、現実の活動日数を「6日以上」と回答した割合は中学生77.6%、高校生68.8%、教員65.8%となっている。つまり、運動部活動にかかわる生徒と教員の双方が、「本当はもう少し休んだほうがいい」と思いつつ、土日を含めて毎日のように活動しているのである。

このように、適切な休養日を設けるようガイドラインが策定されても、生徒と教師の理想以上に過剰な活動がなされている現状がある。たしかに、学校部活動にはこれまでみたような「強制性」があるのだが、生徒や教師は否応なしに巻き込まれているだけなのだろうか。

3.「規律」と「自主性」の狭間で：運動部活動の妖しい魅力

(1) 運動部活動はどのような場か？：「競技」と「教育」という対立軸

学校部活動、とりわけ運動部活動をめぐる主要な争点がある。運動部活動が「競技」の場なのか、「教育」の場なのかをめぐって議論されてきたのである。たとえば、運動部活動を選手養成の場と捉える「競技」の論理と、教科の活動では得られない生徒の自治能力や主体性を涵養する場と捉える「教育」の論理の間に葛藤の歴史があり、それは前者が後者を押し切ってきた過程であると批判される（友添編 2016）。

この争点は、「規律」と「自主性」の対立軸と重なりつつ展開されてもいる。玉木正之（2013）は、運動部活動の現状を生徒の考えよりも教師の指導が重視されていると批判的に評価し、強豪校ほど生徒に考えさせる機会が少ないと指摘する。要するに、「競技」の側面が前景化する強豪校であるほど「規律」が重視され、運動部活動本来の教育的価値である「自主性」が抑圧されている、と玉木は批判しているのである。

「競技」を優先するなかで、指導者からの厳しく理不尽な「規律」に

さらされる生徒の姿[5]。こうした状況を批判的に捉える論者は、運動部活動が「教育」の場として備えているはずの「自主性」を取り戻すべきだ、と主張してきたわけである。この批判は、先述した「強制性」の問題とも通じているが、果たして運動部活動の姿を十分に捉えられているだろうか。本当に「強制」や「規律」ばかりならば、これほど多くの人が運動部活動に情熱を傾けはしないだろう。運動部活動は、ネガティブな側面があるにもかかわらず、そこに人びとを惹きつけてしまうような「妖しい魅力」[6] を備えているのではないか。この点を、「規律」と「自主性」の関係に着目しながら考えていこう。

（2）指導者は何を語ってきたのか？：運動部活動と「人間教育」

　試みに、玉木が批判的に言及していた強豪校指導者の語りをみてみよう。たとえば、1970年代から1980年代は校内暴力や対教師暴力といった、いわゆる「荒れる学校」の問題が顕在化していた時期である。この問題に対して、当時の運動部活動は管理主義教育と結びつきながら生徒指導の手段として用いられたことが指摘されている（中澤 2014: 144-145）。

　ところが、当時の指導者の語りをみてみると、単に「規律」を課すような指導が行われていたわけではないことがわかる。後に、松坂大輔を擁して甲子園春夏連覇を果たすことになる横浜高校野球部監督の渡辺元（後に「元智」へ改名）が、「以前スパルタ教育で選手を指導してきたが、近年その方法が間違っているのではという疑問に悩まされてきた」（渡辺 1982: 253）と率直に語るように、「規律」一辺倒で管理するような方法は、すでに当時の生徒に受け入れられなくなっていたのである。

　そこで指導者は、「規律」と「自主性」を練習と試合ですみ分ける技

---

[5]　こうした状況を後押しする制度として、批判的に言及されるのがスポーツ推薦入試だろう。スポーツ推薦入試に関する研究はいまだ十分になされていないが、貴重な例として栗山（2017）と小野ほか（2017）がある。
[6]　「妖しい」という言葉には、神秘的で不思議な力といったポジティブな要素と、そこにまとわりつく気味の悪さのようなネガティブな要素が同時に含意されている（下竹 2022: 15）。

法を見出すことになる。徳島県立池田高校野球部を率いて甲子園夏春連覇を果たした蔦文也（1983）が、練習の指導は徹底的に厳しい姿勢で臨む反面、試合ではのびのびプレーさせると語っているように、この時期の指導者は「規律」を課すことを土台に試合という限定的な領域で「自主性」を発揮させつつ、「人間を鍛える」ことを目的としたのである。

　その後、1990年代後半以降、指導者は消費社会を不自由なく謳歌する、いわゆる「現代っ子」と対峙しなければならなくなる。彼らに対する「人間教育」をめぐって、指導者は対応を迫られるのである。具体的には、「今の生徒たちは、物質的にはきわめて豊かである。（中略）問題は、そうして何の苦労もなく欲しいものを手に入れている彼らに、どうやって"厳しさ"を教えるか」（渡辺 1999: 87-88）が課題とされる。そこで指導者は、「規律」と「自主性」を日常とスポーツにすみ分けるようになる。

　たとえば、広島観音高校サッカー部をインターハイ優勝に導いた畑喜美夫（2013）は、監督による指示・命令型ではなく選手登録、スタメン、システム、練習メニュー、選手交代などを選手が話し合って決める、「ボトムアップ」を用いた指導の重要性を説いている。その反面、畑は「あいさつ」「返事」「後片づけ」といった日常の「規律」を徹底する必要性も指摘しつつ、子どもの自立心を育まなければならないというのである。

　このように、玉木の見立てとは異なり、強豪校指導者たちは一貫して運動部活動を「教育」の場と捉えてきたし、「自主性」を軽視してもいなかった。「競技」と「教育」を切り離すことなく、「規律」という名の秩序と「自主性」という名の自由を時代状況や生徒の気質に合わせて絶妙に配分しながら、指導者は「人間教育」を行ってきたのである。

（3）生徒は何を得ているのか？：運動部活動と「規律」の効果

　では、「規律」と「自主性」の双方が指導者によって配分されているとして、そこで行われる「人間教育」は生徒にどのような効果として認識されるのだろうか。筆者がフィールドワークを通して携わった、とあ

る高校陸上部（以下、「陸上部」）を事例に考えてみたい。

　陸上部は、部の伝統を通した「規律」が徹底されている強豪校であった。たとえば、「上級生に会った時のあいさつは人数分言う」との規則に沿って、向こうから歩いてくる上級生5人に「こんにちは！」と、それぞれに向かって5回挨拶する下級生の姿は陸上部の日常風景である。そのような厳しい部風は、長年にわたり部を率いた前顧問によって築かれた伝統であったが、「自主性」を重んじた「人間教育」を重視する新たな顧問が着任することとなった。

　とはいえ、あらたな顧問の方針が部の伝統をガラッと変えたわけではない。そこでは、「規律」を中心とした部の厳しい伝統と「自主性」が、生徒によって巧みに結びつけられていた。一方で、部の伝統を維持することが、陸上部全体の競技性を維持する土台でもある、と生徒は認識していた。しかし他方で、生徒はその土台の上に立ち、自ら練習メニューを考えるなどの「自主性」を発揮することもまた、必要だと考えていたのである。

　ここで重要なのは、それが生徒に何をもたらしたのか、という点である。筆者が陸上部の特徴について尋ねると、ある女子部員は自分たちで考えたりアドバイスしあったりすることだと答えた。ところが、同部員に陸上部で得たものは何かを尋ねると、「忍耐力」や「我慢する力」といった表現で厳しい部の伝統にもとづく効果が実感として語られたのである。部の特徴を「自主性」にあるとする部員ですら、そこで得たものを「規律」の効果として認識しているということだ。キャプテンを務めた男子部員は、それを「社会に出て必要なこと」だと述べていた。

　このように、運動部活動の「人間教育」は「自主性」を捨て去りはしないものの、挨拶や礼儀、忍耐力といった「規律」の効果として生徒に認識されている。運動部活動は、単に強制されるのではなく「規律」と「自主性」が巧みに結びつく「人間教育」の場として、「妖しい魅力」を放ちながら生徒や教師を惹きつけてきたのである[7]。

4. 運動部活動はどこへ行くのか

（1）運動部活動改革の挫折史

　とはいえ、すでにみたように「ブラック部活」が問題化されているのは事実であり、学校部活動の改革に向けた動きも活発になっている。特に近年、運動部活動の地域移行が盛んに議論され、2023年度より現場で始まったばかりである。ところが、地域移行という政策はこれまで幾度も構想されては挫折してきた。

　中澤（2014）によれば、教員手当が不十分であることや、事故があった際の責任範囲の問題といった教師の保障問題が1970年代に浮上し、その解決策として運動部活動の社会体育化が模索されていたという。さらに、多様なニーズに対応しつつ地域社会に「開かれた運動部活動」が1990年代から2000年代に求められ、盛んに議論されたこともある。

　実際、1998年・99年の学習指導要領改訂によって、必修クラブ活動の履修を部活動への参加をもって代替する「部活代替措置」が廃止され（中澤 2014: 120-122）、制度的根拠を失った運動部活動は、2000年9月に文部大臣告示として策定された『スポーツ振興基本計画』で、地域との連携が必要であると示された[8]。これらの動向は、総合型地域スポーツクラブと運動部活動の連携に関する研究を生み出してもいる（黒須編 2007）。このように、直近だけでも2000年前後に運動部活動が地域移行するチャンスはあったはずである。しかし、現実はそうならなかった[9]。それどころか、2000年代に活動時間が増加していった可能性すら指摘されている。

---

7) 下竹（2024）では、「人間教育」としての運動部活動が学校のなかに深く根づいてきた理由について、学校秩序をゆるやかに統制する隠れたカリキュラムの役割や、生徒にとっての居場所、保護者にとっての学童保育の役割といった側面からも論じている。
8) https://www.mext.go.jp/a_menu/sports/plan/06031014/002.htm （2024年2月14日閲覧）。
9) 1970年代における社会体育化の失敗の歴史については、中澤（2023）が簡潔に整理している。

加藤一晃（2022）は、総務省が実施した1996年から2016年の「社会生活基本調査」を再集計し、中学校と高校における運動部活動の活動時間の変化を素描している。その結果、平日は1990年代半ばの活動実態が2010年代もほぼ維持されてきた一方で、土日の活動時間は増加したことが明らかにされている。特に、2001年から2006年に土日の活動時間が急増しており、加藤はその要因として2002年から完全実施されている学校週5日制の影響をあげる。当時、子どもの生活実態が学校に依存していることから、学校の役割縮小、家庭や地域社会における遊び・体験の充実が主張され、学校週5日制は求められた。それにもかかわらず、実際には意図せざる帰結として運動部活動の時間が増大したというのである。

　2000年前後に議論された運動部活動の地域移行は、こうした「学校から地域へ」という学校教育改革の大きな流れのなかに位置づくものだった。ところが現実には、生徒が休日となった週末を運動部活動で過ごすという、政策的意図とは真逆の事態が生み出されていたのである。

（2）スポーツ経験の固有性を考える

　このような歴史を踏まえれば、今回の地域移行が成功するか否かを現段階で判断することは難しい。しかし、地域移行の成否を問わず、これからの運動部活動や青少年期のスポーツ活動を考える上で重要な論点がある。それは、スポーツ経験の固有性とは何かを、今あらためて問い直すことである（渡 2014）。最後に、再びスポーツ庁（2018a）の調査結果を確認しながら、この点について考えるヒントを示しておこう。

　同調査には、運動部活動への期待を保護者に問うた項目がある。その結果をみると、「あなたは、お子さんの部活動にどんなことを最も期待していますか」という質問に対して、「社会性（挨拶・礼儀等）を身につける」ことを重視する保護者の割合が中学校58.1％、高校57.8％と、「チームワーク・協調性・共感を味わう」（中学校77.5％、高校76.6％）という回答に次いで高くなっている。多くの保護者はいまだに、挨拶や礼儀といった社会性を身につけるための「規律」を、運動部活動に期待

表8-3　運動部活動に対する保護者の期待

	中学校 運動部所属			高等学校 運動部所属		
(n/%)	全体 n26,951	公立 n24,982	私立 n1,969	全体 n20,296	公立 n15,832	私立 n4,464
1. 大会・コンクール等で良い成績を収める	4,762　17.7	4,434　17.7	328　16.7	3,985　19.6	2,939　18.6	1,046　23.4
2. チームワーク・協調性・共感を味わう	20,895　77.5	19,394　77.6	1,501　76.2	15,550　76.6	12,127　76.6	3,423　76.7
3. 体力・技術の向上	13,331　49.5	12,329　49.4	1,002　50.9	8,545　42.1	6,657　42.0	1,888　42.3
4. 運動習慣の形成	3,110　11.5	2,774　11.1	336　17.1	1,838　9.1	1,425　9.0	413　9.3
5. 友達と楽しく活動する	8,001　29.7	7,338　29.4	663　33.7	6,584　32.4	5,366　33.9	1,218　27.3
6. 自信をつける	5,178　19.2	4,885　19.6	293　14.9	3,377　16.6	2,614　16.5	763　17.1
7. 社会性（挨拶・礼儀等）を身につける	15,650　58.1	14,571　58.3	1,079　54.8	11,739　57.8	9,098　57.5	2,641　59.2
8. 放課後の居場所	725　2.7	665　2.7	60　3.0	488　2.4	366　2.3	122　2.7
9. その他	103　0.4	99　0.4	4　0.2	127　0.6	98　0.6	29　0.6
10. 特にない	207　0.8	200　0.8	7　0.4	217　1.1	176　1.1	41　0.9
無回答・無効回答者数	762　2.8	702　2.8	60　3.0	587　2.9	466　2.9	121　2.7

（スポーツ庁（2018a: 140）をもとに改変）

しているのである（表8-3）。

　今後、運動部活動で地域移行などの改革が進んだとしても、「人間教育」という名のもとで「規律」の効果が求められ続けることは大いに考えられよう。しかし、挨拶や礼儀などの社会性にまつわる教育は、必ずしも運動部活動が担う必要はないはずだ。それが本当に必要ならば、家庭や地域、あるいは学校教育全般が担うこともできるからである。そうだとすれば、スポーツ経験の固有性を問い直すことが重要だろう。

　たとえば、「自分が運動部活動で実感している（きた）意味や効果は、『スポーツ経験』に固有のものなのか」、「自分が行っている（きた）指導の意味や効果は、運動部活動でしか達成できないものなのか」と、自らに問いかけてみよう。それは少なくとも、運動部活動に何ができ、何ができないのかを考える起点となる。運動部活動が、引き続き学校で行われるとしても、地域で行われるとしても、そこで実践されるのはスポーツである。従来のように、挨拶や礼儀といった「規律」の側面、ひいては「人間教育」と運動部活動を安易に結びつけるのではなく、「スポーツには何が可能なのか？」という問いについて、スポーツ経験の固有性から考えていくことが必要ではないだろうか。

研究課題

1．「ブラック部活」の現状を、生徒と教師の視点から整理してみよう。
2．運動部活動における固有のスポーツ経験について、自身の経験を踏まえながら考察してみよう。

引用・参考文献

畑喜美夫，2013，『子どもが自ら考えて行動する力を引き出す魔法のサッカーコーチング——ボトムアップ理論で自立心を養う』カンゼン．

神奈川県教育委員会，2014，「中学校・高等学校生徒のスポーツ活動に関する調査報告書」，（2024年2月2日取得，https://www.pref.kanagawa.jp/documents/11575/sportskatsudouchousa_201412.pdf）．

加藤一晃，2022，「中学生・高校生の運動部活動参加時間の変化——1996〜2016年社会生活基本調査からの検討」『中部教育学会紀要』22：57-72．

栗山靖弘，2017，「強豪校野球部員のスポーツ推薦入試による進学先決定のメカニズム——部活を通じた進路形成と強豪校の存立基盤」『スポーツ社会学研究』25（1）：65-80．

黒須充編，2007，『総合型地域スポーツクラブの時代1——部活とクラブとの協働』創文企画．

文部科学省，2017，「中学校学習指導要領（平成29年告示）」，（2024年1月29日取得，https://www.mext.go.jp/content/20230120-mxt_kyoiku02-100002604_02.pdf）．

中澤篤史，2014，『運動部活動の戦後と現在——なぜスポーツは学校教育に結び付けられるのか』青弓社．

中澤篤史，2023，「1970年代における運動部活動の社会体育化——失敗の歴史を振り返る」『体育の科学』73（4）：222-227．

中澤篤史・西島央・矢野博之・熊谷信司，2009，「中学校部活動の指導・運営の現状と次期指導要領に向けた課題に関する教育社会学的研究」『東京大学大学院教育学研究科紀要』48：317-337．

日本スポーツ協会，2021，「学校運動部活動指導者の実態に関する調査報告書」，（2024年1月31日取得，https://www.japan-sports.or.jp/Portals/0/data/katsudousuishin/doc/R3_houkokusho.pdf）．

小野雄大・友添秀則・根本想，2017，「わが国における大学のスポーツ推薦入学試験制度の形成過程に関する研究」『体育学研究』62（2）：599-620.

Rholen Thomas P, 1983, *Japan's High Schools*, University of California Press.（＝友田泰正訳，1988，『日本の高校——成功と代償』サイマル出版会）．

下竹亮志，2022，『運動部活動の社会学——「規律」と「自主性」をめぐる言説と実践』新評論．

下竹亮志，2023，「運動部活動の妖しい魅力を問い直す——『規律』と『自主性』の社会学的分析から」『現代スポーツ評論』48：47-57.

下竹亮志，2024，「運動部活動は何をしてきたのか？——地域移行の前提を問い直すために」『年報体育社会学』5：27-37.

スポーツ庁，2018a，「平成29年度運動部活動等に関する実態調査報告書」，（2024年1月29日取得，https://www.mext.go.jp/sports/b_menu/sports/mcatetop04/list/detail/__icsFiles/afieldfile/2018/06/12/1403173_2.pdf）．

スポーツ庁，2018b，「運動部活動の在り方に関する総合的なガイドライン」，（2023年12月13日取得，https://www.mext.go.jp/sports/b_menu/shingi/013_index/toushin/__icsFiles/afieldfile/2018/03/19/1402624_1.pdf）．

玉木正之，2013，『スポーツ　体罰　東京オリンピック』NHK出版．

友添秀則編，2016，『運動部活動の理論と実践』大修館書店．

蔦文也，1983，『攻めダルマの教育論——蔦流・若者の鍛え方』ごま書房．

内田良，2017，『ブラック部活動——子どもと先生の苦しみに向き合う』東洋館出版社．

渡辺元，1982，『立ち上がれふり向くな——"横浜野球"に捧げた熱情の半世紀』報知新聞社．

渡正，2014，「スポーツ経験を社会学する——実践の固有な論理に内在すること」『スポーツ社会学研究』22（2）：53-65.

渡辺元智，1999，『もっと自分を好きになれ！——迷っているより，歩き出せ！胸を張れ！』青春出版社．

山本宏樹，2021，「特別活動と部活動に忍びよる格差」中村高康・松岡亮二編『現場で使える教育社会学——教職のための「教育格差」入門』ミネルヴァ書房，250-270.

9 | 個人の経験におけるスポーツ（3）：
健康とスポーツ

高尾将幸

　健康のためにスポーツや運動を行うことは、今や私たちの日常となっている。しかしここでいわれている「健康」とは何を意味するのだろうか？　本章では公共性、リスク、自己といった補助線を引きながら、現代社会における健康を社会学的に考える視点を提示する。

1. 健康を語る視点

　健康という語は、現代社会を生きる私たちの日常にあふれている。健康食品、健康器具、健康診断、健康被害、健康保険、健康政策、健康経営、健康ブーム、健康ランド等、数え上げればきりがないほど、多くの物事が健康という語とともに語られている。ひとまず、この言葉は私たちにとって何か共通する大事なこと、すなわち何らかの公共性と関わっているといえそうだ。

　通常、健康にまつわる概念的な説明を行う際、多くのテキストは最初にその定義に触れる。最もよく知られているものは、世界保健機関（以下、WHO）による以下の文言である。

> Health is a state of complete physical, mental and social well-being and not merely the absence of disease or infirmity.（健康とは身体的、精神的、社会的に完全に良好な状態であり、単なる疾病や衰弱の欠如ではない：筆者訳）

　この定義は、1946年6月19日から7月22日までニューヨークで開催された国際保健会議で採択され、1946年7月22日に61か国の代表によって署名されたWHO憲章の前文のなかに書かれたものである。WHOはそ

の後、1948年に国際連盟の特別機関として正式に設立され、今日に至っている。

　だが恐らく、この前文をすべて読んだことがある人は、そう多くはないのではないだろうか。興味深いことに、この文章は「全ての人民の幸福、調和的関係性、安全保障にとっての基本となる原則」（WHO 1946: 2）からなり立っており、それが参加国（敗戦国の日本は含まれていない）によって宣言されるという形になっている。つまりこの前文は単なる定義ではなく、むしろ普遍的で積極的な理念として語られているのである（北澤 2015: 246）。ぜひ、この前文のすべてを読んでもらいたいが、ここでは上記文言の後に続く一部分を紹介したい。

> The enjoyment of highest attainable standard of health is one of the fundamental rights of every human being without distinction of race, religion, political belief, economic or social condition.（中略）Governments have a responsibility for the health of their peoples which can be fulfilled only by the provision of adequate health and social measures.（達成可能な最高水準の健康の享受というものは、人種、宗教、思想信条、経済的あるいは政治的条件の別なく、あらゆる人間の基本的権利のひとつである。（中略）各政府は、適切な健康および社会的施策の提供を通してのみ充足されるであろう、その人民の健康に対する責任を持つ：筆者訳）

　ポイントを2つ指摘したい。一つは健康が人間の基本的な権利の一つとして捉えられていること、そしてもう一つは、政府がそれに公的な責任を負うと明記されている点である。実は、医学や公衆衛生など実践的諸科学のテキストでは、この論点に触れることは（めったに）ない。

　いくつかの理由が考えられるが、人びとの権利が過度に強調されることは、各人の健康に対する責任を問うことに困難をきたしてしまうという点が考えられる。つまり、この文章はあまりに理念的に過ぎる、あるいは責任ある人びとの姿を等閑視させる可能性があるのである。

　こうした論点を踏まえた場合、「健康とは何か？」という問いは、社

会学的にはそれほど重要ではない。というのも、そのような問いは「どうすれば健康を実現できるか？」や「何が健康の阻害要因になっているのか？」という医学的・公衆衛生（学）的実践に直結するものだからである。もちろん、健康とその格差、およびそれらの社会的な規定要因を探る社会疫学的アプローチなどは、方法的にも社会学と近しいところにある。

しかし、社会学的思考において重要なのは「健康という概念を通じて、その社会がいかなるタイプの公共性を実現しようとしているのか？」、「健康という言葉を通して、人びとのいかなる振る舞いや態度が、正しいものとして価値づけられようとしているのか？」といった問いの方である。

2. リスクと健康

（1）リスクの医学

さて、本書は「スポーツ社会学」のテキストであり、ここで健康というテーマを扱うには相応の理由がある。すなわち、健康を増進するために運動やスポーツ（ないしそれに類する意図的な身体的活動）を実施することを望ましいとする考えが、現代社会において優勢だからである。では、この場合の健康とは、いったい何が想定されているのだろうか？　結論からいえば、その内実とは病気にならないように予防すること（疾病予防）である。

ただ、病気を予防するために運動やスポーツを行うことが、これまでも一般的だったのかといえば、実はそうではない。これが新しく登場するためには、公衆衛生における疾病や健康の考え方に大きな変化が生じる必要があった。

従来、健康問題とその解決は（WHOのその定義とは裏腹に）、公衆衛生における感染症対策や病院における疾病の治療が中心であった。この場合、健康をめぐる基本的な考え方も、疾病がない状態をもって健康として捉えることが一般的であった。たとえば「健康保険」という制度（ないし商品）は、病気で被った損害を、治療にかかる費用で補償する

仕組みになっている。だからこそ病気がない状態＝健康のための保険制度なのである。

　こうした健康対策を下支えするのが、特定病因論という生物医学の基本的な原理である。特定病因論とは、一つの疾病には単一の原因が存在するという因果論的な想定を意味し、19世紀後半の病原菌の発見とその対処（美馬 2012: 42）によって、近代医療の支配的なパラダイムとなった。

　ただし、スポーツの実施が健康とまったく関係がなかったかといえば、そうではない。たとえば、1952年（昭和27年）に内閣府が実施した「スポーツに関する世論調査」では、スポーツを行っている人にその目的をたずねる項目があり、選択肢として「心身の鍛錬」「健康」「その他」が設定されている。しかし以後、しばらくは同世論調査で健康に関する項目は登場しなくなる。次に登場するのは、1976年（昭和51年）であり、ここからスポーツと健康に関する調査項目が増えていく。

　とはいえ、その調査項目は疾病予防＝健康という枠組みでの設問にはなっていない。そうではなく、健康は「体力」概念とセットになっていて、その維持増進という枠組みでたずねられることになる。つまり、運動やスポーツを行うことは、疾病を（直接的に）予防する効果をもつのではなく、労働を中心とした物事を遂行する上での標準的な身体能力、すなわち体力の維持増進に関わるとされていたのである。

　さて、19世紀以降の近代医療の根幹を担っていた特定病因論だが、20世紀半以降、これに代わって新しいパラダイムが浮上する。それが確率論的病因論である。これは複数の病因が複合的に作用して、確率的に疾病を引き起こすという考え方を意味し、多因子病因論とも呼ばれる（美馬 2012: 43）。

　こうした考え方をもたらしたのが、いわゆる疾病構造の変化である。第二次大戦後、先進国では「感染症」などの急性期疾患が減少する一方、がんや循環器系疾患といった慢性疾患が増大し、この原因究明が大規模な疫学調査によって取り組まれることになる。

　いわゆる慢性疾患は、感染症のように特定の原因（病原菌や遺伝な

ど）によって引き起こされるわけではなく、多くの要因が複合的に関係して発症するものだとされている。特にこの要因は、人びとの日常的な生活習慣（ライフスタイル）に関わっていることから、現在では「生活習慣病」というくくりで呼ばれている。代表的なものとして、2型糖尿病、がん、脳血管疾患、心臓病があげられる。

　病因論をめぐるパラダイムの変容は、予防の考え方をも大きく変えることになる。従来、疾病対策における予防は「早期発見・早期治療」と言われ、早い段階で疾病を発見し、それを医師が治療することを意味していた。しかし、慢性疾患の予防では生活習慣そのものの変更を目指すような介入、つまり医学的治療ではなく健康増進（ヘルスプロモーション）が重視されることになった。早期発見・早期治療は二次予防、発症そのものの予防は一次予防と呼ばれている。

　また、慢性疾患の病因はリスクファクター（risk factor）と呼ばれる。リスク（risk）は日本語であれば「危険」と訳される場合があるが、英語にはdangerという語も存在する。その違いは何か。まずdangerとは客観的な脅威を意味する。端的にいえば、断崖絶壁の上に立つことは誰にとっても脅威である。他方、riskとは有害な事象が起こる可能性に関わる。したがって、リスクは確率計算によって導かれる蓋然的な脅威を指す。

　たとえば、病原菌が原因となって起こる感染症は、客観的な脅威、すなわちdangerに該当する。他方、慢性疾患の場合、唯一の原因が存在せず、多くの要因の複合的な影響によって発症することになる。この結果、生活習慣の様々な局面がリスクとして該当する可能性がある。わざわざ可能性があるといったのは、数え上げることができるものであれば、あらゆる物事がリスクになり得るからである。

　F. Ewald（フランソワ・エワルド）によれば、リスクとは、ある集団に生起する可能性がある特定の出来事を取り扱う際の、特異なモードを意味する（Ewald 1991）。たとえば、自動車事故にあうことは不運なことだが、それは数え上げることで人口集団において、ある一定の確率で生起する出来事となる。その結果、自動車事故が特定のリスクファク

ター（高齢、服薬、古い年式の自動車など）を持つドライバーに生じる蓋然性が高くなる、逆にそうしたリスクファクターを持たない場合には事故を起こしにくい、という知見が得られる。だからこそ保険商品の販売も可能になる（事故にあわない人がいないと商品として成立しない）。

さて、慢性疾患に関連するリスクという点でいえば、生活習慣も含め、実に様々なものがリスクになり得る。たとえば、心臓病の疫学研究として有名なフラミンガム研究では、社会的ネットワーク（social network）がそうした健康リスクになるという知見が示されている。具体的には、肥満になった友人がいた場合、その人が肥満になる確率は57％、また成人の兄弟姉妹のペアでは片方が肥満になった場合、もう片方が肥満になる確率は40％、一方の配偶者が肥満になった場合、他方の配偶者が肥満になる可能性は37％、それぞれ増加したという（Christakis and Fowler 2007）。このように、人びとが取り結ぶ社会的な関係さえも統計的計算によってリスクになり得るのである。

表9-1は、上記の議論を「従来の臨床医学」から「リスクの医学」への変容として整理した美馬（2012）の表を、一部、筆者が加筆をしたものである（ただし実際の変化は複雑であり、この変容は理念型として理解するべきである）。リスクの医学についていえば、2000年に厚生省（現・厚生労働省）が開始した「21世紀における国民健康づくり運動」（以下、健康日本21）にその考えがよく表れている。そこでは、食生活・栄養、身体活動・運動、休養・心の健康づくり、たばこ、アルコール、歯の健康、糖尿病、循環器病、がん、の9つの分野の改善についての数値目標が初めて設定されることになった。

健康日本21では、身体活動・運動について「日頃から日常生活のなかで、健康の維持・増進のために意識的に体を動かすなどの運動をしている人」の増加が掲げられた。厚生省が主導する施策であるため「スポーツ」（当時の文部省所管）という語は出てこないが、代わりに「運動」という言葉が使われている。また、日常生活における歩数についても、男性9,200歩、女性8,300歩という具体的な数値目標が設定された。

表9-1 従来の臨床医学とリスクの医学の違い

	従来の臨床医学	リスクの医学
支配的な知識体系	生物医学	疫学、統計学
疾病の捉え方	正常と異常の二分法	正常と異常は連続的
介入の目標	疾病の治療	リスクの監視と疾病の予防
病因に関する理論	特定病因論	多因子的、確率論的病因論
病因の場所	心身の内部の異物	心身内部に加えて、環境要因、ライフスタイル、社会的ネットワークなど
対象	個人としての病人	人口集団、数値的データ
疾病の代表例	(急性)感染症	生活習慣病
担い手	医師	医療関連職のチーム、福祉スタッフ、健康運動指導士など
方法	生物医学的治療(薬物、外科治療など)	健康増進(ヘルスプロモーション)による行動変容
結果のアセスメント	医師	統計学者、保健師など
介入の場所	入院施設としての病院	クリニック、コミュニティ(地域)、職場、インターネット空間
クライアントの役割	受動的な患者(病人役割)	健康増進の主体、アクティブな市民

(美馬 (2012: 47) を筆者が一部改変して再録)

(2) 高齢者と健康リスク

　1990年代以降、日本において生活習慣病対策と並ぶ健康問題としてクローズアップされたのが、高齢者をめぐるそれである。より具体的にいえば、要介護状態になる高齢者をいかに少なくするかということが、重要な政策的アジェンダとなった。

　2000年、日本では公的介護保険制度がスタートし、高齢者の保健福祉は大きく変化しようとしていた。とりわけ、十分な介護サービスの確保や、財源となる保険料の問題が大きくクローズアップされていた。「介護が必要な人に本当にサービスの提供が行き渡るのか？」、「高齢者が今後ますます増えていくなかで、保険料の負担は大きくならないのか？制度は維持できるのか？」といった不安が広がったのである。

　そうしたなか「介護予防」という概念が、専門家や行政官僚の一部から提起される。これは、介護が必要な状態(端的に言えば、寝たきり)にならないように、早い段階から予防策を講じることの重要性を示す概念である。ここでも要介護状態になるリスクが様々に数え上げられることになる。たとえば、脳血管疾患、認知症、高齢による衰弱などがあげられる。もちろん、脳血管疾患自体も高血圧、喫煙、動脈硬化などいくつものリスク要因からなりたっている。さらに、転んでしまい(転倒)、大腿骨頸部を骨折してしまうこともまた、要介護状態のリスクと

して注目され、高齢者による筋力トレーニングがその対策として強調されるようにもなった（高尾 2014）。

同様に海外でも高齢者の健康リスクとして、身体に着目した問題化がなされている。たとえば「身体的な不活発さ（physical inactivity）」、さらに「座りがちな行動（sedentary behavior）」といった概念とそれをめぐる取り組みがあげられる。E. Tulle（エマニュエル・チュール）によれば、21世紀以降のスポーツ科学の論文では、座っていることは人びとが選択する「行動」として捉えられ、健康リスク（特に心代謝性疾患）としての位置づけを得るようになっている（Tulle 2015）。そして、加速度計などのマイクロエレクトロニクス機器による監視が、これを後押ししている（Owen et al. 2010）。

3. 自己と健康

(1) 医療化の拡大（？）

以上のように、生活の様々な局面が健康のリスクとして捉えられ、計算されるような社会に私たちは生きている。こうした状況は、ある意味では生活世界における医療化 medicalization の拡大として捉えられるかもしれない。医療化とは、それまでは医療の問題として捉えられなかった物事が、ある時から医療の範疇にある問題として見なされ、そして対処されるようになることを意味する、医療社会学の概念である（進藤 2006）。たとえば「落ち着きがない子ども」が「多動症」として治療の対象になったり、お産婆さんの協力を得て自宅で行うものだった出産が病院内の医療的管理のもとで行われるようになったりするといった現象を指す。

そしてこのことは、医療専門職によるサービス供給や知識の独占を意味する専門職支配 professional dominance という概念とも理論的親和性が高い（Friedson 1970＝1992）。医療専門職の権力によって、社会における問題や課題が医療化されるとともに、人びとがその専門的対処（治療）に頼らざるを得ない状況に置かれてしまうという、社会状況の把握がこれによって可能になるからである。

確かに「太った友人」や「座りがちな行動」が健康リスクとして捉えられるようになった状況を見ると、現代社会は医療化が全面的に拡大した社会のように見える。しかし、前項で医学のパラダイムそのものが「臨床医学」から「リスクの医学」へと変化していると指摘したことを思い出してほしい。健康と疾病の境は連続的なものとなり、そのリスクは、スポーツ科学者もその一角を占める様々なヘルスプロモーションの専門家が協力して対処するものになっている。したがって、現代社会における「リスクの医学」へのシフトは、単なる医療化の拡大としてではなく、医療を含む健康や疾病を取り巻くシステム、さらにいえば社会における公共性をめぐる枠組みそのものの質的変化として理解する必要がある。

（2）生権力と自己

こうした変化の背後には、先進諸国が置かれている福祉国家[1]の機能不全という政治経済的状況や、個人の自由や責任を強調する新保守主義的な政治イデオロギーといった要因が関わっていると考えることができる。しかしここでは、本章が置かれているテーマである「個人の経験」との関わりが深い、自己（self）というものに照準してみたい。

フランスの哲学者である M. Foucault は、人びとが生物として生きることを増進し、促進するような社会的な力を生権力 bio-power と呼んだ。通常、権力は何かを人びとに禁止したり、制限したりするものと考えられることがあるが、Foucault は逆に、人びとに特定のふるまいや態度、認知の枠組みをもたらすような、生産的なものとしての権力概念を提起した。たとえば、本書第6章でふれている規律訓練権力はその典型であり、身体への働きかけを通じて、諸個人を従順な主体へと作り上

---

[1] 福祉国家とは、政府が公的支出による社会福祉プログラムやサービスの提供を通じて、国民の福祉と社会保障の責任を負うシステムを指す。これらのプログラムは、すべての国民が医療、教育、住宅、所得支援などの基本的必需品を利用できるように設計されている。一方で、それに対する過重な納税負担やサービスの硬直化といった問題を引き起こしたとされる。

げるような権力の生産性を強調する概念である。

　こうした権力論は、後に人びとが生物として生きている事実に権力の作用を見てとる、生権力論へと展開していく（Foucault 1976＝1986）。18世紀後半、西洋社会では歴史上初めて、出生率、死亡率、平均寿命といった統計学的数値に依拠して、公衆衛生や医療といった新しい介入の領域が決定されるようになった。それは集合としての「人口」こそが国家の力を示すという新しい政治的認識が浮上したことと関わっている（Foucault 1997＝2004）。私たちの社会においても、たとえば乳幼児死亡率を下げるために感染症対策を徹底したり、産婦人科医における出産が推奨されるなど、健康な「人口」を守る努力が保健医療行政を中心に確立されてきた。あるいは、健康な「人口」を維持、発展させるために、障害を持つ人びとに対して組織的に不妊手術を強制するといった悲惨な出来事があった。いわゆる優生学（優生思想）とは、生権力の明確な一つの現れ embodiment を意味している。

　さて、Foucault の（生）権力論は、人びとの日常から離れて作動する構造的な権力（だけ）ではなく、日常的な実践のなかでそれが作動するという視点の転換をもたらした。その方法上の分析単位も政治制度や法秩序だけでなく、科学も含む言説に特別な関心が払われることになる。言説 discourse とは、特定の社会的、歴史的文脈において流通する、パターン化された言葉の束とその効果を意味し、人びとの思考や認知の枠組みを規定する力を持つとされる。つまり、人びとの認知的側面を含む日常的な実践と、制度や政策といったマクロな仕組みとが、言説（あるいは知）を通じてつながっているという前提が、ここでは採用されている。

　さらに、Foucault は自己というものも、決して権力や言説と無縁ではなく、歴史的で社会的な文脈において構成されるものと考えた。Foucault の提起した「自己のテクノロジー」とは、社会で一般的な特定の規範、価値、理想に従って、個人が自己を形成し、育成するために用いる様々な実践や技術の総体を指す（Foucault 1988＝2004）。

（3）デジタル化する自己と主体

　この視点を健康リスクという観点から考えると、現代社会を生きる私たちにとって健康は、自己の主体性を構築する、あるいはそれが構築される一つの重要な場になっている。医療の専門家が提示する知識を鵜呑みにして、彼らに「白紙委任」する受動的な患者像（＝客体としての病人）は、もはや過去のものになりつつある。というのも、私たちは健康になるために、すべてではないにしろ、自分で何らかの予防的な行動や判断ができるという言説や、それを可能にする物事に囲まれているためである。

　一つには、モノやサービスという商品がある。飲むものや食べるものをはじめ、服や靴、寝具、住宅、スポーツ施設の利用に至るまで「健康的なモノ／サービス」の購入は私たちの選択にゆだねられている（柄本2010）。私たちは、フィットネスクラブの会員になって運動し、その帰りに糖質カットの「健康的」なビールを買うこともできる。

　また、私たちは自分自身の身体の状態を、常時モニタリングすることができるようになっている。かつては病院という空間で、限られた時間に、特別な機械を用いなければ見ることができなかったバイタルサイン（生命兆候）が、いまやセンサーテクノロジーを搭載したモバイル型の電子デバイスとアプリの力を借りて、いつでも監視できるようになった。心拍数、脈拍、血中酸素濃度、血圧、消費カロリー、睡眠の質、ストレスレベルに至るまで、様々な情報の取得が可能になっている。そしてその情報をもとに、私たちは、いつ、何を食べ、移動のためにどのような手段を使い、座る時間をどのくらい減らし、何時に寝るのか、といった判断を自己に課すことができるとされている。さらに、「コーチ」と称して睡眠の改善の「提案」をしてくれるアプリまで搭載するデバイスもある。

　運動やスポーツについては、ランニングやサイクリングを中心にして、移動した距離、速度、高度を測定し、パフォーマンスやトレーニングの評価を行うものがある。最大酸素摂取量、乳酸閾値（いきち）、トレーニング負荷、回復時間、パフォーマンスコンディションなどの指標を追跡し

て、自らのトレーニングを最適化することをユーザーに可能にする。

　社会学者のD. Lupton（デボラ・ラプトン）が述べているように、こうしたデジタル化されたヘルスプロモーションのあり方は、私的な空間と公的な空間の相互に浸透し、生み出されるデジタルデータは巨大な情報経済のなかに組み込まれている。アプリやクエリの使用から得られたビッグデータは新しい商品開発に活用され、莫大な富をIT企業にもたらすとされている。個々のユーザーはSNSも活用しつつ、ゲーム感覚で、仲間たちとともに自らのデータを進んで提供している。ただし、そうした仕組みに貢献している一方、個人情報の保護がどこまで担保されているのか、あるいはそうした情報の活用範囲がどこまでなのかは、必ずしも判然としない（Lupton 2015）。

　さらにいえば、そうしたアプリやデバイスの存在自体が、私たちの「健康観」の前提を作り出すようになる。デジタルデバイスによって得られた客観的なデータを理解し、それを用いて賢明なライフスタイルを実現することが、現代的な健康の具現化（embodiment）だということになっているのである。

4. まとめ

　本章では、疾病予防や介護予防への変化として健康をめぐる現代的な考え方を概説してきた。また、M. Foucaultの議論を紹介しつつ、運動やスポーツを行う自己のあり方を、リスク概念を中心に論じてきた。最後に社会学的な考究が求められる、いくつかの論点に触れておきたい。

　まず、健康リスクに対処する主体のあり方についてである。近年のヘルスプロモーションにおいては行動科学的な考えから、人びとが健康的な行動をとるにはどうすればよいか（行動変容）というアプローチが取られている。しかし、Luptonによれば、ここでは孤立化した行為者としての「個人」というものが、いまだに大前提になっているという（Lupton 2015）。つまり、健康に関連した行動をとる個人を取り巻く社会的、文化的、階級的、地理的な要素が捨象されがちであるというわけである。忙しい共働きの両親、あるいは母子家庭や父子家庭のもとで

育つ子供は、いつも十分な睡眠時間を確保したり、多くの品数をそろえた食事に常にありつけるだろうか。公共交通機関が不十分な地域で、車中心の移動を避けることは簡単だろうか。

　何がリスクファクターに含まれるかを選択することは、常に更新され続けるだろう。しかし、S. Nettleton（サラ・ネトルトン）が述べているように、大事なことはリスクファクターが各人のコントロールのもとにあり、そうであるがゆえに活動的な市民（active citizen）であるか否かを確認することにそれが関わっている点にある（Nettleton 1995: 215）。端的にいえば、健康のための「賢明」な判断ができる市民なのか、それともそうした判断ができない非活動的な（二流の）市民なのかを、私たちはお互いの行動を監視しながら、確認し合っているのである（喫煙者に対する憎悪とも思える多数派＝非喫煙者の態度を見ればよくわかる）。

　二点目に、社会制度のあり方について述べる。健康増進政策が予防重視型へ変化するのと並行して、保健医療福祉制度においてはインセンティブという考え方が導入されてきている。インセンティブとは、人びとの特定の意思決定や行動の誘因、すなわち報酬を意味する。健康のための意思決定や行動を促すために、どのようなインセンティブが必要かという方向で制度のあり方が考えられているのである。

　たとえば、いくつかの自治体では「健康ポイント」などと称して、人びとに健康的な行動を促す仕組みを導入している。具体的には、住民各人の毎日の歩数、特定期間の目標活動量の達成、健康診査や検診の受診、体重の計測および適正化、イベントやセミナーへの参加の度合いに応じて、彼らにポイント＝インセンティブが付与される。ただし、この点には注意が必要である。というのも、ある意味では、こうしたインセンティブは一種の保険料の減免であり、リスクの高低に応じて保険料を設定する民間保険の考え方に近くなっているからだ（高尾 2014）。そしてこれは、誰にでもそうした取り組みが開かれているかという第一の論点にも関わっている。老々介護で疲れている人が、介護予防のセミナーに参加する余裕があるだろうか。ウォーキングに適した道路や公園が近

隣にない人びとにとって、歩数を増やすことは簡単なことだろうか。行政もまた「賢明」な市民の行動には報いる一方、そうではない人びとの生には相応の処遇をとろうとしている。このことを私たちは、どのように評価すべきだろうか。

　三点目は、健康を介した人びとの監視についてである。いわゆる「定量化された自己 quantified self」は、リスクの商品化や情報産業化を背景として、現代社会を生きる私たちが自己なるものを形成する局面の一つとして前景化している。場合によってはゲーミフィケーションの要素を含みながら、人びとが主体的にそうした情報化へと駆り立てられている様子も見て取れる。しかしながら、先にも記したように、そうして得られたデジタルデータが何に、どのように利用されるのかについて、消費者には必ずしも十分なことが知らされているわけではない。健康をめぐる様々な活動を通した生体データの収集とその活用が、現代的な意味での<u>監視社会 surveillance society</u>の拡大につながるのではないかいう批判的視点を手放すべきではない。私たちの自由、プライバシー、主体性といった論点と、健康という概念を介して実現されようとしている公共性とのせめぎ合いを考えることは、社会学的思考にとっては重要な論点となるはずだ。

　本章の冒頭、WHOの憲章が人間の基本的な権利の一つとしての健康、政府によるその実現の公的な責任を強調していたことを示した。この健康の考え方と現代社会におけるそれとの意味論的なずれは、いったい何に起因するのだろうか。私たちは真剣に考える必要がある。

研究課題

1. 健康のための運動及びスポーツ活動を支援するアプリを調べ、人びとの主体性を引き出すために、どのような趣向が凝らされているかを調べなさい。また、健康に関連するウェアラブル端末が、どのような場面、組織において活用されているのかを調べなさい。
2. 自分が住んでいる自治体（市区町村）で、健康増進のためにどのような施策が実施されているか、またそこにはどのようなインセンティブがあるのかどうかを調べなさい。

引用・参考文献

Christakis, Nicholas A. and Fowler, James H., 2007, "The Spread of Obesity in a Large Social Network over 32 Years", *The New England Journal of Medicine*, 357: 370–379.

柄本三代子，2010，『リスクと日常生活』学文社．

Ewald, Francois, 1991, "Insurance and risk", Burchell, Graham., Gordon, Colin, and Miller, Peter. eds. *The Foucault Effect: Studies in Governmentality*, Chicago: The University of Chicago Press, 197–210.

Foucault, Michel., 1976, *La volonté de savoir: Histoire de la sexualité, Volume 1*, Paris: Gallimard.（＝1986，渡辺守章訳，『知への意志―性の歴史1』，新潮社）

―――――，1988, *Technologies of the Self: A Seminar with Michel Foucault*, University of Amherst：Massachusetts Press.（＝2004，田村俶・雲和子訳『自己のテクノロジー』岩波書店）

―――――，2004, *Sécurité, territoire, population*, Paris: Gallimard.（＝2007，髙桑和巳訳，『安全・領土・人口』，筑摩書房）

Friedson, Elliot., 1970, *Professional Dominance: The Social Structure of Medical Care*, New York: Atherton Press.（＝1992，進藤雄三・宝月誠訳『医療と専門家支配』，恒星社厚生閣）

北澤一利，2015，「健康の概念」，中村敏雄・髙橋健夫・寒川恒夫・友添秀則編『21

世紀スポーツ大事典』大修館書店, 246-250.
Lupton, Deborah., 2014, "Apps as Artefacts: Towards a Critical Perspective on Mobile Health and Medical Apps", *Societies*, 4 (4): 606-622.
Lupton, Deborah., 2015, "Health promotion in the digital era: a critical commentary", *Health Promotion International*, 30 (1): 174-183.
Nettleton, Sara., 1995, "Governing the Risky Self", Petersen, Alan, and Bunton, Robin., eds, *Foucault: Health and Medicine*, London: Routledge, 207-222.
美馬達哉, 2012, 『リスク化される身体―現代医学と統治のテクノロジー』青土社.
Owen, Neville., Sparling, Phillip B., Healy Geneviève N., Dunstan, David W. and Matthews, Charles E, 2010, "Sedentary Behavior: Emerging Evidence for a New Health Risk", *Mayo Clinic Proceedings*, 85 (12): 1138-1141.
進藤雄三, 2006, 「医療化のポリティクス―『責任』と『主体化』をめぐって」, 森田洋司・進藤雄三編『医療化のポリティクス―近代医療の地平を問う』, 学文社, 29-63.
高尾将幸, 2014, 『「健康」語りと日本社会―リスクと責任のポリティクス』新評論.
Tulle, Emmanuelle., 2015, "Physical Activity and Sedentary Behavior: A Vital Politics of Old Age?", in Tulle, Emmanuelle, and Phoenix, Cassandora, eds., *Physical Activity and Sport in Later Life: Critical Perspectives*, Hampshire: Palgrave Macmillan, 9-20.
WHO, 1946, Constitution of The World Health Organization.

10 | 個人の経験におけるスポーツ（4）：
スポーツ観戦とファン

渡　正

　本章では、スポーツを観るという経験とファンについて検討する。スポーツを「観る」人が不可欠なスポーツをスペクテイター・スポーツと呼ぶ。このスペクテイターについて、人びとがいる場所としてのスタジアム、集団としてのファンダムについて考えていく。

1. スペクテイター・スポーツの誕生

（1）スペクテイター・スポーツ

　近代イギリスで誕生したスポーツは、次第に人びとが集まる「クラブ」を形成し、クラブ対抗のリーグが作られていった。このリーグは観客を動員することで、「プロ」としての地位を獲得していくことになる。さらに、諸条件が整うことでスポーツをする人びとではない、スポーツを見る人が中心となったスポーツ、「スペクテイター・スポーツ」が成立した。

　このスペクテイター・スポーツはその背景に余暇としてスポーツを観戦できる大衆の誕生という特徴を持つ。つまり単に試合を見る人というよりも、大衆社会における消費者なのであった。言い換えればスポーツが「見る／見られる」の関係へと変化したということでもあるだろう。

　ただし、入場料収入を得られるからといって、ただちにそれが「スペクテイター・スポーツ」としてのプロスポーツであるとはならない。甲子園野球も入場料を取るが、その試合はプロスポーツの試合ではないし、スペクテイター・スポーツともいえない。そもそも、スポーツの競技は観客を必ずしも必要としない。そう考えると、観客の存在、あるいは観客による応援はプロスポーツにとって些末なものと捉えることも可

能である。確かに理屈上はそういいうる。しかしながら、プロスポーツ／スペクテイター・スポーツとは、「見る／見られる」という関係性を前提にした仕組みである。だからこそ、無観客試合がクラブに対する処分となりうる。もちろんそれは入場料収入という点でもペナルティではあるが、それ以上に人から見られないスペクテイター・スポーツは語義矛盾である。

　本章では特に「スポーツを観ること」がどのような経験なのか、そうした経験が何をもたらすのかをみていきたい。そこでまずはスペクテイターを生むプロスポーツがどのように誕生し発展してきたのかについて、そしてスペクテイターを受け入れるスポーツ・スタジアムがどのように変化してきたのかを押さえておきたい。また、スペクテイター・スポーツやスポーツ観戦は、スタジアムで直接観戦するだけでなくメディアによって視聴する形態も含まれる。メディア・イベントとしてのスポーツを第3章では述べた。だが、スポーツの経験はメディアによるものだけではない。あくまで本章では、私たち一人ひとりがスポーツを「観る」というその経験にフォーカスすることとする。

（2）プロスポーツの誕生と特徴

　「見られるスポーツ」としてのプロスポーツはどのように誕生していったのだろうか。すでに見たように、スポーツは近代イギリスから誕生した。サッカーでは1863年にフットボール協会（FA）が設立され、1872年に15チームが参加して最初のFAカップが開催された。スポーツ誕生当初、クラブは同じ学校の卒業生で結成されるものが多く、特にロンドン周辺のエリートによるアマチュアクラブが多かったという（坂上ほか 2018: 71）。ちなみに、スポーツの出発点にいた、ジェントルマンや新興ミドルクラスにとって、アマチュアとは「愛好者」という意味を持つ。彼らは何か一つの競技に特化してそれを極めるというような志向性を持たなかったとされる。彼らにとって一つの競技だけを行って金銭を得るプロフェッショナルはスポーツの本質を理解しないものだった。

　1870年代頃から、熟練労働者のなかにクリケット、サッカー、ラグ

ビーなどを行う人びとが現れ、中部や北部の工業都市では教会や職場を母体として労働者のクラブが生まれるようになった（坂上ほか 2018: 76）。たとえば現在のイングランドサッカーにも残るクラブもこの頃誕生している。アストン・ヴィラ、ボルトン、エヴァートン、フラムなどはもともと教会を母体としたクラブである。マンチェスターの鉄道の貨車工場労働者たちが中心となって結成したのがマンチェスター・ユナイテッドの前身となったし、ロンドンでは1886年に武器工場の労働者によってアーセナルが結成されている。

1883年にはFAカップの参加チームは100チームとなり、労働者を中心としたイングランド北西部のクラブ、ブラックバーン・オリンピックが、イートン校OB中心のアマチュア＝ジェントルマンのクラブを破って優勝した。すでにこの頃には、労働者が多く居住する北部・中部では、入場料収入がクラブの大きな財源となっていた。こうした状況のなか1888年には12クラブが参加してフットボール・リーグという団体が設立され、プロ化へ向かっていくことになる（坂上ほか 2018: 75-80）。

イギリスでは1880年代にプロ化の動きが始まっていくが、アメリカでは、もっと早くその動きが見られた。野球の起源はいまだ不明な点も多いが、1850年代後半までには、ニューヨーク近郊では多くのチームが作られていたようである。そうした多数のチームからやがて入場料を取るチームが現れ、1869年には、最初の公認チーム、シンシナチ・レッドストッキングスが誕生した。1876年には、現在のメジャーリーグの１つ、ナショナルリーグが誕生した（坂上ほか 2018: 271）。

（3）スタジアムの文化史・環境史

J. Bale（ジョン・ベイル）はサッカースタジアムを事例に、近代スポーツにおけるスタジアムの変化を４つのモデルで示している。スポーツが始まった当初は選手と観客の間には区別がなく空間的制限がない状態だった。先程見たようにイングランドのサッカーは1863年にFAが設立されたことによって始まる。これは言い換えれば成文化されたルールが制定されたことを示すが、それは同時に、プレーできる空間的な限界

表10-1　近代的スタジアム発展の4段階モデル

発達段階	周囲の状況
	浸透性の境界 排除があまりないルール 空間的制限はない； でこぼこの地形； 「選手」と「観客」の間に空間的な相互作用； 多様化された土地の利用。
	囲い込み ピッチの制限が定義される。 選手が観客から分離される。
	分割化 バンク（土手）、テラス、グランドスタンド； 入場料； 社会階級による観客の分類； 混雑のなかに分類の始まり； 特定された土地利用。
	監視 囲まれたグラウンド； 人工芝とコンクリート製の器； テレビのリプレースクリーン； 混雑のなかに完全な分類； 全体景観； 多様化された土地の利用； 　　　締め出しのルール。 　　　強い非浸透性の境界。

(J. Bale 1993＝1997: 26.)

が明示されるようになったということでもあり、Baleのいう囲い込みの段階に当たる。

　先ほど、1880年代にイギリスのサッカーがプロ化していったことを述べた。それは試合が入場料を徴収するようになり、選手と観客の分離（見る／見られる）が完全に成立したということでもある。この入場料の差額によって社会的な分離が行われるようになったという。また入場料は、試合を観戦するためのよりよい環境を得られるようにするためにも使われ、施設の改善はより多くの観客を魅了した。施設の改善と観客の多さは相互に依存しあい、より大きなスタジアムを形作っていった。初期には1万人の観客が訪れることは少なかったが、1905年から14年までにはFAカップ決勝戦の平均入場者が7万9,300人だったと報告されている（Bale 1993＝1997: 37）。戦後になると、観客の暴動の問題が生起し、スタジアムは観客を統制する必要性が生じた。特に1985年5月29日、ベルギー・ブリュッセルのヘイゼル・スタジアムで行われたサッカーのヨーロッパ選手権決勝において、リバプールのファンがイタリア・ユベントスのファンを襲撃し、結果として死者39名、負傷者400名を超える大惨事（ヘイゼルの悲劇）を引き起こした。また、1989年4月15日には、イングランドFA

カップ準決勝、リヴァプール対ノッティンガム・フォレスト戦で、立見席のテラスに観客がすし詰めとなり、96人が死亡、600人以上が負傷する事故（ヒルズボロの悲劇）が起こった。これら2つのスタジアムでの悲劇を経て、イギリスのスタジアムでは、立見席から座席への転換、スタジアムでの金網フェンスの撤廃や、身分証明書の携帯義務、警察による警備・監視の強化などが進められた。「単に快適さを求めるだけのものではなく、1970年代の暴動傾向を抑制し、より安全なスタジアムへと」（Bale 1993＝1997: 53）導くために立ち見テラスの代わりに座席が導入されていったのである。

　スタジアムの変化では、1965年にメジャーリーグのヒューストン・アストロズの本拠地として、ドーム球場であるアストロドームが開場したことが注目される。この点について Bale はドームや屋根付きのスタジアムは確かに近代的であるが、その空間を2つのことに兼用できるという点では脱近代的であるという（Bale 1993＝1997: 62）。そして、将来のサッカー場のピッチは、人工芝あるいは可変式の芝生になっていく可能性があり、もはや単なるサッカーのためだけのピッチではなくなるとも述べる（Bale 1997: 63）。だが、この予測は現代のスタジアムの趨勢、すなわち脱ドーム化、脱人工芝化から見ると、ポスト近代が重視された時代の影響を見出さざるをえない。ドーム球場は世界的に見れば一般的なものにならず、むしろスタジアム／アリーナは競技の専用化の傾向が進み、地域のなかに埋め込まれ、地域に開かれたものへと移行していくことになる。

2. スポーツのファンダム

(1) 社会的飛び地としてのスポーツと暴力

　プロスポーツ／スペクテイター・スポーツには「見る」ものとしての観客の存在が不可欠である。そしてそれらはしばしば、集団となって行動＝応援を行う。こうした集合的な応援行為は、観客のスポーツ参与が重要な要素となるスペクテイター・スポーツに特徴的である（高橋 2011: 2）しかし、観客はしばしば暴徒化する。その悲劇的な事例が、

ヘイゼルの悲劇であろう。また現代においてもスポーツファンの暴力的事件はたびたび問題となっている。なぜスポーツの観客は暴力と切り離せないのだろうか。

　文明史家のS. Veblen（ソースティン・ヴェブレン）は主著『有閑階級の理論』のなかで、スポーツと暴力の関係を強く批判する。Veblenは、アメリカ社会の急速な産業発展の結果、「産業社会のなかに生きるのではなくて、むしろ、それに依存して生活する」レジャー・クラス（有閑階級）が誕生したとする。レジャー・クラスは、「非産業的であるという点で、経済的に共通する特徴を持っている。このような上流階級の非産業的な職業は、大雑把にまとめれば、統治、戦闘、宗教的職務およびスポーツである」とする。さらに「野蛮時代、武勇と略奪生活の時代、に属する特性、習慣、理想を保存する」傾向を持つなどと述べる。この議論は、スポーツと暴力が分かち難く結びついているとする理解である。

　一方、N. Elias（ノルベルト・エリアス）は文明が進むにつれて、人間の生理面の露呈に対する嫌悪感が増すという「文明化の過程論」を提起した。さらにEliasは、E. Dunning（エリック・ダニング）との共著である『スポーツと文明化』において「比較的暴力を伴わないような肉体的な戦闘形態としてのスポーツ」という娯楽の形式が、イギリス社会の議会制民主主義の形成とそのエートスの普及のなかで出現してくる過程を描いた。菊によれば、この「文明化の過程」は近代化の到達点の達成を意味する概念ではない。常に感情の自由な発露たる暴力との関係で担保される概念だという（菊 1999: 314-315）。近代スポーツの発生とともに、これまでの観衆はある一定の区切られた空間に分離され（菊 1997）、「感情の抑制されたなかでの脱抑制（the controlled decontrolling of the emotions）」（Elias and Dunning 1986＝1995: 130）という解放と抑圧のなかに置かれる。したがって近代スポーツは暴力のタブー視を伴う身体の自己規律化の象徴的装置として働くという特性を持つ。同時に、「特殊な暴力的形式が社会的に合法であると見なされる社会的飛び地（Elias and Dunning 1986＝1995: 130）として身体の暴力

性が許容される余地が残る。

　こうして、近代都市における感情抑制の飛び地として「見るスポーツ」は誕生した。ただし、ここでは暴言を吐くことも、ある程度の暴力的行為も許される。都市空間のなかに一種の解放区が出来上がり、それは近代社会の秩序の安全弁としての機能を担うことになった（杉本 1999: 164）とも言える。

（2）都市におけるコミュニティ

　では、そもそもなぜスペクテイター（観客）は集うのか。これを考えるための一つの方向性として、都市社会学の知見を参照しよう。都市社会学では「コミュニティ問題（community question）」と呼ばれるテーマがある。これは都市化が進展した場合にコミュニティ的な人間関係（隣人との全人格的な結合関係）は変化するのか、するとすればどう変化するのかという問いである。代表的な考え方として、都市化が進めば失われるというコミュニティ喪失論、都市化しても存続するというコミュニティ存続論、変質しながら存続するというコミュニティ変容論がある。

　コミュニティ喪失論は、都市についての一般的な考え方が反映されている。つまり、都市で生きる人は隣人がどのような人かも知らず、生活を中心にした交流が失われているというものである。これらは19世紀末から20世紀初頭のシカゴを観察したシカゴ大学を中心とするシカゴ学派の研究者によって提起された。コミュニティ存続論は、その名の通り、都市においても農村と同様のコミュニティが存在しているとする研究である。コミュニティ変容論は、代表的なものがC. Fischerの（クロード・フィッシャー）下位文化仮説である（筒井 2021: 27）。下位文化仮説は、都市への人口集中により、非親族的紐帯の形成が容易になり、趣味的な結合など、興味関心に基づいたネットワークが形成される、という説明である（Fischer 1982＝2002）。都市に人口が流入すると、農村などで強かった血縁・地縁関係などの社会的制約から人びとが解放される（＝コミュニティの喪失）。こうして都市では血縁などの強制的な紐

帯から、趣味などの下位文化による自発的な人間関係を増やすことになる。なぜなら人は価値観を同じくするものと一緒に過ごすことを好むだろうからである。こうしたコミュニティの喪失に代わって別種の社会集団が形成されるとする考えを下位文化仮説という。この説明は、スポーツにおけるファンダムを理解する上で、とても適合的であるだろう。

(3) サッカーファンの研究

　小笠原博毅（2016）によれば、プロサッカーの社会学やカルチュラル・スタディーズの研究では、「どのようにプレーするか、どのような戦術が有効か、どうすれば特定のチームが強くなるかという話とは一切関係なく、なによりもファンやサポーターや群衆に焦点があてられた」という。言い換えれば「なぜ、彼らは酒を飲んで土曜日の3時にサッカー・スタジアムにきて、汚い言葉でののしり、相手選手や相手サポーターに野次をとばし、場合によっては殴り合い、殺し合いにも至るような騒ぎを起こすのか」（小笠原 2016: 37）というフーリガン的な現象への着目だったという。いってみれば、このような下位文化が形成されたことそのものへの着目が社会学やカルチュラル・スタディーズの関心となったのである。

　当初、サッカーファンの研究は男性労働者階級として理解することが中心であり、特にフーリガンとは、そうした階級的で逸脱的な事象として理解されていた。特に、先述したDunningを中心とするいわゆるレスター学派は、暴力に関する社会的飛び地としてのスポーツという観点からサッカーファン・フーリガンの研究を推し進めていった。「男性性」「労働者階級」や「暴力性」「逸脱」といった類似点（同類結合）による下位文化の形成が想定されたといえよう。そうした社会学によるサッカーファン理解は、政府によるフーリガニズムの統制と排除に貢献する役割も果たすことになった（有元 2003）。

　しかし、ヒルズボロやヘイゼルの悲劇において犠牲になった人びとのなかには、複数の子どもや女性、高齢者が含まれていたことから、サッカーの観客の多様性が認識された。また上記の男性労働者階級の集団が

持つ逸脱性・暴力性というファン理解では、なぜサッカーなのかという下位文化を形成する重要な原理が無視されていた（小笠原 2016: 38）。

　こうした多様な観客を研究する視座として「ファンダム」という言葉が使用されるようになった。さらに、カルチュラル・スタディーズは、サッカーのプレイや応援スタイルを表現文化や表現の場として理解する方向を明確にした。サッカー・ファンとは、「トラブルを起こす潜在的犯罪者であるとか管理される対象ではなく、クラブへの愛、選手への愛、ライバルチームへの憎しみ、ライバルチームのサポーターに対する憎しみといった、いわば感情を表現する主体」（小笠原 2016: 39）であるという認識が誕生した。それはファンダムの多様性や個別のクラブの文脈が交差する動きを研究するものとなっていた（小笠原 2016: 40-41）。

（4）日本のファン文化

　では日本のスポーツファン文化・ファンダムはどのようなものだろうか。こうした観点でのスポーツ社会学的研究は野球の私設応援団を対象にするものと、Ｊリーグのサポーターカルチャーを研究するものの2つに大きく分かれる。

1）プロ野球の応援団研究

　日本のプロ野球の応援・ファン研究はプロ野球に特徴的とされる「私設応援団」をめぐって行われてきた。「日本の球場では球団によって演出された応援だけではなく、観客によって自発的に組織化された応援が行われている。私設応援団によって統率された応援は、日本のプロ野球に特徴的なもの」（高橋 2011: 4）だからである。鳴り物を使い、それに合わせてコールや手拍子をする、プロ野球の集合的な応援のルーツには、学生野球の応援スタイルがあるとされる。だが、高橋豪仁によれば、それでもなおプロ野球の応援団は独特な組織であるという。学生野球や都市対抗野球では、学校や会社の関係者が中心になって応援団が組織されるのに対して、プロ野球の私設応援団は全くのボランタリーな活

動であり、球団が組織するファンクラブとも異なる（高橋 2011）。高橋はこうした観点から自ら応援団に入りフィールドワークすることから、プロ野球の私設応援団を調査している。

　また、永井良和も自らのフィールドワークをもとに近年のプロ野球の応援団・応援行動の変化について三点に分け論じている。一つ目が競技団体や地域社会への貢献を意識した「サポーター」による「自覚的な『支援』イメージへの移行という『応援の双方向化』」である。二つ目が観客のみならず応援団でリードをする「女性の増加」である。三つ目が、球団からの無料ユニフォームの配布や多種多様なグッズの展開に見られるように消費者としてのファンが創出されていくなかで同じファンといえどもスタイルが異なる「断片化された一体感」が作られてきたこと（永井 2023: 39-53）。そのため、応援団の研究は、プロ野球の応援スタイルへのサッカーファンの影響や、他の文化におけるファンダムとの応援スタイルの異同の検討が課題となっていると指摘する（永井 2023: 52）。

２）サポーター・カルチャー研究
　サッカー・サポーターとしての姿をフィールドワークから描いたのが吉田幸司（2005）である。吉田の論考はサポーターのエスノグラフィーを目指すものではないが、開門前から試合開始までのサポーターの動きが詳細に描かれていて興味深い。多少長くなるが引用してみよう。

　　　試合が始まると、声をだして手拍子を打ち、飛び跳ねる。それも浦和レッズにおいては、ただ声をだせばいいという訳でもない。全部で30種類以上あるコールを、試合展開にあわせて行うのである。攻撃がカウンターなのか、じっくり攻める展開なのか、点を取りに行かなければいけない状況なのか、守りきらなければいけない状況なのか、セットプレイの時、残り時間との兼ね合い、どのタイミングでブーイングを行うことで敵選手の集中力を乱すことができるのか、失点した直後で流れを変えたい、同点に追いついた直後で勢い

に乗せたい、審判の判定に対する苛立ちを落ち着かせたい……等々。これは、試合をよくみていないと、なかなか判断できることではない。当然、やみくもに野次ることは否定される（吉田 2005: 91-92）。

　こうしたことはすべて「チームを勝たせたい」という意識によって貫かれているという。こうした意識のもとに、浦和レッズが好きで、目の前で勝利を見たい、という想いのもとに、ゴール裏も、バックスタンドも、メインスタンドも、席種に関係なく、レッズ・サポーター同士がつながってゆく。こうしたつながりは、サポーターが10年以上をかけて駒場で作り上げてきたものであったという（吉田 2005: 93）。

　橋本政晴は、鹿島アントラーズのサポーターへの調査から、彼らは「メンバー個々の出身地や居住地、家族、職業には、一切干渉し合わない、『半匿名性の社会関係』があるという」（橋本 2010: 94）。一方、だからこそ、鹿島という地域の「顔の見える」社会関係においてカシマスタジアムやサッカー、サポーターがよそよそしさを持ったものとして立ち現れるとも指摘している。

　一方で、サポーターの実践は、しばしば文化的な本質主義を内包しているようにもみえる。たとえば、深田忠徳は、アビスパ福岡のサポーターを研究して、そのメンバーが、「多様な応援行為、メンバー個々の自発性、観客席におけるメンバー間の相互行為、博多特有の応援文化を支える博多気質、といった様々な特徴的要素を複合的に付帯して」特有の応援スタイルを確立してきた（深田 2011）と述べる。清水諭（2001, 2005）は浦和レッズのサポーターが「男らしさ」「日本的なるもの」のイメージを用いる様子を描写する。清水はそうした本質主義的な実践を、「サポーターカルチャーズ」という視点から複数のサポーターのあり方を論じ、相対化する必要性を指摘している。しかしながら、それは、サポーター集団が意図的にであれ、非意図的にであれ、容易にある種の文化的な本質主義に立ってしまうことを示している。日本のサポーター集団やスポーツファンによって表明される排外主義は、個別のファ

ンの言動としてではなく、集団の力学やスポーツがもつ競争という性格との兼ね合いにおいてもサッカー・ファンの文化として検討されなければならないだろう。

　ところで、「第三の」プロリーグとして立ち上がってきたバスケットボール「Bリーグ」については残念ながらこうしたファンダム研究はまだみられないようだ。その理由はどこにあるだろうか。一つにはこのような社会学的なファンダム研究は実施から成果が出るまでに時間がかかることが予想されるため、まだ研究成果が報告されていないというものである。

　もう一つの理由として、スポーツマネジメントやビジネス研究として、観戦動機や観戦経験の価値を問うことができる地平の問題がある。このあとみるように、満足度や観戦動機の研究ができるのは、スタジアムやアリーナに訪れる人びとが多様だからであろう。小笠原がいうように、それが地元のチームで、地元の労働者階級の男たちの観戦者が中心であれば、そのような研究の余地はない。すなわちスポーツマネジメントやビジネスにおける観戦者研究とは、ファンに多様性があり、チームと観客の結びつきの自明性が失われた地点から始まるといってよいのである。また、実際Bリーグの応援は本場NBAさながらに、球団とアリーナ主導で行われる。このことがプロ野球の応援団、Jリーグのサポーターカルチャーとバスケットボールのファンのカルチャーにどのように影響を与えているかを検討する必要があるだろう。

3. スポーツ観戦者はどんな人びとか

（1）スポーツ観戦者の社会的属性

　下窪拓也によれば、スポーツ参加者の実態把握はスポーツ社会学における重要な関心であり、社会調査を通じて社会的属性の解明を試みてきた。だがそれはスポーツを「する」人が中心であり、スポーツを「見る」人びとへの研究は少なかったと指摘する（下窪 2022）。

　社会学では、趣味に関する議論はP. Bourdieu（ピエール・ブルデュー）の議論が参照されることが多い。Bourdieuは、人は特定の趣

味を嗜好し、特定の趣味を排除することによって、差異化や卓越化をはかっている（Bourdieu 1979＝1990）と述べた。こうした個人の実践や差異化にまつわる知覚の様式は、Bourdieuによればハビトゥスや文化資本という概念によって社会階層と結びつく。ハビトゥスというのは、個人の行動を方向づける傾向性の体系である（Bourdieu 1979＝1990）。ある階層の集団には共通したハビトゥスが想定されることから、階層間で異なる趣味に対する傾向が観察されうる。このようなブルデューの議論以降、様々な研究が社会経済的地位、階層との関連を踏まえて、文化実践や消費の様相を検討してきた。

　一方、アメリカの文化社会学では、R. A. Peterson（リチャード・ピーターソン）が「文化的雑食・文化的オムニボア（Cultural Omnivore）」の概念を提起する。これは、Bourdieuが前提としていた階級（階層）と文化の相同性の関係が変容している可能性を提起する。文化的オムニボアとは、特に上流階層の人びとが高尚で正統的な趣味だけでなく、ロック音楽などの中間的／大衆的趣味をも広く好む様態を指す（片岡 2022: 140）。反対に単一の志向をユニボア（Univore）と呼ぶ。

　さて、下窪は笹川スポーツ財団のスポーツライフデータ2018の二次データの分析から社会経済的地位と性別によって人びとのスポーツ観戦者の様相を検討した。その結果、観戦者は高寛容層あるいは高度スポーツ愛好者、中寛容層、野球ユニボア層、イベントユニボア層、不活発層の５つに分類されるという。高度スポーツ愛好者は男性が多く、中寛容層は高い職業階層に身を置き、小学校／高校時代に運動経験がある女性が多かった。野球のみの観戦に偏る野球ユニボア層は男性と低・中所得層が多かった。最後に認知度の高いスポーツイベントに偏って観戦するイベントユニボア層は、同居人がいる女性が多く、過去の運動経験の影響が弱いという（下窪 2022）。下窪の分析は自身も指摘するように、テレビ観戦に限定されている。そのため、スタジアムやインターネットで観戦する場合とでは、必要なコストや社会的意味が異なる可能性が考えられるため、スポーツ観戦の形態に応じた分析が今後は必要であるという。

（2）観戦者の動機

　スポーツ観戦者についての研究はスポーツ社会学領域よりも、スポーツビジネスやマーケティングの領域で多くの蓄積がある。というのも、ビジネス・マーケティングは、プロスポーツクラブ・リーグにおいて観客数を増大させることが、目標の一つとして明に暗に想定されているためである。宇野博武らは、国内のスポーツ経営学領域の学術雑誌のレビューを行い、この領域の研究トピックとして16の分野を推定した。そのうち、スポーツ観戦者に関わるのは「観戦者行動」「消費者行動・意図」「プロダクト・観戦者特性」「観客数・観戦頻度」「観戦ニーズ」である（宇野ほか 2024）。

　山本悦史らは、アルビレックス新潟の観戦者の特性を検討し、4つのクラスターに分類できることを明らかにした。①クラブに対するコミットメントや関与が弱い人びとである浮動型観戦者層。②サッカー観戦やクラブの応援そのものを楽しんだり、非日常性を求める反面、他の観戦者との交流を持たない内向型観戦者層。③自分たちが応援するクラブが優れたパフォーマンスを発揮して勝利することを重視する習慣型観戦者層。④アルビレックス新潟の試合観戦から得られる本質的価値と手段的価値の両方を重要視する熱狂型観戦者層である（山本ほか 2022）。

　吉田政幸らはファンがチームとの間に感じる一体感であるチームID（Identification）と、ファン同士の集団的結合を示すファンコミュニティIDについて検討した。彼らによれば、チームIDとファンコミュニティIDという2種類のアイデンティティ形成において特にロゴ、スタジアム、応援歌などの非競技関連の製品属性に対する誇りの感覚が重要であるという（吉田ほか 2017）。さらに、試合会場に詰め掛けたファンが一丸となって歌うことのできる応援歌があるかどうかによって、ファン同士の絆の感覚であるファンコミュニティIDの強さは変わってくると述べる。これは先に見たサッカーサポーターの質的研究が示唆する内容とも重なるだろう。すなわち、吉田らの研究のようなチームへの愛着、ファン同士の愛着のような点は、これまで社会学がフィールドワークによって丹念に記述してきたものである。そして、そうした知見

は、観戦者全体にある程度敷衍(ふえん)可能なものであるようだ。

　これらの研究はスタジアムに来場するファンの意図、思惑といった心理的側面を明らかにしてくれる反面、社会学的研究が明らかとしたような、参加者の社会経済的地位や文化資本といった視点、すなわち個人を超えた「社会」が生み出す傾向性への視点は見られない。またすでにみたように現在では、スタジアムでのファンの研究は、個人的な「消費者」としてその行動（動機・購買・経験）が調査されるが、ここまで見たようなファンダムや応援における相互作用という視点はみられない。私たちは、観るという形でスポーツを消費し、それにともなった飲食を消費するためだけにスタジアムに行き、スポーツ観戦しているわけではない。経営学的研究は、我々がなぜスタジアムに行くのかを明らかにしてくれる。だが、社会学的には、我々がスタジアムで何をしているのか、そこで何を感じているのかを探究していくことが求められている。さらに、こうした私たちの行為は、第1節でみたようにスタジアムを基盤としている。こうしたスタジアムで私たちは何をしているのかについての記述はスポーツ社会学にとって重要な問いであり続ける。

4．スポーツスタジアムと観戦経験の今後

　スポーツ庁は、2016年に『スタジアム・アリーナ改革指針』を公表した。そのなかで、「『観るスポーツ』のためのスタジアム・アリーナは、定期的に数千人、数万人の人びとを集める集客施設であり、飲食、宿泊、観光等周辺産業へ経済波及効果や雇用創出効果を生み出す地域活性化の起爆剤となる潜在力の高い基盤施設である」と位置づけている（スポーツ庁 2016）。また、まちづくりの中核としても位置づけ、「ショッピングモール、ホテルなどの集客施設や、福祉施設、健康関連施設との複合化」を進めるべきとしている。実際、近年では、北海道日本ハムファイターズの本拠地である2023年シーズンに開業したエスコンフィールド北海道は、Hokkaido Ballpark F Village の一部として位置づけられている。ウェブサイトでは、「私たちがつくりたいのは、野球の試合を観戦するためだけの施設ではありません。ファン、パートナー、地域

写真10−1　エスコンフィールド北海道（筆者撮影）

の皆様と一緒になって、地域社会の活性化や社会への貢献につながる"共同創造空間"を目指します」と述べられている。また、2023-24シーズンのJリーグからはサンフレッチェ広島の新しい本拠地であるエディオンピースウイング広島が開業した。これも広島スタジアムパークの一部に位置づけられるとともに、立地も広島市中心部に位置している。さらにBリーグでは2024年春に千葉ジェッツ船橋の本拠地が三井不動産の協力のもと、ららぽーとTOKYO-BAYを中心とするJR京葉線南船橋駅至近に誕生する。こうした動きが、私たちの社会や生活とどのよう関係していくのか、どのような人びとにとっての「幸福」であり得るのだろうか。またそれは、観戦者の多様性とどのように折り合い、ファンダムの歴史をつくっていくだろうか。

研究課題

1. 身近な場所の、あるいは、特定のスポーツを取り上げて、スタジアム／アリーナの特徴を様々な角度から考えてみよう。
2. 身近な、あるいは任意のスポーツを観戦し、スポーツ観戦者の特徴を考えてみよう。
3. 身近な、あるいは任意のスポーツを観戦し、スタジアムでの応援や観戦の仕方の特徴を考えてみよう。

引用・参考文献

有元健，2003，「サッカーと集合的アイデンティティの構築について──カルチュラル・スタディーズの視点から」『スポーツ社会学研究』11：33-45.

Bale, J., 1993, *Sport, Space and the City*, Routledge.（池田勝訳，1997，『サッカー・スタジアムと都市』体育施設出版.）

Bourdieu, P., 1979, *La distinction: Critique sociale du jugement*, Minuit.（石井洋二郎訳，1990，『ディスタンクシオン：社会的判断力批判 1』，藤原書店，石井洋二郎訳，1990，『ディスタンクシオン：社会的判断力批判 2』，藤原書店).

Elias, N. and Dunning, E., 1986, *Quest for Excitement: Sport and Leisure in the Civilizing Process*, Oxford.（大平章訳，1995，『スポーツと文明化：興奮の探求』法政大学出版局.）

Fischer, C. A., 1982, To Dwell Among Friends: Personal Networks in Town and City, The University of Chicago Press.（松本康・前田尚子訳，2002，『友人のあいだで暮らす──北カリフォルニアのパーソナルネットワーク』未来社.）

深田忠徳，2011，「スタジアムにおけるサポーターの観戦享受に関する研究」『スポーツ社会学研究』19（2）：49-60

橋本政晴，2010，「サッカー観戦におけるサポーター活動と地域生活の乖離──『白いスタジアム』が埋め込まれた町を事例にして」橋本純一編『スポーツ／観戦学──熱狂のステージの構造と意味』世界思想社.

片岡栄美，2022，「文化的オムニボアとハビトゥス，文化資本」『教育社会学研究』110：137-166.

菊幸一，1999，「理論的アプローチ」井上俊・亀山佳明編『スポーツ文化を学ぶ人のために』世界思想社.
永井良和，2023，「プロ野球の観客席にみる応援行動の変貌——統制・商業化・多様性」『スポーツ社会学研究』31（1）：39-53.
小笠原博毅，2016，「イギリスのサッカー研究の系譜とカルチュラル・スタディーズ」『スポーツ社会学研究24（1）：35-50.
Peterson, R. A., 1992, "Understandingaudience segmentation: From elite and mass to omnivore and univore", Poetics, 21, 243-258.
Peterson, R. A. and Kern, R. M., 1996, "Changing highbrow taste: From snob to omnivore", American sociological review, 61（5）, 900-907.
清水諭，2001，「サポーターカルチャー研究序説」『スポーツ社会学研究』9：24-35.
清水諭，2005，「浦和レッズサポーター——変容する実践とその楽しみ」，有元健・小笠原博毅編『サッカーの詩学と政治学』人文書院.
坂上康博・中房敏朗・石井昌幸・高嶋航編，2018，『スポーツの世界史』一色出版.
下窪拓也，2022，スポーツ観戦者の社会的属性の検証——社会経済的地位と性別の観点から」『スポーツ社会学研究』30（2）：101-113.
杉本厚夫，1997，『スポーツファンの社会学』世界思想社.
高橋豪仁，2011，『スポーツ応援文化の社会学』世界思想社.
宇野博武・山口志郎，2024，「国内におけるプロスポーツ経営研究の統合的文献レビュー」『体育・スポーツ経営学研究』37（早期公開）.
筒井淳也2021，『社会学——「非サイエンス」的な知の居場所』岩波書店.
山本悦史・本間崇教・中西純司，2022，「プロスポーツ成熟市場におけるスポーツ観戦者の特性把握——アルビレックス新潟の事例を手掛かりとして」『スポーツ産業学研究』32（3）：315-332.
吉田幸司，2005，「「スポーツの持つ公共性」という「大義」を巡る抗争——浦和レッズと浦和スタイル」『スポーツ社会学研究』13：85-97.
吉田政幸・仲澤眞・岡村敬子・吉岡那於子，2017，「スポーツファンの誇り」『スポーツマネジメント研究』9（1）：3-21.
Veblen, S., 1899, The Theory of the Leisure Class: An Economic Study of Institutions, Macmillan.（高哲男訳，『有閑階級の理論—制度の進化に関する経済学的研究』ちくま学芸文庫.）

11 | 多様な社会とスポーツ（1）：
ジェンダー・セクシュアリティとスポーツ

稲葉佳奈子

　近年、従来の社会における男性中心の構造やジェンダー非対称な関係性を見直す視点が認識され、当たり前とされていた制度や慣習にも疑問が呈されている。また、LGBTQ＋の可視化が進み、セクシュアル・マイノリティの社会的包摂という課題への取り組みも始まっている。こうした状況において、スポーツは既存のジェンダー秩序の正当化や維持に活用されやすい性質をもつ。本章では、「シスジェンダー異性愛男性中心文化」としてのスポーツのあり様と課題について概説する。

1. 男性中心文化としてのスポーツ

（1）近代スポーツの成立と「男らしさ」

　現在の日本社会で一般的に「スポーツ」と呼ばれる活動の中心にあるのはいわゆる競技スポーツであり、19世紀後半から20世紀はじめのイギリスを中心とする近代西欧社会で土台が形成された近代スポーツを始まりとする。当時イギリスでは、上流・中産階級の子弟の多くがパブリックスクールと総称される全寮制私立男子校で少年期を過ごした。近代的エリートにふさわしい理想的な「男」の育成が期待されたパブリックスクールで、人格教育に導入されたのがスポーツであった。そのプロセスを通じて、暴力を含む気晴らしや遊戯にとどまっていた身体活動に社会的な価値や意味をが付与され、スポーツは、近代社会が要請する男性性を証明する場、男性性の理想を内面化する場としての社会的機能をもつに至る。そして当時の覇権国家イギリスで形成されたスポーツが内包する価値観や「男らしさ」の理想は、植民地はもちろんのこと、日本を含む多くの国々にも影響をおよぼした。

（2）「男性の身体」を想定した設計

　近代社会では、身分制社会から解放された平等な主体としての男性によって政治や経済活動がおこなわれ、そのために必要な教育が男性に与えられた上で、男性の身体を想定した都市設計や科学的知見が積み重ねられた。

　そうした社会的背景のもとで制度化と普及が進んだ文化である近代スポーツもまた、女性という存在および女性の身体を想定の範囲外に置いた。男性を競技の担い手とする規則や施設・用具の規格があらかじめ定められただけではない。スポーツを語る際にしばしば言及され、スポーツ科学の研究対象にもなってきた「体力」もまた、男性中心的な価値観を反映した概念である。筋力や筋持久力、瞬発力といったスポーツのパフォーマンスを直接的に左右する「体力」は、それだけではなく一般的な体力測定の項目にもなっており、柔軟性を除くすべてにおいて平均値は男性が優位にある。逆にいえば、男性が優位にある項目が「体力」と呼ばれ科学的で客観的な指標として数値化されているのであり、そもそもスポーツという活動は、男性が優位に発揮しうる身体能力を男性同士が競うものとして設計されたとみることができる。

　後述するとおり、今や先進諸国を中心に女性の多くがスポーツをする機会を獲得し、今後もさらにスポーツにおけるジェンダー平等が推進されることが期待されている。しかし同時に、身体をじかに用いてある種の「体力」を競い合うという点において、スポーツは原理的に男性中心あるいは男性優位であることから逃れられない文化的特質をもつという指摘もある（岡田 2022a）。

（3）「覇権的な男性性」とスポーツ

　スポーツの試合で活躍する、勝利するなど卓越性を示す男性、あるいは強敵に勇気をもって立ち向かい、困難を乗り越えるべく奮闘する男性は、「男」として讃えられ憧れのまなざしを向けられる。人びとの生活やコミュニケーションにおいて、いかに「男らしさ」とスポーツが強固に結びついているか、そしていかにスポーツが社会における男性優位を

正当化しているかということが、国内外の研究によって明らかにされてきた。それらのなかには、R. Connell（ロバート（レイウィン）コンネル、1987＝1993）が提唱した4つの男性性（覇権的な男性性、従属的な男性性、共謀的な男性性、周辺化された男性性）概念とその理論を参照したものがある[1]。スポーツを通じて強化される男性ジェンダーの理想と重ねて解釈されてきたのは「覇権的な男性性」であり、相互行為による同意のもとで男性優位社会を正当化するとされる。そして「共謀的な男性性」は「覇権的な男性性」に一致こそしないものの男性優位社会による恩恵を受けるあり方で、規範的なジェンダー関係の維持に関わるとされる。

　この理論に関係して、日本社会における男性性とスポーツに関する事例研究としては以下がある。ある学童クラブの男子児童は、遊びの延長としてのドッジボール、サッカー、卓球といったスポーツの技能に基づく「強さ」に価値を置く。男子と女子がともにスポーツをする場で両者の間に生じる明確な技能格差は、男子から女子に対するからかいや非難、指導を発生させ、子どもたちの集団に男女間の非対称的な関係をもたらす。また、男子同士の対戦において、ある者はプレイを通じて意図的に相手に痛みをもたらし、それを受けた者は痛みに対して平気なふりをするという「タフな」行動によって攻撃的なプレイの応酬をスポーツの一部として成立させる。プレイに対する貶しや粗暴なはやし言葉、笑いなどをともなう攻撃的なコミュニケーションが参加者によって盛り上げられる。こうしたプロセスを通じて、「強い」男子による支配が、その「強さ」の行使のみならず周囲の同意によって正当化され、スポーツを舞台とした「男らしさ」の文化がつくられるという（片田孫 2014）。

　学校体育もまた、スポーツを通じた非対称的なジェンダー関係の構築およびその正当化に大きな影響力をもつとされる。現在の体育において

---

[1] Connellの理論における男性性は、男性に固有の特質でも内面化されたジェンダー役割でもない。平山（2024）によれば、ある行動パターンや事実に男性の「真の姿」を見出す実践、すなわち「男性に関するリアリティ」をつくり出す解釈実践の組み合わせがConnellのいう男性性であり、したがって男性がジェンダー役割や標準的男性像に準拠して行動するという前提それ自体は批判的検討の対象となる。

スポーツは中心的な教材であり、そのため教育の場に競技の論理が導入される、すなわち試合の勝利やパフォーマンスの卓越性によって生徒間にわかりやすい優劣が生じがちである。体育教師はしばしば、運動ができることや教師が課す動作の実践にやる気を示すことが男子に固有の性質とみなしているかのようにふるまい、運動が不得意で教師の提示する目標やお手本に沿ったパフォーマンスができない男子生徒を「ふざけている」と解釈する。それに対して、運動が得意な男子生徒は、他の生徒たちの目の前でお手本に近いパフォーマンスを誇示して教師に高く評価され、「男らしい」男子として支配的な存在となる。こうして男女間のみならず男子同士においても序列が形成され、その影響が体育の授業以外の人間関係にまでおよぶという（三上 2023）。

（4）ホモソーシャル文化としてのスポーツ

スポーツにおける卓越を男性性に紐づける価値体系が意味をもつのは、スポーツの領域だけではない。それは近代以降の社会的基盤、すなわち公的領域における権利や利益を男性が独占する構造の維持に寄与してきたとされる。このような、社会における男性同士の排他的な関係性や強い結びつきをホモソーシャルといい、E. K. Sedgwick（イヴ・セジウィック、1985＝2001）によれば、それはミソジニー（女性嫌悪・女性蔑視）とホモフォビア（同性愛嫌悪）によって維持される。スポーツは成立期において女性を想定外に置いたこと、競技会を含む諸制度が原則として男女別であること、その上で男性中心の構造が維持されていることからホモソーシャルな集団が形成されやすい。日本では戦前から現代に至るまで、男子運動部で男性同士の強い結びつきとそれを賛美する価値観が見られ（高井 2005）、その価値観を反映したスポーツメディアや、スポーツを題材とするフィクションも少なくない。「男の友情」や「男同士の絆」が美点とされる一方で、男性スポーツ集団におけるホモフォビアはスポーツが現在も直面する主要な問題の一つである。東京2020オリンピック大会では、セクシュアル・マイノリティであることを公表した女性カテゴリーの選手に対して男性カテゴリーの選手は圧倒

に少数であり、一般社会におけるセクシュアル・マイノリティのジェンダー構成とは異なるその格差は、スポーツがいかに強固なホモソーシャル文化であるかを示すものだとされる。

2. スポーツにおけるジェンダー格差

(1) スポーツする権利と機会の要求

　前節で述べたとおり近代スポーツ成立期において女性は担い手として想定されなかったことから、歴史的に男性とは異なるスポーツとの関わりをもつ。イギリスで上流・中産階級の女性たちは、「女らしさをそこなわない」とされた範囲で階級に応じてスポーツをする機会を得たが、男性のように競い合いや困難の克服を通じた成長が目指されていたわけではない。第一波フェミニズムと呼ばれる女性の権利獲得運動が興った一方で、男女間の差異と階層を強調する「科学的」言説が影響力をもった19世紀後半、女性が高等教育機関で学び、男性と同様に活発にスポーツをすることは、ジェンダー秩序を乱す社会的脅威と見なされた（山口2022）。また、労働者階級の女性たちは工場で働くかたわらサッカーを楽しむなどしたが、その人気が高まると統括組織の男性たちによって活動が制限されることもあった（Wrack 2022＝2022）。

　「近代オリンピックの父」Pierre de Coubertin と国際オリンピック委員会（IOC）は、「より高く、より速く、より強く」を追求する男性たちが、競い合い、称え合う場としてのオリンピックを志向し、女性競技者の参加を歓迎しなかった。20世紀初頭以降、女性スポーツの競技性は高まっていったにもかかわらず不平等は長く続き、1900年の第2回大会からは女性の参加が認められたものの、女性がほぼ半数になったのは2021年の東京大会である。IOC の男性たちが「女性にふさわしい」とした種目は早々に門戸が開かれ、格闘系種目や激しいボディコンタクトを伴う「男のスポーツ」の女子種目は1990年代に入るまでみられなかった。

（2）意思決定に参画する機会の格差

　スポーツする権利と機会をめぐる長年の闘争を経て多くの女性アスリートが国際大会で活躍する光景がみられる今日、それでもスポーツにおけるジェンダー平等はいまだ道半ばだといえる。主要な課題とされていることの一つに、スポーツ組織における意思決定への参画機会の格差がある。東京2020オリンピック大会をひかえた2021年現在、IOCの女性メンバーは37.5％、理事会に限れば33.3％であった。「ジェンダー平等の推進」を明記した「アジェンダ2020」を発表した2014年以降、大幅に増加している。また、IOCは2030年に向けた目標として、各国オリンピック委員会や各競技の統括組織が少なくとも30％の女性を意思決定に参画する役職におくことを求めている。

　日本については、スポーツ庁が競技団体の運営指針「ガバナンスコード」において女性理事を40％にすることを目標に掲げており、日本オリンピック委員会（JOC）の女性理事は2021年にこの目標をクリアした。また、61の中央競技団体における女性理事割合の平均値はここ数年増加し続け、2024年に初めて30％を越えたことが明らかにされたが、女性理事が20％未満の団体がいまだ全体の23％を占める状態にある。

（3）メディア表象の格差

　1960年代を中心に展開した第二波フェミニズムは、「公的領域＝男性／私的領域＝女性」として構造化された近代社会および男性中心主義的な文化実践や慣習に対する批判において、生物学的性差（セックス）と

表11-1　中央競技団体の雇用形態別人数（n＝77）

種別	男性	女性	計
理事（常勤）	101	39	140
理事（非常勤）	1044	332	1076
監事	134	29	163
評議員	1262	177	1439

（笹川スポーツ財団（2022）参照のもと筆者作成）

社会的文化的性差（ジェンダー）とを区別した。男性と女性の役割や規範は普遍的な「自然」ではなく社会的文化的につくられたものであり、それゆえ変革しうるのだという認識は、スポーツ社会学にも影響をおよぼした。J. Hargreaves（ジェニファー・ハーグリブス）や M. A. Hall ら英語圏で「スポーツ・フェミニズム」を標榜する研究者たちは、スポーツは性別にもとづく支配と従属の場であると同時に抵抗と変容の場（Hall 1996＝2001）という認識のもと、スポーツそれ自体がいかに男性性の文化としてジェンダー化され、スポーツにかかわる諸実践や慣習がいかにジェンダー化されるかをめぐって議論を重ねた。

　ジェンダー視点からのスポーツ研究において、メディア表象の量的・質的格差は主要なテーマであり、その蓄積からは以下のことが明らかにされている。既存のスポーツメディアが女性スポーツを重視してこなかったことは、女子スポーツの報道量に表れる。T. Bruce（トニー・ブルース、2017）によれば、複数の文化圏における新聞報道で女性スポーツを扱った記事の割合が2010年代でも約10％という状況が複数の文化圏でみられ、女性に関する情報を報じるアメリカのスポーツニュースは約５％である。男性中心のスポーツ報道の影響を受けて、若者はスポーツは男性のものであり女性スポーツには価値がないと認識するようになるという。また、女性アスリートの競技パフォーマンスよりも見た目や身体の性的な魅力に注目する、競技とは無関係なプライベートな側面が取り上げられる、アスリートを少女扱いするような呼称が用いられることなども、メディアによる女性アスリート表象の問題として指摘される。

　こうした問題に対して、IOC は2021年に「スポーツにおけるジェンダー平等、公平でインクルーシブな描写のための表象ガイドライン」[2]を提示した。アスリート表象において質・量ともにジェンダー間のバランスに配慮すること、性的ステレオタイプを用いるなど偏見を強化する表現やジェンダー間の優劣を意味する表現を避けるなど、スポーツメディアがとるべき方針を示している。

---

2) https://stillmed.olympics.com/media/Documents/Beyond-the-Games/Gender-Equality-in-Sport/IOC-Gender-Portrayal-Guidelines-Jp.pdf

3. スポーツとセクシュアル・マイノリティ

（1）LGBTQ＋アスリートとスポーツ界の対応

　2021年に開催された東京2020オリンピック大会には、ゲイやレズビアン、出生時に割り当てられた性別とジェンダー・アイデンティティが異なる人（周司・高井 2023）すなわちトランスジェンダーなどのセクシュアル・マイノリティであることを公表した、いわゆる「LGBTQ＋アスリート」が、史上最多の185人参加したという。このことは、日本でもメディア報道などによって、一般的に知られるところとなった。グローバル化する世界において、「共生社会の形成」や「ダイバーシティ推進」がうたわれ、少なくとも先進諸国においてLGBTQ＋の包摂は社会的に取り組むべき課題とされている。日本もまたその潮流に乗るべく、東京大会の招致が決定した2013年以降はとくに、JOCのみならず自治体や民間企業がLGBTQ＋に関心を向け、開催都市の東京都ではいわゆる「LGBT差別禁止条例」が制定されるなどの動きが見られた。それはオリンピック開催によって日本が世界から注目されることを意識しただけではなく、オリンピックが掲げる理念すなわちオリンピズムに反差別の思想が含まれるためである。

　ただし、大会開催国がつねにLGBTQ＋に包摂的であったわけではない。2014年に冬季ソチ大会を開催したロシアでは、セクシュアル・マイノリティに関連する情報の公表や流布を禁止する法案、通称「反LGBT法」が2013年に可決された。このことは世界中の反発を招き、各地で抗議運動が起こったほか、大企業による抗議の意思表明や、欧米諸国の首脳によるソチ大会開会式ボイコットなどの反応があった。また、様々な競技のアスリートが抗議の声を発信したりカムアウトしたりすることを通じて、抑圧され不可視化されかねないマイノリティとの連帯を示した。こうした情勢を背景に、IOCは2014年の総会でオリンピック憲章の反差別の条項に「性的指向」の文言を追加することを決定した。同年に国際サッカー連盟（FIFA）もLGBTQ+への差別に立ち向かう姿勢を打ち出したほか、近年ではアメリカの４大リーグやイング

ランドのプレミアリーグなどグローバルにビジネス展開するプロスポーツ組織が、LGBTQ＋の人権尊重を啓発する活動のためのプライド月間に賛同や支援の意思表明をするアクションがみられる。

（2）スポーツにおけるホモフォビア

　このように、スポーツ界を代表する大規模な統括組織が社会に向けてセクシュアル・マイノリティ包摂のメッセージを発信する一方で、第1節で述べた通り、スポーツそれ自体はホモソーシャル文化としての性質を内包しており、それゆえに、とりわけ男性スポーツに関わる集団内には強固なホモフォビアが存在してきた。加えて、従来「女のような」内面をもつとみられてきたゲイ男性に対する嫌悪は、ミソジニーであるともいえる。男性アスリートと同性愛との関わりは近代以降スポーツに託されてきた男性ジェンダーの理想との齟齬をきたすものであり、したがって激しい反発を生む。男性アスリートのカムアウトが女性アスリートのそれより困難であるとされるゆえんである。さらにプロスポーツの場合、アスリートとしての存在は彼自身の競技パフォーマンスだけによって成り立つのではなく、所属チームやリーグ、スポンサー、ファンなどとの関わりにおいて男性中心的な価値観を共有し体現することが期待される。そのとき、男性スポーツにおける集団とその周囲の環境や人間関係において、ゲイであることの表明を抑圧する力学が働き、抑圧に逆らってカムアウトしたアスリート、あるいは他人によってアウティングされたアスリートは、職や立場、人間関係を失うなどの不利益や、ヘイトスピーチなど、ホモフォビアに基づく有形無形の暴力といったホモフォビアにさらされてきたのである（岡田 2022b）。

　こうした状況にあるのはトップアスリートだけではない。ある国際調査（Out on the Fields 2020）によれば、スポーツの空間でホモフォビックな言葉や態度を示された経験をもつ人は84％にもおよび、セクシュアリティをオープンにしているゲイ男性にとってスポーツ観戦の場は安全ではないと考える人は74％いる。また、22歳以下の若者の73％がチームスポーツの場はゲイにとって安全ではないと考えており、81％が

普段スポーツする環境で誰にもまたは一部の人にセクシュアリティをオープンにしない、すなわち「クローゼット」の外に出られないままである。

　一方、女性もまた、男性とは異なるメカニズムによってホモフォビアにさらされてきた。スポーツをする非異性愛者のシス女性、あるいはトランスジェンダー男性や、二元論的なジェンダー・アイデンティティをもたないノンバイナリーにとって、スポーツの空間は、身体を活発に動かすことができる上に異性愛的で二元論的な「女らしさ」を求められないという点でポジティブな居場所となりうる。しかし一方で、欧米社会では、スポーツと男性性を紐づける価値体系のもと、スポーツに専念する女性が「レズビアンの疑い」をかけられる可能性が長らく存在し、その傾向は「女性にふさわしい」種目より「男のスポーツ」において強まった。そして、男性中心主義社会で「男性を必要としない」女性、すなわちレズビアンには否定的なまなざしが向けられた。それはジェンダーとセクシュアリティを混同した上での偏見や言いがかりであるが、だとしても、ひとたび「レズビアンの疑い」をかけられてしまえば、試合に出られない、チームを追放される、指導者の任を解かれる、スポンサーやファンを失うなどなどのリスクが発生する。したがって、女性スポーツの空間それ自体はセクシュアル・マイノリティにとって居場所となりうる反面、女性アスリートの社会的な位置づけという点でいえば、非異性愛者が「クローゼット」から出られないだけではなく、「レズビアンの疑い」とそれにともなう排除や不利益を免れるためには異性愛的

表11-2　アスリートのLGBTQ＋に関する肯定的発信の影響として期待されること（アンケートの自由記述から）

- 認知度の向上
- 理解や意識の向上
- 差別や偏見の抑止
- 当事者の自己肯定感や自信の向上
- ジェンダーやセクシュアリティを自由に表現できる
- 教員の意識変容
- 「男／女」の枠組みから脱却
- 教育内容の見直し
- 制度・方針の変化を促す
- 安心な雰囲気づくり

（野口ほか（2023）参照のもと筆者作成）

かつ規範的な「女らしさ」をまとう必要があった。

しかし近年はLGBTQ＋主流化という世界的潮流を受けて、欧米の女性スポーツをとりまく社会的な認識は変化している。たとえばハイパフォーマンススポーツにおいて、女子種目のカテゴリーで活動するアスリートは相対的にカムアウトしやすい状況にある。その変化は、カムアウトした多くのアスリートが有名企業とスポンサー契約を交わしたり、プロリーグや代表チームの中心として活躍する姿がメディアで称賛されたり、様々な社会課題をめぐるアクティビズムに積極的に取り組んだり、ソーシャルメディアでパートナーや子どもと過ごすプライベート画像を投稿したりする現象にもあらわれている。

一方、日本のスポーツにおいては、欧米におけるホモフォビア研究が示す上記の知見とは異なる側面が見られる。まず日本では、女子種目で活動するトップアスリートが異性との恋愛やファッションに関心をもつなどの規範的な「女らしさ」を示さなかったとしても、「レズビアンの疑い」をかけられる可能性は低い。むしろそうした「女らしさ」は、「女になるな」という指導者の命令または個々のスポーツ集団において共有される暗黙のルールによって抑制される傾向にある。その上で多くの場合、アスリートにおける異性愛への無関心や見た目やふるまいの「女らしくなさ」が、「体育会系女子」であることによって肯定的に「理解」されてしまう。それは日本のスポーツ界が「LGBTQ＋に寛容」であるためではなく、アスリートが異性愛者ではなかったり、トランスジェンダーであったりする可能性が想定されていないがゆえの発想である。このことは日本のスポーツ界ひいては日本の社会でセクシュアル・マイノリティがいかに「いないもの」とされてきたかを示している（井谷 2021）。

4.「スポーツする権利のある女性」の境界線

（1）性別二元論とスポーツ

そもそもLGBTQ＋がマイノリティの立場に置かれるのは、数の上で相対的に少ないというだけが理由ではない。「男／女」という2つの

項の非対称的な関係性を土台とし、人間には「男」か「女」しか存在しないとする性別二元論にもとづく近代以降の社会のありようにおいて、「男」も「女」も異性愛者かつシスジェンダー（出生時に割り当てられた性別とジェンダー・アイデンティティが一致する人）のみが想定され規範化しているためである。規範からの「逸脱」とみなされる非異性愛者や非シスジェンダーは病理化されてきた歴史をもつばかりか、現行の法制度および文化的慣習をはじめとするあらゆる側面においても、いまだ排除あるいは周縁化され、様々な不利益や困難に直面している。近代社会を通じて成立・発展・普及したスポーツもまた、性別二元論にもとづいて制度化された文化である。シス男性向けにつくられた制度に女性があとから参入するという歴史的経緯もあることから、男子種目と女子種目という2つの性別カテゴリーが設置されるのが主流であり、競技性が高くなるほど通常の活動も別々におこなわれ、競技会もその枠組にしたがって開催されてきた。

（2）競技への参加資格

　スポーツのこうした二元論的な枠組みに当てはまらなかったのが、性分化疾患（DSD：母親の胎内で性が分化する過程で、染色体、性腺、内性器や外性器が多くの人とは異なる型をとる疾患群）とトランスジェンダーのアスリートである。1960年代、性別を偽って女子種目に参加する男性を想定して、競技会に性別確認検査が導入された。当初は外性器の目視が中心であったが、その不正確さに指摘が入ると検査対象は性染色体に変更される。ところが性染色体検査によって「性別詐称」男性が発見されることはなく、むしろDSDであることを突然突きつけられた女性アスリートが、そのこと自体が競技において有利であるか否かを明確にされないまま、競技会への参加資格や競技キャリアを失う事案が発生するようになった。そして検査を重ねていくうちに、男性に振り分けられる染色体を有していても性腺やその他の身体的特徴を基準に見れば女性と判断しうるケースがみつかるなど、結局のところ明らかにされたのは、ある身体をスポーツの二元論的制度が定める「男」か「女」のど

ちらかに確実に振り分けることはできないということであった。

　現在も、DSD の女性アスリートは制限つきの競技活動を強いられている。2009年の世界陸上女子800m で優勝した選手が、性別確認検査の結果 DSD の一種とされる高アンドロゲン症であることが判明し、これを受けて当時の国際陸上競技連盟（2019年に世界陸上競技連盟に改称）はテストステロンという男性ホルモンの血中濃度を基準とした参加規定を設けた。規定をクリアするためには継続的にホルモン抑制剤を摂取しなければならず、それは生まれもった「自然な」身体のままでは競技に参加できないことを意味する。つまり高アンドロゲン症の女性の身体は、テストステロン値において平均的な女性のそれを大幅に上回ることを理由に、スポーツが想定する「女」の枠組みから排除されたのである。こうした措置は、スポーツの公平性確保を根拠に正当化される。スポーツにおいて、生まれもった身体的特性における突出した差異が競技パフォーマンスに有利に働く時、その特性をもつアスリートは「才能に恵まれた」と評されてきた。それに対してテストステロン値における差異は、それが「性」の境界に関わるとされる身体的特性であるがゆえに、「取り締まり」の対象となる。このことは、スポーツがいかに二元論的な枠組みに固執しているかを示すものだといえる（岡田 2022c）。この二元論の根拠とされてきた身体のありようは、先述のとおり多様である。ところが生殖をヒエラルキーの頂点におく近代の異性愛主義的価値体系のもと、「男／女」という二項の枠組みが不変的な基盤として構築され、両者にみられる身体的差異は「性差（セックス）」と認識された。その点において、スポーツが現在直面している性をめぐる困難は、J. Butler（ジュディス・バトラー）が述べたとおりいかにセックスが社会的であり「つねにすでにジェンダー」（1990＝2018）であるかを顕在化したともいえる。

　テストステロン値を基準とする規定はのちに DSD だけではなくトランスジェンダー女性に対する参加規定にも導入され、2015年に IOC は「過去４年以上女性であることを公言し、過去12か月以上継続して血中テストステロン値が10nmol/L 以下」という規定を設けた。2021年開催

表11-3　IOCが2021年11月に提示した枠組み10項目

1．包摂	6．証拠にもとづいたアプローチ
2．被害の防止	7．健康および身体の自律性の優先
3．差別のないこと	8．ステークホルダーを中心に据えたアプローチ
4．公平性	9．プライバシーの権利
5．優位性に関する推定をおこなわない	10．定期的な見直し

（公益財団法人日本オリンピック委員会（2024）参照のもと筆者作成）

の東京2020オリンピック大会は、この規定のもとでトランスジェンダー女性が参加した初の大会である。参加規定には否定的な声も少なからずあがった。テストステロンの値が高いことが競技で本当に有利となるのか、そして逆に、テストステロンの値だけを抑制すれば公平性が保てたことになるのかといった、基準の妥当性を問う指摘もその一部である。トランス女性が女子重量挙げに出場したことに対して「不公平」との指摘が出たのは、後者の疑問に基づくものだといえる。そして2021年、IOCはトランスジェンダーの参加規定を各競技団体の検討に委ねる新たな枠組みを提示した。以降、複数の競技がトランス女性の女子種目参加を禁止する方針を公表している。いずれの競技も、禁止措置は女子種目における公平性の確保を最優先とした暫定的なものであるとし、より包摂的な競技のあり方を目指して検討を続ける姿勢をみせる。しかし継続される検討の内容が「トランス女性がどの競技においてどの程度有利であるのか」の追究に終始するならば、それは「スポーツする権利のある女性」の境界線を問うことでしかない（山口 2022）。つまりその場合、近代的な性別二元論に基づくスポーツの構造は維持されることになるのである。

研究課題

1．海外の LGBTQ ＋アスリートが自分のアイデンティティやライフスタイルをどのように発信しているか、SNS などで確認してみよう。
2．身近なスポーツの世界大会について、女子の現行参加規定がどのようになっているか調べてみよう。

引用・参考文献

Bruce, Toni, 2017,「Sportswomen in the Media: An Analysis of International Trends in Olympic and Everyday Coverage」『スポーツとジェンダー研究』15.

Butler, Judith, 1990, *Gender Trouble: Feminism and the Subversion of Identity*, Routledge.（竹村和子訳，2018，『ジェンダー・トラブル新装版―フェミニズムとアイデンティティの撹乱―』，青土社.）

Connell, Robert. W., 1987, *Gender and Power*, Cambridge, Polity Pres.（森重雄・加藤隆雄・菊地栄治・越智康詞訳，1993，『ジェンダーと権力――セクシュアリティの社会学』，三交社.）

Guttmann, Allen, 1978, *From Ritual to Record: The Nature of Modern Sports*, Columbia University Press.（清水哲男訳，1981，『スポーツと現代アメリカ』TBSブリタニカ.）

Hall, M. Ann, 1996, *Feminism and Sporting Bodeies: Essays on Theory and Practice*, Human Kinetice.（飯田貴子・吉川康夫監訳，2001，『フェミニズム・スポーツ・身体』，世界思想社.）

平山亮，2024，「男性性役割の変化から，男性性による不平等の正統化へ」平山亮．佐藤文香，兼子歩編『男性学基本論文集』，勁草社．

井谷聡子，2021，『〈体育会系女子〉のポリティクス――身体・ジェンダー・セクシュアリティ』，関西大学出版部．

片田孫朝日，2014，『男子の権力』京都大学学術出版会．

公益財団法人日本オリンピック委員会，2024，『オリンピズム　IOC関連資料等』，（2024年2月24日取得，https://www.joc.or.jp/olympism/document/）．

三上純，2023，「体育教師の固定的なジェンダー観と運動部活動文化の関連につい

て――運動部活動経験が体育教師志望に与える影響の分析から――」『スポーツ社会学研究』31（2），59-75．

野口亜弥・三倉茜・折目真地，2023，『LGBTQ＋ユースの体育現場の経験に関するアンケート』，プライドハウス東京アスリート発信チーム．

岡田桂，2022a，「男性ジェンダーとスポーツ」岡田桂・山口理恵子・稲葉佳奈子『スポーツとLGBTQ＋――シスジェンダー男性優位文化の周縁』，晃洋書房．

岡田桂，2022b，「ゲイ男性とスポーツ」岡田桂・山口理恵子・稲葉佳奈子『スポーツとLGBTQ＋――シスジェンダー男性優位文化の周縁』，晃洋書房．

岡田桂，2022c，「性の境界とスポーツ――トランスジェンダー／性分化疾患／"性別"概念の変容」岡田桂・山口理恵子・稲葉佳奈子『スポーツとLGBTQ＋――シスジェンダー男性優位文化の周縁』，晃洋書房．

OUT ON THE FIELDS, 2020, HOMOPHOBIA IN INTERNATIONAL SPORT, （2024年2月25日取得，https://outonthefields.com/media/）．

笹川スポーツ財団，2022，『中央競技団体現況調査 2022年度』，（2024年2月24日取得，https://www.ssf.or.jp/thinktank/governance/2022_nfr.html）．

Sedgwick, Eve, Kosofsky, 1985, *Between Men: English Literature and Male Homosocial Desire*, Columbia University Press．（上原早苗・亀澤美由紀訳，2001，『男同士の絆――イギリス文学とホモソーシャルな欲望』，名古屋大学出版会．）

周司あきら・高井ゆと里，2003，『トランスジェンダー入門』，集英社．

高井昌吏，2005，『女子マネージャーの誕生とメディア――スポーツ文化におけるジェンダー形成』ミネルヴァ書房．

Wrack, Suzanne, 2022, *A Woman's Game: The Rise, Fall and Rise Again of Women's soccer*, Triumph Books，（実川元子訳，2022，『女子サッカー140年史――闘いはピッチとその外にもあり』，白水社）．

山口理恵子，2022，「女性ジェンダーとスポーツ――「女性のスポーツする権利」から「スポーツする権利のある女性」へ」岡田桂・山口理恵子・稲葉佳奈子『スポーツとLGBTQ＋――シスジェンダー男性優位文化の周縁』，晃洋書房．

12 | 多様な社会とスポーツ（2）：
ナショナリズムとスポーツ

下窪拓也

　国際大会ではアスリートが日本代表として出場するように、スポーツはしばしば国の存在を思い出させる。単に制度としての国家だけでなく国民といった人間の集団に対する意識もスポーツは顕在化させることがある。本章では国家、国民、民族をキーワードに、スポーツとナショナリズムの結びつきについて概説していく。

1．ナショナリズム、ネーションとは？

　オリンピックやワールドカップといったスポーツ・メガイベントでの日本人選手の活躍に歓喜した経験のある人は、少なくないのではないだろうか。日本代表が好成績を収めれば、テレビの前でそれを見ているだけの自分もなんだか誇らしく感じ、反対に代表選手が思わぬ黒星を喫すると悔しさを覚える。当たり前の感覚にも思えるが、改めて考えると不思議な現象である。なぜなら、選手の活躍に感動するほとんどの人にとって、代表選手は会ったことも話したこともない赤の他人だからだ。なぜそのような他人の活躍に対して、まるで私事のように心揺さぶられるのだろうか？

　社会学では、こうした国に対する認識や感情を、ナショナリズムという概念を用いて分析してきた。ただし、このナショナリズムとは非常にあいまいな概念で、論者によってその定義が異なる。スポーツとナショナリズムの話に入る前に、ナショナリズムに関する代表的な著作と国内のスポーツ社会学分野における先行研究で議論された定義を押さえておこう。まず、最も著名な論者の1人であるE. Gellner（アーネスト・ゲルナー）は、「ナショナリズムとは、第一義的には、政治的な単位と民

族的な単位が一致しなければならないと主張する一つの政治的原理である」(Gellner 1983 = 2000: p. 1) と述べる。つまり、国家という政治的単位とそこに住む民族的あるいは文化的単位が一貫するべきとする政治的な思想がナショナリズムの根底にあるという議論である。Gellnerは、産業社会で推し進められた高度な分業化、個人間の流動性やコミュニケーションへの依存の高まりなどの社会的変化を背景に、読み書き能力を媒介に共通文化の形成が促進された結果、国民が創造されたと主張する。この Gellner の主張は、ナショナリズムや国民というものは、一般的な理解としての生物学的あるいは遺伝的な特徴によって結びつく共通の祖先を持つ人びとが共有する文化に国民国家の起源がある、つまりは国民が先にいて国家が形成されたという考えを否定する。そうではなく国家とは近代化に伴って発明されたもの、つまりは国家ができてから国民が形成されたのだと議論している。

　Gellner に並ぶ代表的なナショナリズム論の近代主義者である B. Anderson（ベネディクト・アンダーソン）は、国民は印刷資本主義の発展により形成されたと述べる。印刷された言葉が流通するようになると、共同体を創造することが可能になる。つまりは、新聞などに印刷された言葉を通じて、お互いに会ったこともない人同士であっても、同じ共同体に所属する同胞だと想像するようになったのである（Anderson［1983］1991 = 2007）。現代では、たとえば日々のニュースや天気予報など、自国の領土が地理的にどこに位置していて、誰が、自分と同じ国に暮らす共同体の成員であるのかが日々刷り込まれている（Billig 1995）。このようにして、「われわれ」意識と「われわれ」に対する強い愛着が形成される。先の例に挙げた、赤の他人であるアスリートを「われわれ」の代表だと認識できるのは、この想像の力のためだといえる。

　近代主義者の理論に修正を加え、自国への愛着の根源を論じたのがA. Smith（アントニー・スミス）である。彼は、近代主義者の議論には部分的に賛同しつつも、ナショナリズムのすべてが近代化の産物であるわけではなく、ナショナリズムの核となる要素であるエスニックな共同体をエトニと称し、その重要性を主張した。このエトニは、集団の名

前、出自や血統に関する神話、共有された歴史、部外者からその集団を切り離す独自に共有される文化、聖地や出自といった特定の領域との結びつき、共同体内の連帯感を、エトニを識別するための諸特徴として定義している。また、ナショナリズムの核となるエトニが存在しない場合、エトニは創り出されることになる（Smith 1986 = 1999）。

さて、以上の例からだけでも、ナショナリズムという言葉はかなりあいまいで、やっかいな概念だとわかっていただけたと思う。ここで、本章で扱う内容に絞ってナショナリズムの概念を少し整理したい。

まず、ナショナリズム Nationalism はネーション Nation ＋イズム ism に分解できる。イズムは主義と訳すことができる。では、ネーションはどうか。ネーションはこれまで主に国家、国民そして民族と訳されてきた（笹生 2022）。民族と国民は、特定の人間の集団を指すが、国家は政治的な制度である。人間の集団を指す民族と国民も意味するところが異なる。民族と国民を分ける主たる点は、「誰をネーションの成員と見なすか」というネーションの成員条件である（図12-1）。集団的アイデンティティにとって、「われわれ」と「かれら」の区別は基礎要件であり（Billig 1995; Tajfel and Turner 1986）、誰かをネーションの成員とみなすには、ネーションに属さない誰かを定義する境界が必要になる（Anderson［1983］1991 = 2007）。この成員条件に関する民族と国民

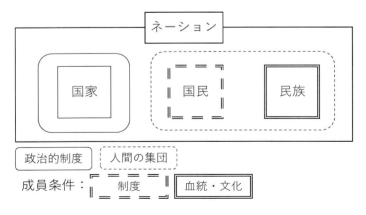

図12-1　本章で扱うネーションの概念

の違いについて、民族は、共通の祖先を持ち民族の「血」を引き継いでいること、言語や宗教といった文化や伝統を身につけていることなど、エスニックな要素を重視するものと考えられている。国民は、国籍の獲得といった政治体によるメンバーシップの承認を重視しており、こちらは制度的な要件を満たしていれば、文化的あるいはエスニックな要素は重視しない（塩川 2008）。同様の概念として、前者を民族文化的ネーション、後者を市民政治的ネーションと呼ぶこともある（e.g., Smith 1986 = 1999; 田辺 2010）。

　以上のネーションの3類型を踏まえると、国家主義、国民主義、民族主義というナショナリズムが持つ3つの顔が見えてくる。国家主義とスポーツが結びつくのは、国家の統合のためにスポーツが利用される場合であり、スポーツの政治利用と称されることもある。国民主義は、国家の成員を重視する。スポーツとの関連でいえば、メガイベントでの自国の選手の活躍が人びとを熱狂させる場面が該当する。赤の他人であっても同じ国の国民の活躍に歓喜する人びとの姿は、まさしく国民主義としてのナショナリズムの顕在化といえる。ただし、国籍という制度上の承認を受ける人びとが誰でも同胞として受け入れられるわけではない。スポーツ界においてハーフと呼ばれる人種的マイノリティに該当する選手や帰化選手が日本代表として国際大会へ出場する際の賛否を思い起こせば、ネーションに対する意識が一枚岩ではないと理解できるだろう。選手のエスニシティが顕著に取り上げられるのであれば、スポーツにおける民族主義の顕在化とも取れる。

　本章では、ナショナリズムとスポーツの多様なかかわりをみていく。まず、次節では、国家主義の観点から国民統合、軍事力、健康といった国家のスポーツ利用に関する歴史的変遷を概観する。次に、第3節では国民主義の観点から、現代社会においてネーションの存在が特に顕在化するスポーツ・メガイベントに焦点を当て、イベントとナショナリズムの変動に関するこれまでの研究成果を概観する。本章の最後には、民族主義の観点から移民や外国籍者といったネーションの外部の存在として捉えられがちな集団に焦点を置き、スポーツとのかかわりを考えていき

たい。

2. スポーツと国家主義

　本節では国家主義の観点からナショナリズムとスポーツを見ていく。ここでは特に権学俊（2021）の論考を主な参考資料として、戦前から1964年オリンピック東京大会までの間に日本で生じた国家主義的なスポーツ利用の歴史的変遷を概観する。

（1）戦前のスポーツと国家主義

　近代国民国家が形成され、資本主義の確立といった社会的変革を背景に、国家が個人の身体や健康に介入するようになった。特に明治時代以降、国家間の戦争が勃発するなかで、軍事力となる身体を持つ国民の養成が必要となった。しかし、19世紀末頃までは、人びとは身分、地域、言葉などにより分断されていた。そのため日本という国家への忠誠心は希薄であり、国民の統合が必要だった。こうした要求への対応の一つが全国の学校の設置である。学校では、人びとに共通の言葉と文化を広めた。学校は、国家が生徒の身体を効率よく管理、統制するための場でもあった。そして初代文部大臣の森有礼は兵式体操を導入し、身体訓練を通じて生徒に国家への忠誠を獲得させようと試みたのである。

　20世紀に入り、第一次世界大戦と関東大震災が支配層の危機感を駆り立てた。そして、国民の健康と体力の管理および国民統合が、1920年以降本格化した。第一次世界大戦では、それまでの戦争とは異なり一般国民までもが戦争に巻き込まれ、戦争に勝つためには国民の団結と体力がそれまで以上に必要とされた。関東大震災の衝撃も相まって、軍隊だけで国を守ることは不可能であり、国民に自分の身を自分で守れる身体と思想的団結が必要だと考えられたのである。加えて、近代化および資本主義的工業化によって国民の健康状況が損なわれたことも、支配層が国民の体育と精神を強調した一因として考えられている。こうした社会情勢を背景に、天皇制ナショナリズムを浸透させるための国家政策の一領域として、スポーツ・体育が奨励されていった。

国民意識の統合、天皇制ナショナリズムを構築していくなかで、国家という想像の共同体の創造には、シンボルとしてスポーツ大会、特に国家的なスポーツ大会への皇族の出席やスポーツ大会の下賜が利用された。国民はスポーツ大会で皇族とかかわることで、天皇制とナショナルな感情を経験する。こうしたスポーツ大会は天皇制の象徴として、国民意識統合の触媒として機能したのである。国民の統合および身体の管理に関心が向けられたこの時期は、今では夏休みの恒例行事としてなじみ深い、ラジオ体操もまたナショナリズムと密接な関係にあった。国民の健康増進や精神の涵養を目的とする体育論が求められるなか、時間、場所そして金銭的な負担が少なく、誰でも気軽に行える体操が注目されていた（佐々木 2016）。

（2）戦時下のスポーツの変容

　満州事変、日中戦争そして第二次世界大戦へと突入していくと、政府は皇国思想を基に思想統制を進めていく。さらに、戦争のための労働力、兵力を確保するために、国民は単に健康なだけでなく、強健であることが求められた。また、健康な身体は男性だけに求められたのではなく、女性の身体は出産のため、子どもは将来の良質な労働力、兵力となるために健康であることが求められ、管理対象となった。

　競技スポーツも軍事的な色合いを強めていく。1937年11月に毎日新聞主催国防スポーツ第1回競技大会が開催され、武装百米競走、二千米団体競走など、戦技種目が取り入れられた。1938年には国防体育振興協会が設立し、国防スポーツ競技は国防体育訓練に名称が変更され、戦時体制下でそれに対応する国防体育運動が展開されることとなった。1939年には、国民体力向上の国家的要請の高まりを背景に、明治神宮体育大会を厚生省が管轄し、明治神宮国民錬成大会へと名称が変更された。そして、あらたに国防競技や集団競技が加わり、選手は選士へ、国防競技は戦場運動へと呼び名が変えられた（森川・依田編 2001）。神宮大会は天皇制国家を支える軍国主義的な体育行事となり、天皇制国家の国民の身体を形成し、対外侵略的なナショナリズムを高める一大装置としての役

割を担ったのである。ほかにも、学校運動部やスポーツ団体に対する国家の統制の強化やスポーツ用語の日本語化など、戦時下でのスポーツは戦争やナショナルな意味合いが強く付与された。

スポーツや体操を通じた国家主義的な試みは、植民地でも見られる。朝鮮総督府は、朝鮮人の戦争動員と皇民化に、スポーツやラジオ体操を用いた。なかでも特徴的なのが、朝鮮人の身体的管理のために考案された皇国臣民体操である。この体操は剣道の型を簡素化したものであり、その究極の目的は剣を利用して朝鮮人に日本の武士道精神や日本精神ひいては、皇国臣民としての信念を体得させることであった。こうした試みは、朝鮮人の日本人化による、戦力の増加が狙いとされていた。

(3) 戦後のスポーツとナショナリズム

復興や民族の再建などの課題を抱える戦後初期の日本社会において、ナショナリズムとかかわりの深いスポーツイベントとして国民体育大会が挙げられる。国民体育大会の開催は、1945年12月の大日本体育会の理事会が契機となった。そこでは、「民族の気概を示す」、「青少年に民族愛の表象としてのスポーツを浸透させる」などが大会の意図として取り上げられており、当初から国民体育大会をナショナリズムの道具とすることが勘案されていたようである。

国民体育大会は、天皇制とも密接なかかわりがある。敗戦後、昭和天皇は自らの神性を否定する人間宣言を行い1946年から地方巡幸を開始した。当時は天皇の進退と先行きが不安定であり、地方巡幸には進駐軍に向けて天皇に対する国民からの支持をアピールする狙いがあった。また、この地方巡幸は戦後からの復興と民族再建のための儀式としての役目も担っていた。そうしたなか、国民体育大会も地方巡幸の一環に組み入れられ、政治性を強めていく。1950年愛知大会から天皇・皇后が公式出席し、象徴天皇の正当性を示す制度的なイベントとしての側面が顕在化していく。この愛知大会が開催された1950年前後は、労働運動や朝鮮戦争に反対する平和運動など、社会運動が生じ国内の情勢が不安定な時期でもあった。つまり、政府も国民を統合する支配構造の安定を必要と

していたのである。

　1964年に開催されたオリンピック東京大会もまた、ナショナリズムにかかわる重要なイベントである。1960年「日米安全保障条約」改正の強行採択は、国民運動の高まり、ひいては岸内閣の解散にまでつながる。安保闘争以降、国民の革新的なエネルギーの高まりは、与党自民党にとって脅威であった。こうした背景のもと、東京オリンピックは国民の目を安保障問題からそらし、大国意識を高揚させることであらたな国民統合を果たすための機会として捉えられていたのである。

　1964年東京大会には、戦後の復興と国際社会への復帰の象徴としても捉えられていたことから、同大会の開催は自国への誇りを高める機会を人びとに提供するものでもあった。大会期間中には、日本人選手が優勝して日の丸が掲げられ、君が代が流れると人びとは感動した。国家的、民族的なシンボルの共有が、ナショナリズムの形成に貢献したといえるだろう。

　以上概観した以外にも、国家主義としてのナショナリズムと関連するスポーツの事象は数多く存在する。また現代においてもスポーツとナショナリズムの関連は様々な場面で目にすることができる。「日本のために」といった言葉は、国家主義としてのナショナリズムの現れと捉えることもできよう。

3. スポーツ・メガイベントとナショナリズム

　メガイベントの開催の成功や自国の選手の活躍をみて、日本人であることになんだか誇らしさを感じた経験がある人は多いだろう。2002年日韓ワールドカップが開催された際には、日本代表ユニフォームのレプリカを着て「ニッポン、ニッポン！」と叫ぶ若者の姿が注目された（香山2001）。オリンピック、FIFAワールドカップ、WBCなどの国際大会での代表選手の活躍に、人びとが熱狂しながら応援する姿は、スタジアム内に限らず、渋谷のスクランブル交差点やバーでも目にすることができる。

　本節では、国民としての意識の顕在化とスポーツ・メガイベントの関

連について、その理論的仮説と量的データを用いた実証結果を概観する。

(1) スポーツ・メガイベントとナショナルプライド

　自国に対して抱く誇りはナショナルプライドと呼ばれてきた。また、ナショナルプライドとは、人がナショナルアイデンティティから得る誇りや自尊心でもある（Smith and Jarkka 1998）。では、人はなぜ代表選手の活躍をみると、ナショナルプライドが高まるのか。この現象を説明する著名な理論の一つに社会的アイデンティティ理論（Tajfel and Turner 1986）がある。この理論によれば、個人は自己への評価を維持、向上するために集団に帰属するよう動機づけられている。国の内外に威信を示すメガイベントの開催や代表選手の活躍は、自己評価を高める機会として捉えられ、ナショナルアイデンティティとナショナルプライドを強めるのだと考えられる。

　では、実際にスポーツ・メガイベントの開催や代表選手の国際大会での活躍は、ナショナルプライドを高めるのだろうか？　そして、もし仮にそうであるならば、その影響はどの程度持続するのだろうか？　図12-2は、2011年7月から2016年3月の間にイングランドで実施された調査結果を示している。回答者は、イギリスを最も誇りに思うことがらについて、歴史や文化、スポーツでの功績を含む12の選択肢のなかから、3つを選択するよう尋ねられている。図12-2の縦軸は、その回答でスポーツでの功績を選択した回答者の比率である。これを見ると、ロンドンオリンピックが開催された2012年7月から8月にかけての選択率が急激に上昇している。また、2013年7月、テニスのグランドスラムの一つであるウィンブルドン選手権大会でAndy Murray（アンディ・マレー）が77年ぶりに地元優勝を果たした際にも、急激にスポーツの功績を誇りに思う人が増加している。このように、メガイベントの開催や自国選手の活躍は、たしかに自国への誇りを高めているようだ。しかし、図12-2を見ると、大会終了から数か月以内には減少に転じている。スポーツ・メガイベントの影響は長くは続かないようだ。

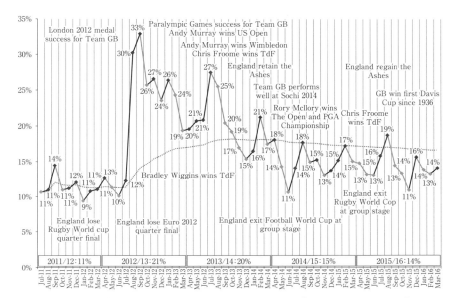

図12-2　イングランドのスポーツイベントとスポーツナショナルプライド
(Shibli et al. 2021図1より)

　図12-2からは、スポーツに関連するナショナルプライドの低下も確認できる。顕著な例の一つが2014年6月の急激な下降である。これは、イングランド代表がFIFAワールドカップグループステージでの敗退を喫したタイミングであった。類似の事例として、ドイツ代表が2018年FIFAワールドカップのグループリーグで脱落した際にも、ドイツ人のナショナルプライドの低下が観測されている（Gassmann et al., 2020）。ただし、ナショナルプライドの低下も一時的なものであり、しばらくすると敗退前の水準程度まで回復している。

（2）大会の開催がナショナルプライドに与える影響を左右する要因

　メガイベントの開催や代表選手の活躍とナショナルプライドの関連は、すべての地域や個人で一定ではない。地域間の分散を説明する要因の一つとして、非民主主義的な政治体制がある。歴史的に多くの社会主義国家が民主主義を抑圧しており、資本主義体制に経済力で劣ってい

た。そのため、特に国際的な舞台での自国選手の活躍を通じて、国内外に向けて政治的有効性をアピールする必要性が高く、スポーツとナショナルプライドの関連が強い可能性が議論されてきた。こうした理論的な背景のもと行われた先行研究では、非民主的な政策をとっている国ほど、代表選手の活躍とナショナルプライドの関連は強くなる傾向が確認されている（Meier and Mutz 2018）。また、この政治体制の影響は長期的で、2014年FIFAワールドカップでドイツ代表が優勝した際、東西統合前に旧東ドイツに居住していた人は、旧西ドイツ居住者よりも大会後のスポーツに関するナショナルプライドの上昇が顕著であった（Shimokubo 2021）。

　次に、スポーツ・メガイベントを通じたナショナルプライドの変動の個人差を説明する一つの要因は、メガイベントに対する肯定的な認識である。社会的アイデンティティ理論に立ち戻れば、そもそもメガイベントの開催や代表選手の活躍がナショナルアイデンティティおよびナショナルプライドを強めるには、そのイベントを観察した個人が、イベントを自身にとって肯定的なものと認識している必要がある。言い換えれば、個人が、あるメガイベントを自身あるいは自国にとっての利益と見なさない場合には、ナショナルプライドを高めない。先述のFIFAワールドカップグループリーグでの敗退によるナショナルプライド減少の背景にはこうした心理的メカニズムの存在が考えられる。また、2021年に1年の延期の後開催された東京2020オリンピック大会の際には、新型コロナウイルスの感染拡大を懸念している人ほど大会を通じたナショナルプライドの高揚を抑制する傾向が示されている（Shimokubo 2022）。

（3）スポーツイベントと国への自己同一化

　スポーツ・メガイベントの開催期間中、バーや路上で出くわした見ず知らずの人びとが、次第に一体感を獲得していく様子が見られる。本節の最後に、メガイベントの観戦を通じて人びとが連帯感を強めるこうした現象について触れておく。

　スポーツ観戦において構成される内集団への帰属意識は、試合を観戦

する際に集合的に経験される感情に基づくと考えられている。集団のなかで、あるいは集団の象徴の前で共に経験する感情が、集団的連帯感を誘発するという仮定である。そこに集まった人びとが共通の認識を持ち、共同の行為により生じる集合的沸騰（Durkheim 1912［1995］= 2014）が、集団への帰属意識を高める重要な要因となる。具体的には、スポーツ観戦は、選手の優れたパフォーマンスやドラマティックなゲーム展開によって観戦者に興奮や感情の喚起をもたらす。そして観戦中に行われる集団的儀式への参加、たとえば、リズミカルな拍手、ジャンプ、応援歌の合唱、「ニッポン！　ニッポン！」と叫ぶ行為は、スポーツ観戦中に経験する感情を強める。その結果、日本人という集団への帰属意識が高まるのである。

　国外の研究では、夢中になって観戦し、大会への感情移入を経験した人は国への同一化を強めたものの、感情移入を経験しない場合は自国への帰属意識が変化しなかったと報告されている（Mutz and Gerke 2018）。

4．移民とスポーツ

　日本への誇りや帰属意識、あるいはナショナルアイデンティティは、その前提として、誰が「われわれ」（＝日本人）に含まれるかを定義し、かつ、「われわれ」に含まれない他者の存在を必要としている。本章の最後に、この「われわれ」を定める境界線と関連して、民族主義にかかわるいくつかの事例に触れていく。

（1）民族主義と「異質な他者」の排除

　共通の祖先を持つことや、文化、血統を国民の条件に強く求める民族主義は、外国人選手、帰化選手、そして、ハーフと呼ばれる人種的マイノリティに属する選手をめぐる議論や差別に色濃く表れる。

　在日韓国・朝鮮人に対するヘイトは、国内の民族問題としてたびたび問題視されてきた。スポーツ界においても、それは例外ではない。差別の攻撃対象となった人物の1人が、2007年に日本に帰化したサッカー選

手、李忠成である。李は日本国籍を取得した後、2008年北京オリンピックや2011年のアジアカップでは日本代表にも選出された。日本国籍の取得や日本代表入りをめぐって、ネット上では李および在日韓国・朝鮮人に対する誹謗中傷が数多く投稿された（権 2021）。

　民族主義に基づく差別的な言動が現れるのは、日本代表試合だけではない。先述の李が加入した浦和レッズでは、2014年のサガン鳥栖戦で、浦和のサポーターがゴール裏席の入場口に「JAPANESE ONLY」という差別の表象とも捉えられる横断幕を掲げた。Ｊリーグにおける人種差別的な言動が問題視された事例は、ほかにもある。2014年、横浜 F. マリノスのサポーターがフロンターレ川崎戦で、フロンターレの黒人選手に向けてバナナをふって挑発した行為が問題となった。上記の事例はいずれもＪリーグから処分が下されている。

　他競技でも差別的な言動はたびたび確認されている。たとえば、プロ野球選手のオコエ瑠偉、プロバスケットボール選手のオコエ桃仁花、八村塁および八村亜蓮に対する人種差別的な誹謗中傷が Twitter（現X）のダイレクトメッセージ等で寄せられていることを踏まえ、日本の人種差別が告発された（HUFFPOST 2022）。また、悪意に満ちた差別の露呈ではないが、民族主義に基づく意識が顕在化した事例としては、2019年日本で開催されたラグビーワールドカップでの日本代表選手の国籍や帰化選手をめぐる賛否も挙げられるだろう。上記の事例はいずれも、日本人という「われわれ」集団の成員に関する条件が人びとのなかに存在し、内集団に含まれない特定の人びとを異質な他者と見なすことで生じた現象だと解釈できる。

　前節では、メガイベントの開催によるナショナリズムの一時的な高揚を示した。では、ネーションの存在が顕在化するスポーツ・メガイベントにおいて、排外的な意識は変容するのだろうか。結論を出すには研究の蓄積を待つ必要があるが、これまでの研究からいくつか実証的な結果が得られている。統計調査の二次分析の結果では、2019年ラグビーワールドカップ日本代表が初戦のロシア代表に勝利した後、日本人の持つ排外意識の低下が報告されている（Nakai 2023）。またネット上の差別的

発言についても、2014年FIFAワールドカップ期間中のYahooニュースに投稿される人種差別的コメントを分析した河野洋・北村薫（2017）では、大会期間中にレイシズムを含むコメントの投稿の変動は確認されていない。必ずしもスポーツ・メガイベントは排斥的な意識を助長するわけではないようだ。

（2）在留外国人のスポーツ参加

近年、国内に定住する外国人人口は増加を続けている。ネーションの外部の存在として見なされることの多い在留外国人のスポーツ参加は、どのような現状にあるのだろうか。

まず、在留外国人のスポーツ実施状況の概要を確認しよう。表12-1は、サーベイリサーチセンターが2020年、2022年ならびに2023年に実施した「在留外国人総合調査」（サーベイリサーチセンター 2023）の結果を示している。在留外国人総合調査では、過去1年間に参加した余暇活動を尋ねている。スポーツ実施に該当する項目から見ると、散歩・街歩きは64.8%、ウォーキング、ジョギング、マラソンは47.6%、トレーニング・体操は31.7%の回答者が実施していた。さらに、約4人に1人の在留外国人が過去1年間にスポーツ観戦を行っている。

では、移住先でのスポーツ参加は、移民にとって、どのような意味を持つのだろうか。もちろん適度な身体活動による健康への貢献は普遍的であり、健康の維持増進を目的として運動・スポーツを実施する人はい

表12-1　在留外国人のスポーツ参加

第1～3回在留外国人総合調査（N = 3,078）

過去1年間に参加した余暇活動	N	%
散歩、街歩き	1,994	64.8
ウォーキング、ジョギング、マラソン	1,466	47.6
トレーニング、体操	977	31.7
スポーツ観戦（サッカー、野球、相撲など）	601	19.5

（在留外国人総合調査の二次データを利用して筆者作成。3年間の累積データの結果を示している）

るだろう。しかし、移民のスポーツ実践が持つ意味は、それだけにとどまらない。

群馬県大泉町にある日系ブラジル人たちが集うブラジル・フットサル・センターを調査した植田俊・松村和則（2013）は、スポーツクラブの文化的なセーフティネットとしての機能を看取した。日本の公立学校に通う子どもたちは、家庭以外の場で母国語と触れる機会はほとんどなく、両親は家計を支えるために働きに出なければならない。このような状況下で、子どもたちが母国語を理解できなくなってしまうことを危惧した親たちは、母国語や母国の文化と日常的に接触する場を求めていた。日系ブラジル人が集うこのクラブは、家庭外に母国文化と触れ合う場所を探す親たちにとって絶好の場であった。植田と松村は、このクラブに参加する人びとはクラブを「帰国への可能性を残すセーフティネットと目している。それは、いつか帰国せざるを得なくなった時のための『事前の備え』や『身構え』（＝セーフティネット）のことである」（p. 457）と述べる。このように、移民のスポーツ参加は、移民が移住先で向き合う日常生活における困難とスポーツ実践の関係の観点からも論じられている。

研究課題

1．現代日本における国家のスポーツ利用について考えてみよう。
2．スポーツ・メガイベント開催期間中の街やメディアの変化をナショナリズムの観点から眺めてみよう。
3．統計資料を使い、在留外国人のスポーツ実施状況について調べてみよう。

引用・参考文献

Anderson, Benedict, [1983] 1991, *Imagined Communities: Reflections on the Origin and Spread of Nationalism*, rev. ed., London: Verso (＝2007, 白石隆・白石さや訳『定本 想像の共同体――ナショナリズムの起源と流行（社会科学の冒険 2-4）』書籍工房早山.）

Billig, Michael, 1995, *Banal Nationalism*, London: Sage.

Durkheim, Émile, [1912] 1995, *The elementary Forms of Religious Life*. New York: Free Press (＝2014, 山崎亮訳,『宗教生活の基本形態――オーストラリアにおけるトーテム体系』筑摩書房.）

Gellner, Ernest, 1983, *Nation and Nationalism*, Oxford: Blackwell Publishers. (＝2000, 加藤節訳,『民族とナショナリズム』岩波書店.）

Gassmann, Freya., Haut, Jan and Emrich, Elike, 2020, "The Effect of the 2014 and 2018 FIFA World Cup Tournaments on German National Pride: A Natural Experiment," *Applied Economics Letters*, 27 (19), 1541-1545.

HUFFPOST, 2022,『オコエ桃仁花さんの人種差別の DM 被害，八村阿蓮さんが連帯「無視することは簡単だけど…」』(2024年1月17日取得, https://www.huffingtonpost.jp/entry/story_jp_6319793be4b0eac9f4d385a2）

香山リカ, 2002,『ぷちナショナリズム――若者たちの日本主義』中央公論新社.

河野洋・北村薫, 2017,「スポーツの国際大会とウェブ上のレイシズム――2014FIFA ワールドカップブラジルに関する日本のウェブコメントに着目して」『スポーツ産業学研究』27 (2)：149-162.

権学俊, 2021,『スポーツとナショナリズムの歴史社会学――戦前・戦後日本における天皇制・身体・国民統合』, ナカニシヤ出版.

Meier, H., Erik and Mutz, Michael, 2018, "Political Regimes and Sport-related National Pride: A Cross-National Analysis," *International Journal of Sport Policy and Politics*, 10 (3), 525-548.

森川貞夫・依田充代編, 2001,『今日からはじめるスポーツ社会学』, 共栄出版.

Mutz, Meier. and Gerke, Markus, 2018, "Major Sporting Events and National Identification: The Moderating Effect of Emotional Involvement and the Role of the Media," *Communication and sport*, 6 (5), 605-626.

Nakai, Ryo, 2023, "The Effect of National Team with Non-Nationals on Nationalism: Natural Experiment Using the Rugby World Cup," *SocArXiv*, (Retrieved February 19, 2024, https://doi.org/10.31235/osf.io/z2wdh).

サーベイリサーチセンター, 2023,『第三回 在留外国人総合調査 (2023)』, (2024

年1月18日取得,https://www.surece.co.jp/research/4707/）

佐々木浩雄,2016,『体操の日本近代――戦時期の集団体操と〈身体の国民化〉』,青弓社.

笹生心太,2022,「ナショナリズム：スポーツとネーションの多様な結びつきとその変化」,高峰修・岡本純也・千葉直樹・束原文郎・横田匡俊編『現代社会とスポーツの社会学』,杏林書院,116-126.

Shibli, Simon, Ramchandani, Girish, and Davies, Larissa, 2021, "The impact of British Sporting Achievements on National Pride among Adults in England," *European sport management quarterly*, 21（5）, 685-676.

Shimokubo, Takuya, 2021, "Political Regime and the Impact of Sporting Success on National Pride: A Quasi-natural Experiment in Germany," *International Journal of Sport Policy and Politics*, 14（1）37-52.

Shimokubo, Takuya, 2022, "Hosting Olympic Games under a State of Emergency: Are People still Proud of their Country?," *International Journal of Sport Policy and Politics* 15（1）, 147-161.

塩川伸明,2008,『民族とネイション――ナショナリズムという難問』,岩波新書

Smith, Anthony D., 1986, *Ethnic Origins of Nations*, Oxford: Blackwell.（＝1999, 巣山靖司・高城和義他訳『ネイションとエスニシティ歴史社会学的考察』名古屋大学出版会.）

Smith, W. Tom and Jarkko, Lars, 1998, "National Pride: A Cross-national Analysis," *GSS Cross-national Report, 19*. National Opinion Research Center/University of Chicago.

田辺俊介,2010,『ナショナルアイデンティティの国際比較』,慶應義塾大学出版.

Tajfel, Henry and Turner, John, C., 1986, "The Social Identity Theory of Intergroup Behavior," Worchel, Stephen and Austin, Worchel G., Eds. *Psychology of Intergroup Relations*, Hall Publishers: 7-24.

植田俊・松村和則,2013,「セーフティネット化する移民のスポーツ空間――群馬県大泉町のブラジル・フットサル・センター（BFC）の事例」,『体育学研究』,58（2）,445-461.

石坂友司・小澤考人編著,2015,『オリンピックが生み出す愛国心――スポーツナショナリズムへの視点』,かもがわ出版.

13 | 多様な社会とスポーツ（3）：
障害・障害者とスポーツ

山崎貴史

　近年、パラリンピックへの社会的な関心が高まっており、障害者スポーツは社会福祉ではなくスポーツとして認識されている。その一方で、競技の高度化や選手のアスリート化・エリート化にともない、障害者スポーツが能力主義的な色合いを帯びていることの問題も指摘されている。本章では、障害者スポーツの変遷を概観することから今日的な課題を示すとともに、障害者スポーツの実際や参加者の経験からその可能性を考える。

1．障害者スポーツとは？

　障害者スポーツとはどのようなスポーツだろうか。このような問いに対し、多くの人がパラリンピックを思い起こし、義足を装着し走るランナーやアイマスクをしてサッカーをプレイする視覚障害者の姿を思い浮かべるだろう。あるいは、車いすでバスケットボールをプレイする障害者の姿を思い出し、通常のスポーツを障害があっても参加できるように作り直したものと答えるだろう。当たり前に思われるかもしれないが、障害者スポーツは「障害者のスポーツ」や「障害者のためのスポーツ」と理解されている[1]。

1）　近年、障がい者スポーツやパラスポーツという表記が使用される機会が増えてきている。この背景には、「障害」や「障害者」に付与されている否定的なイメージを取り除く意図がある（日比野 2021）。ただし、障がい者スポーツやパラスポーツという表記が用いられたとしても、そこに含意されているのは「障害者が行うスポーツ」「障害者のためのスポーツ」であるという点には注意が必要である。たとえば、Wikipedia 英語版では「パラスポーツは、身体的および知的障害を含む障害者が行うスポーツである。一部のパラスポーツは、既存の健常者スポーツを応用したものだが、その他のパラスポーツは、障害者向けに特別に作成されたものである」と定義されている。
（https://en.wikipedia.org/wiki/Parasports　2024年2月29日閲覧）

しかし、「障害者のスポーツ」とは一体何だろうか。というのも、障害者のスポーツと一括りにされているものは、多種多様で300種類以上もあるとされるためである（樫田 2019）。一例を挙げてみよう。車いすバスケットボール、車いすラグビー、身体に障害のある人の陸上競技や水泳、知的障害のある人のサッカーやバドミントン、脳性麻痺の人たちに人気のボッチャ、目の見えない人のゴールボール、聴覚障害のある人のデフバスケットボールやデフバレーボール。一つひとつのスポーツの特性や面白さは当然のことながら、参加者の障害の程度や特性は大きく異なっている。後述するように、障害者スポーツは参加者の障害の特性に合わせてルールや用具を変えたもので、独自の競技形式や面白さをもつ極めて多様なものだ。私たちはパラリンピックで実施される競技や種目を中心に考えるが、それぞれのスポーツは参加する人びとの身体・知的・精神的な状況に合わせて独自に展開・発展してきたものが多い（渡 2019）。

　以下では、それぞれの障害の固有性を大切しながら、できるかぎり丁寧に障害者スポーツについて考えてみたい。まず第2節では障害者スポーツの変遷や歴史を整理することから、多様なスポーツがパラリンピックを中心とした競技へと画一化されていくプロセスとそこに内包する課題を明らかにする。第3節ではアダプテッド・スポーツという考え方を概観し、障害の社会モデルとの関連で考察する。最後に、第4節では障害の非障害化の議論に着目し、障害者スポーツを考察することの社会学的・障害学的な意義を提示する。

2．障害者スポーツとその社会性の変遷

（1）パラリンピックの誕生と障害者スポーツ

　障害者スポーツの歴史といえば、まず取り上げられるのがパラリンピックの成り立ちである。パラリンピックは第二次世界大戦中に、イギリスのストーク・マンデビル病院でGuttman（グットマン）医師が傷痍軍人、とりわけ脊椎損傷者のリハビリテーションにスポーツを導入したことに始まった（藺 2002）。Guttmanはリハビリテーションへのモ

チベーションを高めるために、スポーツを取り入れた治療プログラムを考案し、心身両面での機能回復と社会復帰をうながしていった。病院内で車いすポロ、アーチェリーやバドミントンのチームを結成、1948年7月28日にはロンドンオリンピックの開会式当日に、病院内の敷地で障害者スポーツ大会を催したが、この大会がパラリンピックの原点になったストーク・マンデビル競技会である。

　Guttman医師はこの大会を1952年にオランダで開催し、イギリス以外の国からの参加者を募り、1960年にローマで、1964年に東京で開催するなど、オリンピックを意識しながら、国際的な障害者スポーツの競技大会を目指した。1985年に国際オリンピック委員会がストーク・マンデビル競技会を「パラリンピック（Paralympic）」と名乗ることに同意し、1960年のローマ大会を第1回パラリンピックとさかのぼって定め、1988年のソウル大会から正式名称として用いられることになった。

　ただし、パラリンピックの成立を障害者スポーツの始まりと理解してしまうことには注意が必要だろう。というのも、視覚や聴覚障害の人のスポーツがパラリンピックより以前から行われていたからだ。西山哲郎（2020）によれば、初めて障害者スポーツ組織が設立されたのは1888年のことで、視覚障害のある人のスポーツクラブがドイツに創設された。また、1924年に国際ろう者スポーツ委員会が設立され、同年に国際ろう者スポーツ競技大会（現、デフリンピック）がパリで開催されている（西山 2020）。一方、日本では1880年代から視覚障害特別支援学校と聴覚障害特別支援学校において体育が実施されていた。1878年に創設した京都盲唖院や1880年に東京に創設された楽善会訓盲院では体操が教科として導入され、20世紀にはいると課外活動として体育・スポーツが活発に行われていくようになる。1923年の「盲学校及聾唖学校令」を受けて、聴覚障害特別支援学校では課外活動として陸上競技、相撲、バレーボール、野球、卓球、剣道、弓道などが実施されており、パラリンピックのはるか前からそれぞれ独自に実施されてきたことがうかがえる（藤田 2013）。

　もう一つの参照点として、パラリンピックの参加者を整理してみた

い。1960年の第1回ローマ大会にはアーチェリー、陸上競技、水泳、バスケットボールや卓球など8種目が実施されたが、参加者はすべて対麻痺者の車いす使用者であった（中川 1997）。1964年の東京大会からは対麻痺者以外の身体障害のある人にもオープン参加という形で参加が認められ、1976年のトロント大会では切断者と視覚障害のある人、1980年のアーネム大会では脳性麻痺者の参加があらたに認められた。大きな変化が見られたのは、1994年のアトランタ大会である。この大会で知的障害のある人が陸上競技と水泳に初めて参加したのである。その後、2000年のシドニー大会では知的障害のクラスが陸上競技、水泳、バスケットボールと卓球に拡大された。ところが、この大会後にバスケットボールでスペインチームが障害のないとされる選手を出場させていた不正が発覚し、2004年のアテネ大会から知的障害のクラスがすべての競技から締め出されることになった。2012年ロンドン大会から知的障害のある人の参加が再度認められたが、水泳と卓球の2つの競技に限定されたものであった。

このように整理していくと、パラリンピックは肢体不自由者を中心とした歴史の浅い大会に思えてくる。2021年の東京パラリンピックでは肢体不自由者の競技が19競技、視覚障害の競技が9競技、知的障害のある人の競技が3競技となっており、いまだに知的障害クラスの統合は進んでいない。加えて、精神障害と聴覚障害のクラス・競技はそもそも実施されていない現状があり、パラリンピックには障害種別間の偏りが大きく見られるのである（渡 2019）。私たちはパラリンピックが障害者スポーツを代表するものと理解しがちだが、実はそこに含まれるのは一部のスポーツでしかないし、パラリンピックのみでは語りきれないそれぞれの歴史がある。

（2）障害者スポーツの競技化と社会性の変容

ここまでパラリンピックの変遷を競技や参加者の観点から見てきたが、以下では障害者スポーツの社会性（社会的な位置）の変遷から考えてみたい。藤田紀明（2013）は、1964年の東京大会から1990年代までを

障害者スポーツ普及の期間、長野大会の開催が決定した1991年以降を競技化の期間に区分けしている。日本では1964年のパラリンピックの開催を契機に、1965年には日本身体障害者スポーツ協会（現、日本パラスポーツ協会）が設立され、同年から日本身体障害者スポーツ大会（現、全国障害者スポーツ大会）が開催されるなど、その普及や振興の機運が高まった。そして、1970年代以降、各種競技大会が開催されるようになり、チェアスキー、卓球、車いすマラソン、視覚障害のある人のマラソン、陸上競技、柔道や射撃など、パラリンピック競技となっている個人競技を中心に実施に広がりが見られるようになる。

このようなパラリンピックと関連した振興・普及活動を背景に、日本における障害者スポーツは競技化していく。藤田（2013）によれば、この流れを決定づけたのが1998年に開催された長野冬季大会である。1991年に長野大会の開催が決定すると、ジャパンパラリンピックが創設され、競技力の強化が図られていくことになる。日比野暢子（2021）は日本の障害者スポーツの歴史をリハビリテーション・スポーツ（1960年代）から、地域（生涯）スポーツ（1970年代以降）、そしてパラリンピックを中心とした競技スポーツ（1990年代後半以降）へと変遷してきたと指摘している。このように、障害者スポーツ研究では、その変遷をリハビリテーション・社会福祉から競技スポーツへの変容と説明することが一般的になっている。（図13-1）

注意したいのは、パラリンピックが障害者スポーツの競技化を推し進

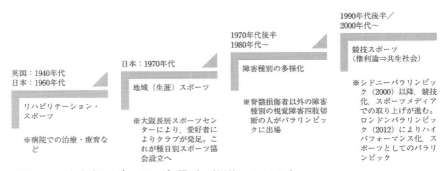

図13-1　障害者スポーツの変遷（日比野 2021：35）

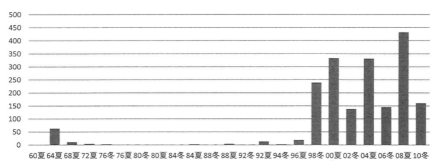

図13-2　日本における障害者スポーツの記事数の変遷（藤田 2013：55）

めただけでなく、その社会性（社会的な位置や価値づけ）を大きく変えた点にある。その例として、新聞報道の変化を見てみよう。藤田（2013）は日本における障害者スポーツの新聞報道を分析し、長野冬季大会を契機に日本における障害者スポーツに関する報道が増加したことを指摘している。1964年の東京大会期間中には64本の記事が掲載されたが、それ以降1996年のアトランタ大会まではほとんど記事が掲載されていない。しかし、長野冬季大会で記事が急増し、以降パラリンピック夏季大会では300本を超える記事が、冬季大会では約150本の記事が掲載されている（図13-2）。より重要なのは、障害者スポーツの記事の増加とともに、掲載面に大きな変化があったことである。藤田によれば、日本においてはその記事が社会面に掲載される傾向が強く、1994年のリレハンメル冬季大会までスポーツ面に掲載されることはほとんどなかったという。それに対し、図13-3が示すようにアトランタと長野冬季大会を契機にスポーツ面に掲載される割合が多くなっている。シドニー大会からはスポーツ面に掲載される割合が一番高くなり、それ以降はスポーツ面、次いで社会面、第一面の順となっている。

　こうした報道の変化は、参加選手の表象にも見られるようになる。朝日新聞の1997年11月23日の記事「パラリンピック代表選手の合宿始まる」では、長野冬季大会に参加する選手をアスリートと表現している。障害のある選手をアスリートと呼称する記事は1990年代では朝日新聞と読売新聞あわせて10本しかなかったが、2000年代には71本と急激に増加

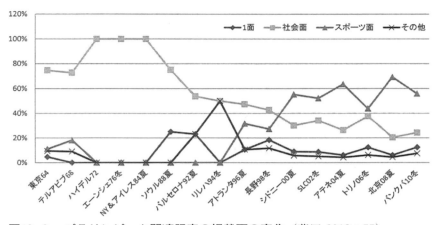

図13-3　パラリンピック関連記事の掲載面の変化（藤田 2013：55）

している[2]。こうした語り口の変容から、この時期に障害者スポーツが社会福祉ではなく競技スポーツと認識され始めたことがうかがえる。それを象徴的に示しているのが、朝日新聞の1998年3月2日の「活躍を期待、道内16選手　長野冬季パラリンピック5日開幕／北海道」という記事である。この記事では「障害者の自立と社会参加の促進といった面が強調されがちだが、選手たちはアスリート（競技者）として参加しており、鍛えられた強じんな体を使ってのプレーは、最高水準のスポーツとして見ごたえがある」と、選手がアスリートと表現されている。

　こうした障害者スポーツの競技としての側面を強調したり、選手をアスリートと位置づける語り口は、無力化され、劣位に置かれてきた障害者のイメージを大きく変えるものであった。すなわち、障害者スポーツの競技としての側面を強調することで、無能力化されていた障害者の力強さや「できる」側面を再評価し、その社会的なイメージの転換やエンパワメントへとつながったのである（藤田 2013）。

2）　新聞報道における障害者選手の表象の変容については、第29回日本スポーツ社会学会（2020年6月）における石井克・山崎貴史の一般発表「障がい者スポーツに関する新聞報道の分析：用語「アスリート」を例に」の資料にもとづいている。

（3）競技化の弊害

　ただし、障害者スポーツの競技化には批判的な視線も向けられてきた。高橋豪仁（2017）は近代スポーツが身体的な優越性を競うゲームであるとし、できることに価値を置く業績主義・能力主義を基本原理としていると指摘する。そして、障害者スポーツもまた競技化のただなかにあり、近代スポーツへと包摂・同化されているという。注意が必要なのは、こうした近代スポーツへの包摂・同化が矛盾を生み出している点にある。なぜなら、近代社会における業績主義・能力主義が能力＝できることを基準に人びとを階層化し、障害者を排除してきたためである。その具体的な矛盾として挙げられるのが、競技の高度化やパフォーマンスの卓越性の追求によって、重度の障害のある人びとがスポーツから阻害されているという問題点である（高橋 2017）。このように見ていくと、過度に卓越化を追求するスポーツのあり様が能力のある障害者と能力のない障害者を切り分け、前者を健常者中心のスポーツや社会に同化しエンパワメントする一方で、健常者に近づけない後者を排除する方向に働くことは容易に想像できるだろう。

　ここまで障害者スポーツの研究の蓄積をもとに、パラリンピックを中心にその歴史的な変遷を再構成してきた。これまでの日本における障害者スポーツの変遷はパラリンピックに大きく影響を受けながら、競技化、言い換えるなら社会福祉から競技スポーツへと変容してきたと簡潔に説明できるものだ。けれども、こうした社会性の変遷は多様な障害者スポーツを競技スポーツへと画一化していくプロセスでもあった。しかも、この画一化は「できること／できるようになること」を価値とするスポーツを普及させていくことでもあった。

　以下、第3節と4節では、障害者スポーツを競技スポーツ＝パラリンピックとみなす枠組みを手放して、その実際と参加者の経験の位相に着目してみたい。まずその手掛かりとして、アダプテッド・スポーツという考え方を取り上げる。

3．アダプテッド・スポーツと障害の社会モデル

(1) アダプテッド・スポーツという考え方

　アダプテッド・スポーツは1970年代から英語圏で実施されていた「アダプテッド・フィジカル・アクティビティ（adapted physical activity）」をもとに、日本には1990年代に導入されたもので、障害者、高齢者、子どもや女性等が参加できるように修正された、あるいはあらたに創られた運動やスポーツのことである。

　一般的なスポーツとの違いは、スポーツの側を参加者の発達や身体状況にアダプト＝合わせる点にある。通常のスポーツではあらかじめルールや競技の形式が決められており、参加者が身体をスポーツに適応させることが一般的だろう。参加者はその競技に適した身体をトレーニングでつくり、その特性に適応することで面白さを感じられるようになる（玉置 2021）。それに対し、アダプテッド・スポーツは前提となっているルールや環境を変えるという、正反対のアプローチをとる。例えば、下肢に機能的な障害のある人のシッティングバレーボールはネットの高さを低く（男性1.15cm、女性1.05）、コートを通常より狭くする。このような工夫によって、座位のままバレーボールを楽しむことができる。

　藤田（2008）はアダプテッド・スポーツの理念を①アダプテッド・フィジカル・アクティビティ、②人間第一主義、③統合、④個人的成長への着目、⑤エンパワメントと定義している。ここで注意したいのは、人間第一主義や個人的な成長が重視されている点である。人間第一主義とは参加者の障害ではなく、その人自身に着目するという考えであり、「何ができないか」ではなく「何ができるか」を重視する。また、個人的成長への着目は競争や勝利ではなく、スポーツを通して個人の達成感や自己実現を重視するものである。このようにアダプテッド・スポーツは能力主義的・競争主義的な考え方に縛られない、より参加者に合わせた柔軟かつ配慮されたスポーツのあり方といえるだろう。

（2）アダプテッド・スポーツと障害の社会モデル

　アダプテッド・スポーツの意義は障害の社会モデルと関連づけることでより明確に説明できる。障害の社会モデルは1960年代からの障害当事者運動とそれに影響を受けた障害学が提起したもので、障害者の経験する不利益の原因をその個人の機能的障害ではなく社会にあるとみなす理論的な枠組みである（星加 2007）。それ以前は障害の問題を個人の身体的・知的・精神的な機能不全にあるとする障害の個人モデルが一般的であったのに対し、障害の社会モデルは障害者の不利益が社会環境や制度に起因するとし、「できなくさせている社会」を問題としたのである。

　大切なのは、障害の社会モデルがインペアメントとディスアビリティを明確に区分けする点である。インペアメントとは個人の身体的・知的・精神的な機能上の不全や欠損を、ディスアビリティは社会活動を妨げる社会環境上の不利益を指す。障害の社会モデルではこの2つを明確に区分けし、問題の焦点をインペアメントからディスアビリティに移行させた。すなわち、足が動かず車いすに乗っているから社会的な活動が制約されているのではなく、車いすで生活・活動しづらい社会の形が彼らの活動に制約を生み出しているとみなすのである。

　以上を踏まえて、障害者スポーツの議論へ戻ろう。一般的にスポーツは激しい身体運動をともなうものであるため、何らかのインペアメントがスポーツへの参加を制約するというディスアビリティへと容易に結びつく。それに対し、アダプテッド・スポーツでは参加者個人の身体をスポーツに合わせるのではなく、スポーツの側を参加者に合わせると考える。つまり、アダプテッド・スポーツは障害者の身体条件（＝インペアメント）を改善するのではなく、スポーツのルールや用具（＝制度と環境）に働きかけることで、スポーツへの参加（＝ディスアビリティの解消）を可能にしているのである。このように捉えると、アダプテッド・スポーツには障害の社会モデル的な発想があり、従来の障害理解を相対化するオルタナティブな試みとして理解することもできる。

　ところで、皆さんも学校体育のなかで、バレーボールのネットを低くしたり、やわらかいボールを使用するといった工夫されたスポーツに参

加した経験はないだろうか。それは体育の先生が参加者の発達段階や身体に合わせて、ルールや用具を変えたアダプテッド・スポーツの実践であったといえる。こうした体育やスポーツでは参加者のインペアメントを個人の努力で解消するのではなく、まずスポーツを取り巻く制度や外部環境を修正することで、運動が苦手な人や身長の低い人がバレーボールに参加するときに直面する制約を解消することを目指している。このようにみなすと、運動が苦手な人の「できないこと」と障害者の「できないこと」の間には大きな違いがないと考えることもできる。

4．障害者スポーツの可能性

（1）スポーツにおける障害の無効化

　障害学の研究者で弱視でもある倉本智明（2006）は自身の少年時代の草野球の経験、友人たちが弱視であっても参加できるように作ってくれた変則ルールについて次のように回想している。友人たちは倉本の打席では、投手が通常より近づき山なりのボールを投げるといったルールをくわえてくれたという。こうしたルールの工夫はアダプテッド・スポーツの考え方そのものだが、彼にとってその野球はまったく楽しいものではなかったという。なぜなら、倉本は山なりのボールをうまく打つことができなかったからである。しかも、彼がヒットを打てないことがその試合ではあらかじめ了解されており、自分のプレイが勝敗にまったく影響を与えないと感じてしまったのである。

　ここから見えてくるのは、ルールや用具の工夫が参加を阻む障壁の解消につながらない場合もあるということ。もう一つはこうした配慮が参加者にインペアメントを「できないこと」として経験させることである。渡正（2022）はスポーツにおける障害の問題を考えるとき、個人のインペアメント（＝個人の身体の問題）とディスアビリティ（＝スポーツのあり方）の両方を考慮する必要があるとし、アダプテッド・スポーツがディスアビリティを重視するあまりインペアメントの側面を軽視してきたと指摘する。ここではスポーツにおけるインペアメントを目の見えない、足がないといった個人の機能的なレベルのもの、ディスアビリ

ティを障害のある人の参加を阻むスポーツのあり方（ルールといった制度や環境）の問題と理解しておこう。そして、渡はインペアメントとディスアビリティの両方を無効化することによって、スポーツを楽しむことができるという。なぜなら、競技のなかで障害が「できないこと」としてのみ経験されてしまえば、スポーツ自体がつまらないものとなってしまうためである。では、参加者のインペアメント、目の見えないといった機能障害を無効化するとは一体どのようなことを指すのだろうか。以下では、障害者スポーツにおいてインペアメントがどのように無効化されているのか、その仕組みをみてみたい。

　まず紹介しておきたいのが、多くの競技スポーツが導入しているクラス分けというシステムである。一口に障害があるといっても、障害の程度や種類によって動かせる部位や範囲が大きく異なり、発揮できる能力にも大きな違いがある。そして、身体状況が大きく異なる参加者が一緒に競った場合、障害の程度が競技の結果や勝敗をあらかじめ決めてしまうことになりかねない。そこで多くの競技では参加者を障害の種類・程度や競技上の能力によってクラス分けし、そのクラスにもとづいて競技を行っている。たとえば、陸上競技では種目ごとに障害の程度、種類や身体状況に即して極めて細分化されたクラスが設置されており、参加者を身体機能評価（筋力、関節可動域、バランス）と技術評価（試技による競技スキル）から問診・観察し、適切なクラスを割り当てる。身体障害クラスでは、脳性麻痺、四肢欠損、筋力低下、低身長といった多様な身体状況に合わせて、車いす部門で９、立位部門で12クラスも設置されている。このようにクラス分けは参加者を一定の基準に沿ってグループ分けすることで、競技の障壁となっていた参加者間のインペアメントの差異を無効化し、競技の公平性を作り出す仕掛けといえる。

　注意してほしいのは、クラス分けが競技性と公平性を作り出しているだけでなく、参加者のインペアメントの意味づけを大きく変えている点である。阿部智恵子ら（2001）は障害者水泳を例に、クラス分けがインペアメントを無効化するメカニズムを次のように説明する。水泳では陸上競技と同様に障害の程度や実際の泳力をもとにクラス分けがなされ

る。面白いのは、障害の程度や種類と同様に、「どのくらいのタイムで泳ぐことができるか」といった観点から区分けされている点である。つまり、参加者のインペアメントはクラス分けによって「できなさ」ではなく、「どれくらいのタイムで泳ぐことができるか」というクラスへの参加資格となり、参加者は「障害者」ではなく「競技者」としての位置づけを得ることとなるのである。このとき、インペアメントは「××ができない」というマイナスの意味から、その競技への参加資格というニュートラルなものへと意味づけなおされるとともに、参加者は競技者として非障害者化されることになる（阿部ら 2001）。

（2）スポーツにおける障害の非障害化

　渡（2022）は障害者スポーツではクラス分けといったルールによってインペアメントを無効化しているだけでなく、インペアメントそのものを競技やゲームの基盤として編成していると指摘している。たとえば、ブラインドサッカーではキーパー以外の参加者すべてがアイマスクをして、まったく見えない状態でプレイする。また、見えないなかでボール、他の選手や空間を認識するために、鈴の入ったボールや目の見えるガイドによる指示といった工夫がなされている。参加者すべてが見えない状態であるため、ブラインドサッカーでは「見えないこと」よりも「聞こえること」が重要になり、目の見えないというインペアメントは無効化されるのである。

　伊藤亜紗（2016）は陸上競技、水泳、ブラインドサッカーやゴールボールを取り上げ、視覚障害のある人のスポーツでは「視覚なし」がゲームの条件となっているとし、それが目の見える人のスポーツとの決定的な違いであるとともに、その面白さの要因になっていると説明する。なぜなら、視覚を使わないことによって独特の運動が生まれるとともに、特有の仕方でゲームが活性化するからである。例えば、ゴールボールは1チーム3人で鈴の入ったボールを転がすように投げ合って、味方ゴールを守りながら、相手ゴールにボールを入れて得点を競う視覚障害のある人の球技である。ゴールボールでは全員アイシェードを着用

し視覚に頼ることができないため、あらゆる情報を視覚以外の感覚を使って獲得する。とりわけ、大切になるのが「音」である。選手はボールのなかに入った鈴の音で速度、方向、強度などを察知し、相手選手の足音や息づかいなどで動きを推測し、ボールがどこに投げられるか／どこに投げるとよいかを予測しながらプレイする。つまり、ゴールボールでは全員がアイシェードをすることによって、「目の見えない」というインペアメントがゴールボールの新たな戦略をつくり、新しいスポーツを生み出している。

　渡と伊藤の指摘を踏まえれば、ブラインドサッカーやゴールボールは「視覚障害者のスポーツ」ではなく、「視覚を用いないスポーツ」なのであり、インペアメントがその魅力となっている[3]。つまり、見えないことが問題とならないように無効化されているだけでなく、そのスポーツの特徴や面白さの基盤となっているとも理解できるだろう。インペアメントがスポーツの存立基盤に組み込まれ、競技遂行上の困難や不利益（ディスアビリティ）にならないことを「障害の非障害化」（阿部ら2001、渡 2012、樫田 2019）とし、樫田美雄はこのような志向性をもったスポーツを「非障害者スポーツとしての障害者スポーツ」と呼んでいる。

　以上を踏まえて、倉本の草野球の経験を振り返ってみよう。ポイントは見えづらいというインペアメントが非障害化されていたかどうかである。確かに、草野球では山なりのボールを投げるといったルール上の工夫がなされていた。しかし、この工夫は視覚を用いてバットでボールを打つことを前提に見えづらい人への配慮だったといえる。そこでは目の見えることがゲームの基盤のままとなっているため、目の見えないというインペアメントは無効化されなかったのである。このような場合、イ

---

[3]　渡（2022）は車いすバスケットボールやシッティングバレーボールを挙げ、それらが下肢に障害のある人のスポーツではなく、「立たない」ことや「車いすを用いること」を基盤に競技が編成されていると指摘する。車いすバスケットボールでは車いすの構造を活かしたプレイや戦術（シュート時に片方の車輪を挙げるプレイや幅を使ったスクリーンプレイ）が多くあり、競技の面白さを生み出している（渡，2012）。

ンペアメントがスポーツへの参加を妨げる障壁や「できないこと」として否定的に経験されていくのである。障害のある人がスポーツに参加し楽しむためには、インペアメントが競技において非障害化されなければならないのである。

（3）スポーツにおける障害の価値づけの転換

最後に、障害者スポーツの競技以外の側面にも目を向けておこう。視覚障害のある人のスポーツのもう一つの特徴は「見ること」を他者に依存しているからこそ、対話的な活動が生み出される点である。伊藤（2020）はブラインドマラソンにおける目の見えないランナーと伴走者の関係に着目し、両者の間には走ることを通して身体の共鳴的な関係が生成すると指摘する。ブラインドマラソンでは伴走者が走りながら視覚情報を提供しているため、伴走者がランナーに一方向的に支援しているように思えるが、実は両者は走るリズム、腕振りや歩幅を同調させており、双方向的な運動であるという。

また、植田俊ら（2022）はブラインドマラソンへのフィールドワークから、ランナーと伴走者が走る際、重要な役割を果たしているのが「世間話」だという。ランナーと伴走者は世間話をすることで辛い練習を乗り越える。なかには走ること以上に会話を目的に参加する人もいるように、スポーツそのものの目的や他者とのかかわりのあり様を大きく変えていくのである。

こうした視覚障害のあるランナーと伴走者の関係は「障害者／健常者」や「支えられる側／支える側」といった単純な枠組みで捉えることのできるものではない。この関係は伴走者（＝健常者）がランナー（＝障害者）を支えるという福祉的・非対称な関係ではなく、両者は共同的・協働的に走るなかで、その楽しさや苦しさを共有する支え合う関係にあるといえる。目の見えないことが対話的なスポーツを生み出し、障害者と健常者の関係をあらたなものに開いていくのである。障害はスポーツにおいては人と人のつながりを生成したり、深めたりする「触媒」として価値づけることもできる（伊藤 2015）。

ここまで見てきたように、スポーツに障害が持ち込まれることで、そのあり様と面白さは大きく刷新されていく。伊藤は障害者スポーツを「障害があってもできるスポーツ」ではなく、「障害があるからこそ出てくる体の動きや戦略を追求する活動」（伊藤 2016：5）と定義づけている。この定義を踏まえるなら、障害者スポーツは「障害者のスポーツ」や「障害者のためのスポーツ」というよりも、障害の特性と固有さをそれぞれの存立基盤や面白さに転用したスポーツなのである。障害者スポーツと一括りにされてきたものは、障害の特性を競技形式や面白さへと組み込むことで、多様で豊かなスポーツを生み出してきた。

　本章では、障害者スポーツとその社会性の変遷から、それがリハビリテーションから競技へと変容してきたこと、そしてそのことが「できること」に価値を置く競技スポーツの発展と拡大であったことを見てきた。スポーツは自身の身体一つで記録やパフォーマンスの卓越性を競うところに魅力があり、障害者スポーツも「できること／できるようなること」に価値を見出す。つまり、障害者スポーツは基本的に障害のある身体を「できること」に価値を置く社会に同化させる（「できない」者は排除する）アリーナであった。

　しかし、本章の後半で紹介したように、障害者スポーツには「できること／できるようになること」に必ずしもこだわらない柔軟な実践があった。その一つがアダプテッド・スポーツという考え方である。アダプテッド・スポーツには、スポーツそのものを身体に合わせて変えてしまえばよいというユニークな発想があり、「できること」を相対化する試みであった。もちろんスポーツである以上、「できること」の呪縛から完全に自由になることはできない。けれども、障害者スポーツから、スポーツのあり様を多様な形に開いていくことができる。なぜなら、障害者スポーツは、スポーツにできない身体を持ち込んでしまうためだ。

　また、障害者スポーツは障害を競技の面白さとして非障害化するメカニズムも有している。そこでは足がない、目が見えないといった「できないこと」がマイナスになるのではなく、むしろスポーツにおいて活用されている側面も見出せる。このように見ると、障害者スポーツを研究

することで、障害からスポーツの多様なあり方に向けた議論をすることもできるし、スポーツから社会における障害の多様な現れ方を考えることもできる。ここに障害者スポーツを研究する面白さと意義がある。

研究課題

1．一つの障害者スポーツについて、その歴史や変遷を調べてみよう。
2．障害者スポーツやパラリンピックは健常者のスポーツやオリンピックと同じ価値を持ったものか、それとも独自の価値を持ったものなのか、考えてみよう。
3．一つの競技を取りあげて、その競技において障害がどのように非障害化されているか考えてみよう。

引用・参考文献

阿部智恵子・樫田美雄・岡田光弘, 2001,「資源としての障害パースペクティブの可能性：障害者スポーツ（水泳）選手へのインタビュー調査から」,『年報筑波社会学』13：17-51.
蘭和真, 2002,「東京パラリンピック大会と障害者スポーツ」『東海女子大学紀要』22：13-23.
藤田紀昭, 2013,『障害者スポーツの環境と可能性』創文企画.
藤田紀昭, 2008,『障害者スポーツの世界：アダプテッド・スポーツとは何か』角川学芸出版.
日比野暢子, 2021,「パラリンピックは社会政策に影響をもたらし社会変化を起こせるのか」『社会政策』12（3）：22-38.
星加良司, 2007,『障害とは何か：ディスアビリティの社会理論に向けて』生活書院.
伊藤亜紗, 2015,『目の見えない人は世界をどのように見ているのか』光文社.
伊藤亜紗, 2016,『目の見えないアスリートの身体論：なぜ視覚なしでプレイでき

るのか』潮出版社.

伊藤亜紗，2020,『手の倫理』講談社.

樫田美雄，2019,「障害社会学の立場からの障害者スポーツ研究の試み：『障害者スポーツとしての障害者スポーツ』」，榊原賢二郎編『障害社会学という視座：社会モデルから社会学的反省へ』新曜社：65-87.

倉本智明，2006,『だれか，ふつうを教えてくれ！』理論社.

中川一彦，1997,「パラリンピック競技大会の夜明け」,『筑波大学体育科学系紀要』20：1-7.

西山哲郎，2020,「日本におけるスポーツ参加の現状と課題」日本スポーツ社会学会編集企画委員会編『2020東京オリンピック・パラリンピックを社会学する：日本のスポーツ文化は変わるのか』創文企画.

高橋豪仁，2017,「パラリンピック教育に関する一考察：障害者スポーツからの学び」『次世代教員養成センター研究紀要』3：99-109.

玉置佑介，2021,「障害者水泳をアダプテッド・スポーツにする：『待つ』という実践的行為に注目して」『ソシオロジスト』23：149-173.

植田俊・山崎貴史・渡正，2022,「障害者スポーツにおけるつながりの生成：視覚障害者ランナーと伴走者を事例として」『スポーツ社会学研究』30（2）：65-84.

渡正，2012,『障害者スポーツの臨界点：車椅子バスケットボールの日常的実践から』新評論.

渡正，2019,「パラリンピックは多様性のある社会を実現できるのか？」『現代スポーツ評論』40：148-152.

渡正，2022,「障害者スポーツにおける障害の非障害化の社会学」『現象と秩序』16：3-17.

14 | 多様な社会とスポーツ（4）：
健康・スポーツ参加の格差と社会階層

下窪拓也

　日本で格差が深刻な社会問題として認識されて久しい。格差は生活の様々な側面を規定する。ではこの格差はスポーツ参加とどのように関わるのだろうか。本章では、格差を考える上で重要な概念である、社会階層、社会階級そして社会経済的地位とスポーツの関連を概説していく。

1. 社会階層／階級とスポーツ

　かつては総中流社会といわれた日本でも、近年では「格差」や「貧困」が社会問題として取り上げられるようになった。国民の健康増進の総合的な推進を目的とした具体的な計画として位置づけられる「21世紀における国民健康づくり運動（健康日本21）」では、第二次以降、社会経済的状況や環境の違いによる健康格差の縮小が掲げられている（厚生労働大臣2023）。格差の問題は、人びとのライフスタイルや健康に影響する重大な課題として取り上げられている。

図14-1　社会階層

日々の生活を営むために必要な資源は、すべての人に平等に分配されているわけではなく、社会の中で不平等に分布している。この資源の分布と関連する社会的な構造の概念として、図14-1に表されるような社会階層が挙げられる。ここでいう資源とは、金銭などの経済的資源だけを指すのではなく、文化的あるいは心理的な資源も含まれる。この社会階層と似た概念として社会階級がある。代表的な定義として社会階級は社会的な属性によって人びとを分類するカテゴリーとして扱われるのに対し、社会階層とは資源の不平等な分布によって生じる生活機会の連続的な差異として捉えられ、階層内の社会経済的地位という概念へと展開された（川上ほか編 2015）。この社会経済的地位とは具体的には、所得、学歴、そして職業および就労状況をもとに定義されることが多い。

　本章では、社会階層、社会階級ならびに社会経済的地位と運動・スポーツとの多様な関わりについて触れる。まず、次節では多くの近代スポーツ発祥の地として知られるイギリスにおける、社会階級とスポーツの関わりについて見ていく。ここでイギリスを取り上げるのは、このイギリスの階級文化が近代スポーツの発展に少なくない影響を与えたからだ。

　次に、現代の日本社会に焦点を移して、社会階層とスポーツ参加に関してこれまで蓄積されてきた知見に触れる。スポーツと社会階層の関連でいえば、たとえば、世の中にはスポーツをする人もいれば、しない人もいる。このような差異はどのようにして生まれるのだろうか。もちろん、スポーツ参加を規定する要因は多岐にわたり、そのすべてをここで網羅することはできない。しかし、資源の不平等な分配という社会構造を思い起こせば、スポーツ参加に必要な何らかの資源もまた社会階層に応じて不平等に偏在し、社会階層によってスポーツ参加の様相が異なると考えることもできる。また、適度なスポーツの実施は健康の維持向上に貢献することから、社会階層によってスポーツ実施の格差が生じているとすれば、それは健康の格差という重大な社会課題にもつながる。

　以下、まず第2節では、資本主義社会における支配階級と被支配階級の形成および再生産においてスポーツが果たした役割を確認する。第3

節では、健康の格差という視点から社会階層と健康および健康関連行動としての身体活動量の関連を確認する。最後に第4節では、スポーツを単なる身体活動ではなく、文化消費として捉え、社会階層に応じた文化消費およびスポーツ参加を考えていく。

2. イギリスの社会階級とスポーツ

　イギリスの社会階級は18世紀までは王族や貴族、ジェントリと呼ばれる大土地主からなる上流階級とそれ以外という構図であった。その後18世紀以降は、資本主義社会の進展のなかで、専門職を持つ者や資本家や銀行家などのブルジョアジーが台頭し、王族、貴族、ジェントリからなる上流階級、新興の中流階級と、それ以外の下層階級の3つに区分される。下層階級には労働者階級も含まれる（図14-2）。

　上流階級は、経済的そして時間的なゆとりから独自のライフスタイルを持っており、様々な余暇やスポーツを生み出した。たとえば、ポロ、ゴルフ、カヤックなどが挙げられる。もちろん下層階級にも、闘鶏、動物いじめ、フットボールなど、愛好されるスポーツは存在していた。そして、スポーツは社会階級と密接に関連しながら様相を変える。ここでは、イギリスの社会階級とスポーツの関わりを描いたJ. Hargreaves（ジョーン・ハーグリーブス　1986=1993）を主な参考文献として、イギリスの階級構造に大きな変動が生じた産業革命の少し前から、スポーツのルールの成文化や全国的なスポーツ組織が誕生した1800年代後半までの変遷を概観する。

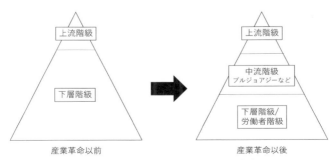

図14-2　産業革命前後のイギリスの社会階級

（1）産業革命以前の社会階級とスポーツ

　フットボール、闘鶏、動物いじめといった民衆のスポーツを含む粗野で野蛮な民衆文化は、人びとの生活方法をプロテスタント倫理の教義に一致させようとするピューリタンの試みによって抑圧されていた。しかし、王政復古とともに、ピューリタンの力も弱まり、スポーツへの弾圧も弱まった。その後も英国国教会はピューリタン的な姿勢を踏襲していたが、もはやあまり効果を持つものではなかった。

　17世紀から18世紀にかけては、資本主義が発展するにつれて労働に対する家父長的統制が弱まり、また、貴族やジェントリとの服従関係から民衆が自立していく時代でもあった。当時、支配階級にとって民衆とは、群衆という形で存在を示す脅威としても捉えられており、民衆の統制のために、しばしばスポーツが用いられた。スポーツは権力者と下層階級の間の差異、つまりは権力者の優越性を示す「偉大なる者の劇場」として利用された。たとえば、スポーツ大会での賞の授与など民衆の場に姿を現しパフォーマンスを行う絶好の機会であった。また、競馬において馬を所有するのは支配階級で、支配階級に雇われた下層階級出身者が騎手をつとめていた。会場には観客席が身分によって区分されていたし、クリケットなどのスポーツでは格式高い役割を支配階級が独占し、下層階級者はボールを投げたり守備をやらされたりしていた。懸賞ボクシングも人気のスポーツであったが、一般的に貴族階級が庶民のなかから選んだ人物に殴り合いをさせていた。このように、民衆と支配階級が接触する場では、支配階級の富や権力、そして下層階級に対する優越性が誇示されていたのである。

（2）産業革命以後の社会階級とスポーツ

　産業革命が生じた18世紀末から19世紀半場にかけては、産業資本主義への移行、工場制度の広がり、商業や交通の発展そして、人口の増加、さらには、本節冒頭で説明したあらたな階級の振興など、大きな社会的変化が生じた時代であった。階級意識が顕在化し組織的な労働運動が生じることで、社会的、政治的秩序に脅威を感じた支配者階級は、秩序維

持のために民衆に対して抑圧的な対応をとることとなる。そのなかで、民衆スポーツも規制の対象にされた。また、労働時間の増加と余暇時間の減少による時間的余裕の縮小に加えて、肉体労働による体力の消費が、体力を消費する娯楽から労働者階級を遠のかせた。雇主も労働力の再生産と労働規律問題から、労働者の自由時間の利用規制に対してプロテスタント倫理やブルジョア的価値の教化といった道徳的統制を行使していた。

　下層階級への抑圧は、スポーツを含む民衆の行動、祭り、定期市、パブ、空き地の利用といった荒っぽく粗野な娯楽を規制した。代わりに労働者階級には、支配階級の監視のもと、レスペクタブルな諸組織によって供給されるレクリエーションや健全娯楽がモデルとして示された。たとえば、子どもや若者は牧師や関係当局によって日曜学校に連れていかれ、雇主は被雇用者に通学を命じた。その日曜学校では、望ましくないとされる競馬や飲酒などに対抗するための魅力として、ふさわしいスポーツ（たとえば高貴なゲームとされているクリケットなど）が取り入れられていた。

　ただし、支配階級による抑圧に対するスポーツ側の対応も一枚岩ではない。抵抗したものもあれば、介入により発展したスポーツもある。たとえば、競馬は階級排他的な社会的行事となり、闘鶏、ボクシング、レスリング、ビール屋台などは裕福な観客、パブの主人、馬のオーナーなど、競馬やこれらのイベントから富を得る人びとから経済的支援を受けていた。粗野で暴力的な民衆スポーツを抑圧していた時期ではあったが、懸賞ボクシング、レスリングや賭競争は、迫害と非難にもかかわらず流行していた。これらのスポーツの発展の背景には富裕層からのパトロンを通じた介入の存在が一因として挙げられる。

　また、闘鶏などの動物を痛めつけるスポーツが民衆のなかでは規制されたこの時期でも、貴族は依然として狩猟を楽しんでいた。規制の標的がパトロンではなく民衆となっていたことからもわかるように、民衆文化をめぐる支配階級の政治的な思惑が背景にあったのである。

（3）パブリックスクールとプロ・アマ

　19世紀は様々なスポーツが発展する転換期といえる。この時期のスポーツの発展に対し、なかでもパブリックスクールが重要な役割を担う。パブリックスクールは、ジェントリなどの上流階級が子弟を通わせ、ジェントルマンになるための教育を施す。また、この時期から産業革命以降に力を得た新興ブルジョア階級も入学するようになる。変化していく社会に学校も対応が求められ、ラグビー校の Thomas Arnold（トマス・アーノルド）は、学校教育の変革に着手した。Arnold がラグビー校の校長を務めていた期間、ラグビー校の教育は、社会的責任を自覚し、高い倫理的意識と自信にあふれた生徒を世に排出するように努めた。

　1830年頃までのパブリックスクールのフットボールは、比較的に無秩序で、ルールや十分な規則もなく、上級生が下級生をいじめるための道具とされていたこともあったという（多木 1995）。Arnold は運動を積極的に教育に用いる意思はなくスポーツやゲームにも気まぐれにしか関心を示していなかったようだが、カリキュラム上に伝統的なゲームを位置づけたことや、彼の弟子たちがスポーツの発展に寄与したことから、Arnold の影響は重要であったといえるだろう。Arnold は、貴族が庇護していた無秩序なスポーツではなく、合理的なブルジョアスポーツを奨励した。こうして、パブリックスクールでのスポーツは、下層階級によって行われる粗野なスポーツから差異化されるルールを持つ、ジェントルマンスポーツへと発展していった。また、リーダーシップ、集団や権威への忠誠、そして愛国心といったヴィクトリア時代のブルジョア道徳の徳性を養成するため、個人スポーツではなくクリケット、ボート、フットボールなどの集団種目に重きが置かれた。

　各学校で独自のルールを定めていたが、地域を越えた対抗試合が行われるようになると、どこでも通用する統一されたルールが制定されるようになる。そして、統合する団体・組織が形成される。その過程で、現在日本でサッカーと呼ばれるアソシエーション・フットボールが形成される一方で、ラグビー校のルールを採用したラグビー・フットボールが

現れるなど、多様なルールが統一化される過程で、複数の競技へ分化する現象も見られた。組織の規模と複雑性が増すにつれて、個々のスポーツの調整、もめごとの裁定、政策の立案のための統括団体が中央に生じる。そして、メジャースポーツの統括団体が、全国のスポーツクラブの活動を調整するために結成された。なお、この時期に統合された組織は、支配者階級を統合するように機能しており、下層階級に対しては排除が試みられていた。その要となっていたのが、アマチュア・ジェントルマンのステータスである。現代では、プロフェッショナルと聞くとアマチュアよりも高い地位を思い浮かべる人も少なくないだろう。しかし、当時は現代のわれわれの感覚とは逆の語感があった。アマチュアは上流階級を、プロフェッショナルは労働者階級を指す。プロフェッショナルはアマチュアに劣るものとして捉えられ、異なる扱いを受けることとなった。

19世紀の終わり頃になると、クラブの形成はさらに広がり、上流階級だけではなく労働者階級のクラブも増加していった。イングランドサッカー協会（FA）が主催するFAカップでは、長らくパブリックスクール卒業生主体のチーム同士が決勝を戦っていたが、1883年には労働者チームであるブラックバーン・オリンピックがパブリックスクールであるイートン校卒業生主体のオールド・イートニアンを破って優勝を果たす（八林 2008）。このように、パブリックスクールによって制度化、組織化されたスポーツは、下層階級へと拡大していった。

3. 健康／身体活動量の格差

ここからは、現代に焦点を移し、社会階層と健康、運動習慣そしてスポーツの関連を見ていく。本節では、まず健康格差を念頭に置き、社会学の隣接領域である社会疫学等の知見も参考にしながら身体活動量と社会階層の関連を概観する。

（1）健康格差の問題

産業革命以降、多くの先進国が生活水準の向上や労働環境の改善を果

たしたため、健康の格差はすでに遠い過去の話であり、現代社会とは無関係だと思えるかもしれない。しかし、いくつかの実証的なデータが示すように、健康の格差が現代社会でも深刻な課題として存続している。たとえばロンドンの公務員を対象に1960年代と1980年代に実施された調査では、この20年間で職位に応じた虚血性心疾患死亡率は大きく変化していない（Marmot et al. 1991）。ヨーロッパの数か国を対象に1980年代前半と1990年代前半の死亡率と職業階層および学歴の関連を検証した研究では、この期間で社会経済的地位と死亡率の相対的な格差の拡大が報告されている（Mackenbach et al. 2003）。ただし、社会経済的地位と健康リスクの内容は変化しており、かつての健康リスクは飢餓、低栄養、不衛生による感染症であったが、現代の先進国では生活習慣病、鬱や自殺などが社会経済的地位と関連する健康のリスク要因となった。

社会経済的地位と健康の関連は日本でも報告されている。現在の日本社会では飢え死にするほどの物資的困窮は少ないものの、慢性的な困窮状況による健康のリスクが経済状況に応じて偏って分布している可能性がある。また、経済的負担による医療・福祉サービスへのアクセスの阻害や、困窮状態に置かれることによる心理的ストレスが健康を害することもある（川上ほか編 2015）。

就労状況、仕事の内容そして職場環境は、日々の生活や心と体の健康に大きな影響を与える。仕事内容や労働環境は、たとえば長時間のデスクワークを必要とする仕事や事故のリスクが高い仕事を思い浮かべれば、健康に影響を与える物質的環境だと容易に想像できるだろう。また、日本では企業や行政が医療・福祉サービスを提供しているが、企業規模や雇用形態によって享受できるサービスの差が指摘されている（川上ほか編 2015）。ほかにも、仕事内容や職場の人間関係が心理的ストレスになることも考えられる。職業と健康の関連は、景気によっても左右される。たとえば、1990年から2000年にかけて国内の自殺率は上昇したが、なかでも管理職や専門職従事者の自殺率の増加が顕著だった。この原因として、経済不況による労働環境の変化やストレスの増大が議論されている（Wada et al. 2012）。

（２）運動習慣・スポーツ実施と社会階層

　現代の日本社会では生活習慣病が重要な健康問題となっていることから、望ましい運動習慣を持つ人は、そうでない人よりも健康になる確率が高いだろう。つまり、運動習慣やスポーツ実施は、健康と社会経済的地位を結ぶ媒介項としても考えられる。ここからは、運動習慣・スポーツ実施に焦点を絞り、国内における社会階層との関連を概観していく。

　近代スポーツが日本に伝来したのは、1854年の開国の後、政府主導で欧米の文化が積極的に取り入れられた時期であった。しかし、当時近代スポーツを行うことができたのは、ごく一部のエリートや上流階級に限定されていた。その理由として、そもそもスポーツ自体が中等学校以上で広まっていたこと、そして、スポーツを行うにはある程度の「金、暇、場所」が必要だが、低中階層はそうした資源や条件が身近になかったことが挙げられる（森川・依田編 2001）。

　スポーツの大衆化に伴い社会階層との関連も変化する。一つの転換期といえるのが高度経済成長期である。1960年代初頭、15歳から25歳未満の勤労青少年を対象とした調査では、特に男性において、余暇にやりたいこととして「スポーツ・旅行・登山等野外活動」を回答する人が相対的に多かった。当時の人びとが持つスポーツを求める姿勢がうかがえる。ただし、実際の休日の余暇利用では、スポーツの相対的な地位は低い（河野 2012）。そして、希望する余暇が実現できない理由には、「時間がない」と「経済状況が悪い」の２つがよく挙げられていた。以上のスポーツ実施の阻害要因は労働環境や職場施設に起因しており、特に住み込み店員や自営業者はスポーツの実施から遠ざかっていた（河野 2012; 笹生 2013）。

　こうした労働条件は1960年代を通じて急速に改善していく。1960年に国民所得倍増計画が閣議決定されて以降、若年労働者の賃金水準の上昇と賃金格差の平準化が進行した。加えて、労働時間の短縮も進められる。当時の人びとは、経済的水準の確保を労働時間の短縮よりも優先する傾向にあり、労働時間は1960年代まで増加傾向にあった。しかし、70年代に入ると、日本人の「働きすぎ」への国際的な批判をかわすため、

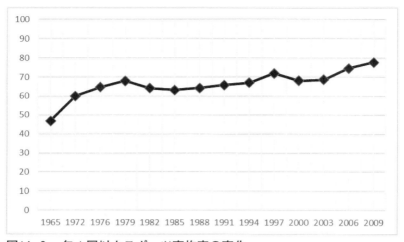

図14-3　年1回以上スポーツ実施率の変化
（内閣府、スポーツに関する世論調査および体力・スポーツに関する世論調査を参考に筆者作成）

週休2日制が普及していく。加えて、高度成長期に勤労青少年のスポーツ参加を阻んでいたもう一つの要因である、スポーツ施設の不足も1970年代に改善されていった。公共スポーツ施設は1950年あたりから増加し始め、1970年には増加傾向が本格化する。スポーツをするために必要な「金、暇、場所」が整えられていったのである。このような社会的状況下で、1960年から1970年にかけて、スポーツ実施人口は増加した。図14-3は、「スポーツに関する世論調査」と「体力・スポーツに関する世論調査」（内閣府 online）を参考に作成した、過去1年間にスポーツを行った人の割合の推移である。これを見ると1960年から1979年にかけ実施者が増加している。しかし、その後は90年代に入るまで停滞している。この停滞の理由として広田照幸ほか（2011）は、この時期の若者は、前の世代よりも経済的、時間的余裕は手に入れたが、スポーツ以外にも多様な娯楽やレジャーが出現したことによって、関心が分散したため、「『若者がどんどんスポーツをやるようになった』といえるほどの状況ではなかった」（広田ほか　2011: 11）と考察している。

　運動・スポーツをする条件や資源が整ったとしても、すべての人が同

様にスポーツを実施するわけではなく、今日でも運動習慣およびスポーツ実施と社会経済的地位の関連は確認されている。国内外の研究では、これまで、主に高所得層や高学歴層ほど、運動を実施する確率が高い傾向が報告されてきた（Beenackers et al. 2012）。また、就労状況との関連では非就労者は就労者より余暇時間に運動・スポーツを実施する傾向にある。職業と運動・スポーツ実施の関連も確認されているが、女性事務職や男性管理職の運動実施率が高いことを示す報告もあれば（下窪 2020）、事務従事者が管理・専門・技術業従事者や生産工程従事者よりも運動をする傾向を示す報告もある（Takao et al. 2003）。職業間の余暇時間の運動・スポーツ実施の差を、勤務中の運動量の差によるものだと考えることもできるが、仕事での身体活動時間を調整した分析からも、職業間での運動実施率には統計的に有意な差が確認されている（下窪 2021）。

　運動習慣を規定する要因は、本人の社会経済的地位だけにとどまらない。成人期の運動習慣は、子ども期の運動・スポーツ経験にも左右される。そして、この子ども期の運動・スポーツ実施は、親の学歴や収入といった、出身家庭の社会経済的地位の影響を受ける。量的調査の結果から、世帯年収が高いほど、父親の学歴が高いほど、そして母親にスポーツ系の習い事経験がある場合、子どものスポーツ活動頻度は高くなる傾向が示されている（大橋 2020）。また、岐阜県で実施された調査から体力テストとの関連も示されている。小学生高学年を除き、幼児から中学生まで、親の世帯年収が高いほど、体力テストの成績がよく、年収が400万円未満になると小学校以降の成績が顕著に低下する傾向にある。そして、家庭の学校外スポーツへの支出額が高くなるほど体力テストの成績がよく、この支出額と成績の関連は、学年が上がるほど拡大する傾向が示されている（清水編 2021）。世帯年収が高い母親ほど子どものスポーツに対して積極性を示し（大橋 2020）、世帯年収や学歴が高い親ほど、子どもを学校外スポーツクラブに通わせるなど学校外スポーツへの投資を行うことから（清水編 2021）、出身家庭の社会経済的地位によるスポーツ参加機会の格差が、子どもの身体能力に影響している可能性が

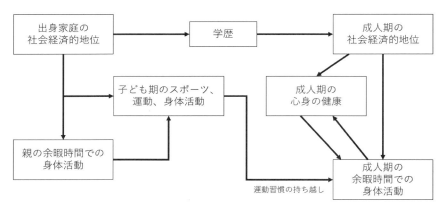

図14-4 出身家庭の社会経済的状況が成人期の運動習慣に影響を与える経路
(Elhakeem et al. (2015) の Fig. 2 を参考に筆者作成)

考えられる。

　出身家庭の社会経済的地位は、図14-4に示すように、大きく分けて2つの経路を通じて成人期の運動習慣に影響を与えると考えられている。一つ目は、家庭の社会経済的地位が高い子どもほど、運動・スポーツを行う傾向にある。そして、子ども期の運動・スポーツ経験を通じて、「運動習慣の持ち越し効果」(澤井 2014)、として成人期の運動習慣に影響を与える経路である。もう一つは、家庭の社会経済的地位が高い人ほど高等教育に進学しやすく、成人期には高い社会経済的地位に到達しやすい。この階層の再生産を媒介に、成人期に運動習慣を獲得する経路である。

　では、運動習慣やスポーツの実施状況は、なぜ社会階層によって異なるのか。経済的な資源の格差によるものだと考える人もいるかもしれない。しかし、国内では最も実施される種目は散歩・ウォーキングであり、この種目の実施にかかる経済的コストは少ない。現代の日本社会では、種目を問わなければ、スポーツにかけられる金銭の量といった経済的な資源の格差によって、運動習慣と社会経済的地位の関連が構築されているわけではなさそうである。

　社会階層間での運動量の差異は、社会階層に応じた物質的資源の保有量によるものだけではなく、階層による生活嗜好や文化、様式によるも

のとする行動学的メカニズムにもとづいた議論も展開されている（川上ほか編 2015）。さらには、社会経済的地位と運動習慣の関連をつなぐ媒介項に関する分析も蓄積がある。たとえばヘルスリテラシーといった健康への理解、疲れていても、忙しくても運動を定期的に行う自信といった運動に関する有能感、そして、現在よりも将来得られる利益を重視する時間的志向といった、人びとの価値観や意識、志向性の階層間の差異に着目した議論もある（e.g., Sugisawa et al. 2020）。

4. 社会階層とスポーツの関連

（1）社会階層とスポーツ種目

　社会階層は実施する種目とも関連する。たとえば散歩とゴルフ、水泳、ハイキングを思い浮かべてほしい。これらは、実施にかかる費用は質的にも量的にも大きく異なる。たとえば、散歩であれば日常生活で必要となる衣服や靴以外には特別なものは必要とせず、比較的容易に行うことができる。一方で水泳であれば水着や水泳施設が必要になるし、ゴルフは高価な用具を必要とする。ハイキングであれば適した土地まで移動しなければならない。スポーツの種目に応じて、必要となる経済的および時間的な費用は異なる。種目によっては1人では行えないものもあるため、人を必要とする場合もある。実施にかかる費用や条件が異なることから、人びとが所有する資源に応じて、実施可能な種目が異なることは想像に難くない。

　そこで笹川スポーツ財団が2022年に実施したスポーツライフに関する調査（笹川スポーツ財団 2022）の二次データを利用し、回答者が過去1年間に実施した種目と回答者の社会経済的地位の関連を検証した。図14-5は、全体の実施率と最終学歴（図14-5左上）、世帯年収（図14-5右上）、職業・就労状況（図14-5下）ごとの各種目の実施率を示している。なお、社会経済的地位、性別、年齢を調整して実施率を算出しているため、たとえば世帯年収と学歴は相関するが、図14-5が示す世帯年収と実施率の関連は、学歴による疑似相関の可能性を排除している。

　まず学歴との関連を見ると、散歩・ウォーキング、体操、筋力トレー

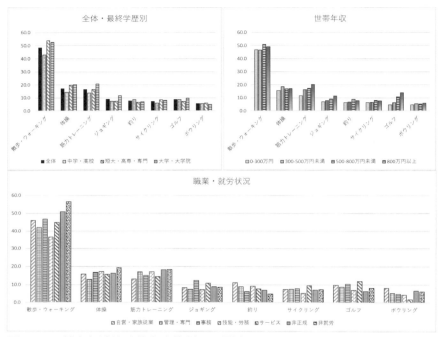

図14-5 社会経済的地位と実施種目の関連
(スポーツライフ・データ2022を使用し筆者作成)
縦軸は1年間の実施率を示している。なお二項ロジスティック回帰分析を行い、社会経済的地位および年齢と性別の影響を調整している。調査では散歩とウォーキング、ゴルフ（コース）とゴルフ（練習場）は別の項目として扱っているが、ここでは簡便化のためそれらをまとめて前者をウォーキング、後者をゴルフとして扱っている

ニング、ジョギングは高校以降進学した人びとの実施率が高い一方で、釣りは高卒以下の学歴者の実施率が高い。またゴルフのように高卒者と大学進学者の実施率に大きな違いが見られない種目もある。世帯年収との関連では、全体的な傾向として300万円未満の人びとの実施率が低く、年収が上がるほど実施率が上がる種目が多いようにも見える。ただし、ゴルフのように年収との関連が顕著な種目もあれば、体操のように明確な関連が見られないものもある。最後に、職業・就労状況との関連では、非就労者や非正規雇用者の実施率が高い種目（散歩・ウォーキングや筋力トレーニング）もあれば、ゴルフのように就労者の実施率の方

が高い種目もある。職業間でも実施率に差異は見られ、職業とスポーツ種目の関連の複雑性がうかがえる。

(2) スポーツ種目選択の規定要因

人がどんなスポーツに参加するかは、まずその人の持つ経済資本に、そして時間的余裕に依存する。そしてそれだけでなく、社会階級や社会階層によってスポーツ実施や観戦が異なるのは、これらの活動に参加することで得られる利益が異なるためだと考えられている（Bourdieu 1980=1991）。たとえば、図14-5からゴルフは正規職に就く高所得者ほど実施する傾向がうかがえるが、ゴルフの実施が自らの地位を示すシンボルとして、あるいは特定の階層コミュニティの文化的障壁として機能している可能性がある（束原ほか 2015）。文化消費としてのスポーツ実施という観点に関連して、P. Bourdieu（ピエール・ブルデュー）は、スポーツ参加の重要な要因として文化資本を挙げる（Bourdieu 1980=1991）。ここでいう文化資本とは、家庭環境や学校教育などを通じて個人に蓄積される言葉遣いやふるまい、教養、趣味などである。また、片岡栄美は、文化資本の根底にあるのは、文化的弁別力、要は「違いがわかること」だと説明している（片岡 2019: 65）。この文化資本は、意図的に習得されることもあれば、たとえば家庭環境や周囲の人びとの影響によって本人が意図せずに習得することもある。

また、どのような趣味を選択するのか、つまりはどんなスポーツを嗜好するかを考える際に、文化資本とあわせて考えるべき重要な概念としてハビトゥス（Bourdieu 1979=1990）がある。ハビトゥスを片岡（2019）は、「癖や性質」（p. 53）に近いものだと説明している。普段の生活が異なれば異なるハビトゥスが生み出され、社会階層によって消費される文化あるいは文化消費のパターンも異なる。

スポーツの実施や観戦は、趣味という文化消費の一つとして考えることができる。そして、嗜好性や趣味は階層によって異なることから、文化消費のパターンも社会階層によって説明されるという見方ができる。社会経済的地位を同じくする人びとに共通する文化資本やハビトゥスに

よって、図14-3が示すような実施種目と社会経済的地位の間の統計的な関連を考えることも可能だろう。また、テレビが普及した昨今ではテレビでのスポーツ観戦は、経済的資本による制約が弱く、文化資本やハビトゥスの影響を強く反映するかもしれない。たとえば、スポーツ観戦パターンと社会経済的地位の関連を分析した研究（下窪2021）では、世帯年収が300〜500万円未満の男性は、プロ野球や高校野球を集中的に見る観戦傾向が特に強いこと、そして、専門・管理職に従事する女性では、高校野球、サッカーやバレーボールの日本代表戦、フィギュアスケートなど比較的多様な種目を観戦する傾向が確認されている。

　このように社会階層は健康やスポーツ参加と多様な関わりを持ち、その背後には複雑な社会構造が潜んでいる。また、本章では社会階層がスポーツ参加を規定する方向性で考えてきたが、スポーツ推薦入学試験制度を利用した大学進学のように、スポーツの実施が社会経済的地位を規定する側面もある。

研究課題

1．実施するスポーツや観戦するスポーツの種目と社会階層の関係性について調べてみよう。
2．スポーツの実施が階層移動に与える影響について考えてみよう。

引用・参考文献

Beenackers, Marielle. A., Kamphuis, Carlijn B.M., Giskes, Katrina, Brug, Johannes, Kunst, Anton, E., Burdorf, Alex, and Van Lenthe, Frank, J., 2012, "Socioeconomic Inequalities in Occupational, Leisure-time, and Transport Related Physical Activity among European Adults: A Systematic Review," *International Journal of Behavioral Nutrition and Physical Activity*, 9：116.

Bourdieu, Pierre, 1979, *La Distinction: Critique Sociale du Jugement*, Minuit.（石井洋二郎訳，1990，『ディスタンクシオン——社会的判断力批判 1』藤原書店，石井洋二郎訳，1990『ディスタンクシオン——社会的判断力批判 2』藤原書店）．

Bourdieu, Pierre, 1980, *Questions de Sociologie*,（田原音和訳，1991，『社会学の社会学』藤原書店）．

Elhakeem, Ahmed, Cooper, Racial, Bann, David, and Hardy, Rebecca, 2015, "Childhood Socioeconomic Position and Adult Leisure-time Physical Activity: A Systematic Review," *International Journal of Behavioral Nutrition and Physical Activity*, 12: 1–27.

Hargreaves, John, 1986, *Sport, power and culture: A social and historical analysis of popular sports in Britain*, Polity Press.（佐伯聡夫・阿部生雄訳，1993，『スポーツ・権力・文化——英国民衆スポーツの歴史社会学』不昧堂出版）．

広田照幸・河野誠哉・澁谷知美・堤孝晃，2011，「高度成長期の勤労青少年のスポーツ希求はその後どうなったのか」『スポーツ社会学研究』19（1）：3–18.

片岡栄美，2019，『趣味の社会学：文化・階層・ジェンダー』青弓社．

川上憲人・橋本英樹・近藤尚己編，2015，『社会と健康——健康格差解消に向けた統合科学的アプローチ』東京大学出版会．

河野誠哉，2012，「高度成長期における勤労青少年とスポーツ——生涯スポーツ論の観点から」『大学改革と生涯学習：山梨学院生涯学習センター紀要』16：45-64.

厚生労働大臣，2023，『国民の健康の増進の総合的な推進を図るための基本的な方針』．

Mackenbach, Johan, P., Bos, Vivian, Andersen, Otto, Cardano, Mario, Costa, Giuseppe, Harding, Seeromanie, Reid Alison, Hemström, Örjan, Valkonen, Tapani, and Kunst, Anton, E., 2003, "Widening Socioeconomic Inequalities in Mortality in Six Western European Countries," *International Journal of Epidemiology*, 32（5），830–837.

Marmot, Michael G., Smith, George, D., Stansfeld, Stephen, Patel, Chandra, H., North, Fiona, Head, Jenny, White, Ian, Brunner, Eric, and Feeney, Amanda, 1991, "Health Inequalities among British Civil Servants: The Whitehall II Study," *The Lancet*, 337（8754），1387–1393.

森川貞夫・依田充代編，2001，『今日からはじめるスポーツ社会学』共栄出版．

内閣府，online，『世論調査』（2024年2月26日取得，https://survey.gov-online.go.jp/）

大橋恵，2020，「子どものスポーツ活動頻度と，母親の子どものスポーツ活動に対

する積極的態度を決定する要因——3歳から小学生の子を持つ母親対象の調査の二次分析」『モチベーション研究 Annual Report』9：10-22.

笹川スポーツ財団，2022，『スポーツライフ・データ2022』．

笹生心太，2013，「高度経済成長期における労働者間のスポーツ参加格差に関する一考察」『スポーツ社会学研究』21（2）：79-88.

澤井和彦，2014，「運動部活動への参加が成人後の運動・スポーツ活動に与える影響——「運動習慣の持ち越し」は存在するか？」『（特集　運動部活動のゆくえ）体育の科学』64（4），248-255.

清水紀宏編，2021，『子どものスポーツ格差——体力二極化の原因を問う』大修館書店．

下窪拓也，2020，「2000年以降のスポーツ参加者の推移と変動——2002年から2012年までの社会調査データの二次分析を通じて」『体育学研究』65，545-562.

下窪拓也，2021，「ダブルハードルモデル分析による運動習慣と社会経済的地位の関連の検証」『体育学研究』66，891-903.

下窪拓也，2022，「スポーツ観戦者の社会的属性の検証——社会経済的地位と性別の観点から」『スポーツ社会学研究』30（2）：101-113.

Sugisawa, Hidehiro, Harada, Ken, Sugihara, Yoko, Yanagisawa, Shizuo, and Shinmei, Masaya, 2020, "Health, Psychological, Social and Environmental Mediators between Socio-economic Inequalities and Participation in Exercise among Elderly Japanese," *Ageing and Society*, 40（7），1594-1612.

Takao, Soshi, Kawakami, Norito, and Ohtsu, Tadahiro, 2003, "Occupational Class and Physical Activity among Japanese Employees," *Social Science and Medicine*, 57（12），2281-2289.

多木浩二，1995，『スポーツを考える——身体・資本・ナショナリズム』ちくま新書．

束原文郎・石澤伸弘・山本理人・間野義之・中村好男，2015，「一般成人におけるタイプ別スポーツ参加と社会経済的特徴の関係」『スポーツ産業学研究』25（2），253-268.

Wada, Koji, Kondo, Naoki, Gilmour, Stuart, Ichida, Yukinobu, Fujino, Yoshihisa, Satoh, Toshihiko, and Shibuya, Kenji, 2012, "Trends in Cause Specific Mortality across Occupations in Japanese Men of Working Age during Period of Economic Stagnation, 1980-2005: Retrospective Cohort Study," *BMJ*, 344.

八林秀一，2008，「サッカーの比較民衆史的考察（1）」『専修経済学論集』42（3），197-250.

15 | 多様な社会とスポーツ（5）：
多様な社会・多様なスポーツ

渡　正

　本章ではまず、新しいスポーツの形としての「ライフスタイルスポーツ」について解説する。ライフスタイルスポーツは、ライフスタイルとしてスポーツを捉える新しい動きであるが、近年ではオリンピック種目にも採用された。この「取り込み」がはらむ問題や、ライフスタイルスポーツそのものが持つ課題について述べる。最後にスポーツ社会学が多様な社会と人びとを考える上で重要と思われる分野を紹介する。

1. 東京2020オリンピックにおけるスケートボード競技の衝撃

　東京2020オリンピック・パラリンピックで大きな印象を残したのは、スケートボート競技での出来事だった。朝日新聞は大会終了後の2021年8月14日の記事で、「スケボー、『新たな世界』開く　『自分らしさ表現』価値置く」の見出しで、次のように伝えている。「悲壮感とは無縁の光景が、そこには広がっていた」「今大会で初めて五輪に採用されたスケートボードでは、演技が成功すれば他の選手たちも拍手を送り、失敗すれば我がことのように悔しがった」と伝えている。同じ記事では、元陸上選手の為末大が「スケートボードが新しい世界を見せてくれた」と語り、スケートボードが違う評価軸を示したと評価する。また、「勝ち負けよりも『楽しんで自分らしさを表現する』という部分を大事にしていた」とも評価している。

　このような論調の記事がオリンピック閉幕後、数多く報じられた。そのほとんどは、スケートボードのカルチャーが、これまでのスポーツ／オリンピックが持っていた勝敗やメダルを重視する価値観と異なる「スポーツ本来の価値」を表現していたという評価だった。

東京2020オリンピック大会時はこのスケートボードだけでなく、スポーツクライミング、サーフィン、BMXフリースタイル、バスケットボール3×3といった競技種目が「アーバンスポーツ」という名称であらたに採用された。その経緯を簡単に確認しよう。2014年にIOCは「オリンピックアジェンダ2020」を採択し、開催都市の組織委員会が追加種目をIOCに提案することを可能にした。IOCでは評価項目として、「若者へのアピール」、「世界中のあらたな聴衆を巻き込む」などの原則と、世界選手権開催実績などの体制、想定されるレガシーなど「オリンピック・ムーブメントへの付加価値」を設定した。2017年9月6日、ローザンヌで開催された臨時理事会において、IOCは東京2020オリンピックにおけるすべての実施競技を発表し、バスケットボール競技として3×3種目、自転車競技としてBMXフリースタイル種目（マウンテンバイク、BMXレーシングはリオオリンピックで追加）、スポーツクライミング競技としてボルダリング・リード・スピードの複合種目、サーフィン競技としてショートボード種目、スケートボード競技としてパークとストリート種目が追加された。こうしたIOCの動きには、近年開催立候補都市が減少し五輪離れが明確な状況に対する危機感があり、「若者」「都市」「女性」がキーワードであるという（水野2022a、2022b、市井2023）。
　あらたに追加された種目群は、サーフィンなどそれらの活動場所が都市に限らないこと、こうしたスポーツが持つ特徴的なスタイルを勘案して、「ライフスタイル」スポーツと呼ぶことが近年一般的となっている。
　本章では、このライフスタイルスポーツと称されるスポーツ活動の概念を中心にスポーツの多様な広がりを紹介する。一方で、こうしたあらたなスポーツにおいても人びとの多様性との間で困難があることを確認する。また、このような多様な社会においてスポーツ社会学が拡大していくための研究分野について紹介し、スポーツ社会学の多様性について述べる。

2. ライフスタイルスポーツ

（1）ライフスタイルスポーツの考え方

　ライフスタイルスポーツに似ていると考えられている名称に「ニュー・スポーツ」がある。ニュー・スポーツは「誰でも、どこでも、いつでも、簡単に楽しめる」というようなレクリエーション性の高い簡易的なスポーツと定義されている。またこの定義は「生涯スポーツ」という言葉とも重なり合う。ライフスタイルスポーツとは、このような言葉とどのような点で違うのだろうか。

　ライフスタイルスポーツという言葉を提唱しているのが、B. Wheaton（ベリンダ・ウィートン）である。その理由として、自身の調査において参加者自身が自らのアクティビティを「スポーツというよりもライフスタイル」として述べていることを挙げる（Wheaton 2013＝2019: 37）。Wheatonによればライフスタイルスポーツと呼びうる活動は、1960年代後半に北米で誕生し、アメリカの起業家によってヨーロッパに輸入されたもので、カウンターカルチャーや社会運動にルーツを持つ。そのため、「伝統的なルールに縛られ、競争的で、制度化された西洋の『アチーブメントな（業績達成的な）』スポーツ文化と異なる」ものである。そして参加者は自らのライフスタイルやアイデンティティに資金や時間、情熱を注ぎ、それによって独特なライフスタイルや各自の社会的なアイデンティティを作り上げていくという（Wheaton 2013＝2019: 41-42）。Wheatonの著作を翻訳した市井吉興はライフスタイルスポーツを「人々の多様な「生き方」を表現するプラットフォーム」（市井 2022: 12、2023: 11）だとしている。あるいは自身もサーファーであり研究者でもある水野英莉はライフスタイルスポーツについてWheatonを参照しながら次のように述べる。

　　伝統的スポーツがいわゆるメインストリーム的な日常生活（きちんと学校へ行き、労働をして、家族を持ち、余暇を過ごす）のなかに溶け込むようにして存在するのに対し、ライフスタイルスポーツはその

種の日常生活を凌駕し、破壊し、新しい世界や価値を再構成・再定義する力を潜在的に持つような活動である。（水野 2020: 11）

いわばサーフィン（だけ）をするライフスタイルを求めること、そのようなあり方を理想とするようなスポーツである。

このライフスタイルスポーツに似た言葉に「エクストリームスポーツ」がある。エクストリームスポーツは1996年にアメリカ最大の放送局ESPN（Entertainment and Sports Programming Network）がエクストリームをXと略して、エクストリームスポーツの祭典である「X Games」を始めたことによって広まった。X Gamesは夏と冬に開催され危険で派手な競技イベントとして人気を博している。ではライフスタイルスポーツと何が違うのか。エクストリームスポーツはしばしば危険で極限的な状況でのアクティビティを自己イメージとして提示する。非常に巨大な波でサーフィンをする映像などがすぐに思い浮かぶかもしれない。だが、すべての人がそのような状況でスポーツをしているわけではない。その意味で水野もライフスタイルスポーツの方が一般的に活動する人の感覚に近いと述べている。

（2）ライフスタイルスポーツの制度化とコンフリクト

東京2020オリンピックにおいて採用された、スポーツクライミング、サーフィン、BMXフリースタイルや、パリオリンピックで採用されるブレイキン（ブレイクダンス）、近年注目を集めるパルクール、あるいはいち早くオリンピック種目となったスノーボードなどは、それがオリンピック種目に採用される際に少なからず軋轢を生んだことが報告されている。

たとえば、スノーボードがオリンピック種目になるとき、自生的に作られた団体（国際スノーボード連盟、現世界スノーボード連盟）ではなく、すでにIOCが承認している既存の国際的な競技スポーツの団体である国際スキー連盟（現、国際スキー・スノーボード連盟）に対してIOCは国際スノーボード連盟の承認なくスノーボード競技のハンドリ

ングを委ねている。結果、スキーヤー（国際スキー連盟）がスノーボード競技を運営するという「ねじれ」が生まれ、実際のオリンピックの競技運営等でも混乱が見られた。同様の事例は、オリンピック種目化が近いとされるパルクールにも見られる。オリンピック種目としては国際体操連盟がパルクールの正式種目採用を目指しているが、国際パルクール組織とは対立しているとされる。

　なぜこのような対立・コンフリクトが起こるのか。先に述べたように、ライフスタイルスポーツは、1960年代以降のアメリカのカウンターカルチャーや社会運動にルーツを持つものが多い。1960年代の「カウンターカルチャー」を背景にして、その当時の若者たちによって「DIY（Do It Yourself）の精神」のもとで生み出された「新しい」スポーツである。これは「単なるスポーツというアクティビティではなく、当事者たちの政治的なコミットメントも含めたライフスタイル」であり、近代社会的な価値観への異議申し立てである（市井 2022）。またアクティビティの形式としても、近代スポーツのような勝敗を明確にし、業績達成を重視するスポーツと、実践そのものとそのスタイルに価値を置くライフスタイルスポーツでは差異が大きい。したがって、このようなライフスタイルスポーツを、近代スポーツの祭典としてのオリンピックに「取り込み（co-option）」をする際にはコンフリクトが生じるのである。そのコンフリクトは、ライフスタイルスポーツに、「近代スポーツのイデオロギーに与しない『非同一性』の道を追求しつづけることは可能か」（市井 2022）という問いを突きつけている。A. Cantin-Brault（カンタン＝ブロー）は、「スケートボードは、都市の建築の可能性を広げ、慣習に挑戦し、公共空間を再構築し、イデオロギーの地盤の根底にあるもう一つの人間的な実存（Dasein）を創造する方法である。しかし、スケートパークは、より同一的な、つまり組織化されたスポーツの一本道を歩むスケーターを生み出す」（Cantin-Brault 2015: 60）ことになると指摘する。

　つまり、ここで問題となっているのは、近代スポーツ／オリンピックとライフスタイルスポーツが持っている価値観のレベルでの相違であ

る。市井は次のように指摘する。「ライフスタイルスポーツがオリンピックに採用され、制度化された競争を強いられることによって、ライフスタイルスポーツがその誕生から保持してきた支配的なスポーツ文化に対する『抵抗』や『オルタナティブ』という側面を削ぎ落とされることをライフスタイルスポーツに熱心に関わる人びとは警戒している」（市井 2022: 13）。

オリンピック/IOC にとってこの取り込みは、近代スポーツやオリンピックという既存の価値観を再生産し維持する戦略として理解しうるのである。取り込まれる側に様々な変容を突きつける一方、オリンピックの側にほとんどリスクはない。失敗すれば種目から外せばよいためである。野球/ソフトボールがアメリカを中心とする環太平洋地域のオリンピックでしか採用されないように。

しかし、こうした取り込みを巨大な IOC が新興のライフスタイルスポーツの団体に一方的に押し付けていると理解するのも早計である。なぜならオリンピック種目になることは団体にとって資金面での利点があるからだ。一つは国内のオリンピック委員会から強化費が配分されること、もう一つは放映権料が分配されることである。さらに、オリンピック種目となることは、スポーツとしての正統性が付与されることでもある。こうした目論見を水野は「オリンピック・ウォッシング（オリンピック種目になることによる上辺のイメージの向上）」（水野 2021: 87）と皮肉的に述べている。だが、ライフスタイルスポーツにつきまといがちな、ネガティブなイメージを刷新することも事実であり、オリンピック以前と以後でスケートボードに関する意識は大きく変わった。すなわちある面では両者の利害は一致するのである。

ただし、宮澤優士（2023）が、活動場所の環境保全に関わるサーファーへの調査から明らかにしているように、こうした伝統的・支配的な文化・社会とライフスタイルスポーツの関係は、具体的な場面ではより複雑である。宮澤は、サーファーが地元の海岸という自然環境保全に対してとる行動が、新旧住民というカテゴリーによる摩擦のなかに置かれながら、サーフィンという自らが自然と相対するなかで感得していく

身体的な経験を足掛かりとして問題提起を行っていく様子を描き、サーフィンという身体的な経験が専門知に対して持つ可能性を論じている。ここには、反体制的文化であるがゆえに付与されるネガティブなイメージによって住民からの反感と軋轢にさらされながらも、自然とともにあるという彼らの実践が専門知と対抗・並走しうる文化の可能性を示している。

（3）ライフスタイルスポーツの実践

　多くのライフスタイルスポーツの実際の活動は、活動が行われる土地や都市の文脈や、それらの実践者による主観的な状況の把握に依存している部分が多い。スケートボードでは、上級者には理想的なトリックを決める物的環境も初級者にはまったくそのようには見えないこともあるだろう。サーフィンにおいても、まったく同じ波が来るわけではない。パルクールの実践者たちは、PK（パルクール）ビジョンという視点を持つという。それは街なかの建築物に対して一般的に理解される機能とは異なり、パルクールの実践を行うための「遊ぶ場所」としての意味を見出す視点である（平石 2023: 47）。パルクール（Kidder 2015＝2022）、サーファー（水野 2020）のエスノグラフィはそうした実践者の経験を描いている。

　ところで、A. Guttman（Guttman 1978＝1981　西山 2006）は近代スポーツを世俗化、競争の機会と条件の平等化、役割の専門化、合理化、官僚的組織化、数量化、記録万能主義の7つで特徴付けている。ライフスタイルスポーツは、この意味でこの7つの特徴に合致する部分が少ないという意味で近代スポーツとはみなしにくい。オリンピック種目になるということが、これらの特徴を持たせるということでもあるのなら、一番の課題は競争の機会と条件の平等化である。そのため多くのライフスタイルスポーツは、それまで実施されていた場所や時間の固有性を切り取り、抽象化することで競技条件の平等化を達成してきた。都市の環境で行われるスケートボードを切り取ったものがパークやストリートとして設定されているのである。その意味で、ライフスタイルスポーツの

図15-1　海とサーファー（写真提供 共同通信社／ユニフォトプレス）

スポーツ化は「人工化」「抽象化」であるし、特定技術の「純化」「進化」でもある。まさにスケートボードのパーク・ストリートという設定、スノーボードのハーフパイプやスロープスタイル、スポーツクライミングのボルダリングなどは純化の例として理解できる。水野（2023）はサーフィンにおける海とウェイブプールの違いを「海での波は非常に多様な要因によって生み出されるので不安定だが、プールでの波は同じコンディションの波を安定して作ること」（水野 2023: 77）と説明する。つまりオリンピック種目としてのライフスタイルスポーツは、もともとの文脈から切り離されたものとなっている。

　しかし、オリンピック種目になることは、その活動が持っていた文化が失われてしまったのだと考えるのは早計である。オリンピック以降にライフスタイルスポーツが競技化・スポーツ化したということは、それ以前は「純粋」な対抗文化であったという前提に立っていることになる。しかし、水野が指摘しているようにサーフィンの場合も早い時期から競技化の道筋をたどっているのである（水野 2022a: 62）。

図15-2　スケートボードパーク（写真提供 共同通信社／ユニフォトプレス）

　この問題について、現状では各ライフスタイルスポーツとしてのオリジナリティや正統性は、ストリートや海などを相手に行う活動にあるという意見が多い。しかし、これらライフスタイルスポーツに関わりのない人びとから見ると、なぜパークがあるのにストリートでスケートボードを行うのかという視線を生むし、ストリートでの活動がより「迷惑行為」として問題化しパークやプールのような「人工的」な空間での実施が正統性と正当性を獲得していく可能性がある。

3. スポーツと社会的資源の不均衡

　これまでライフスタイルスポーツの概念とそのオリンピック種目化にまつわるコンフリクトを見てきた。ではそもそもライフスタイルスポーツだけでなく様々なスポーツ活動、余暇活動、レクリエーション活動はどのような社会的条件のなかで実践されているのだろうか。

（1）レジャーにおける社会的資源の不均等とライフスタイルスポーツ

　レジャー活動をカルチュラル・スタディーズの観点から捉え直す試みがある。小澤孝人によれば、それは「誰もがレジャーを持つ」という前提ではなく、「万人が等しくレジャーを享受できるわけではない」とい

う現実を前提とする。レジャーを個人が自由に使える時間とその行為というアプローチではなく、「レジャーの使い方」をめぐる不均等な差異や社会的分割に目を向ける。さらに、レジャーの使い方をめぐって生じる差異や不均等の問題と、それを生み出す社会的条件の考察という三点を特徴とする試みである（小澤 2010: 137）。これは、それまでの余暇についての社会学が、総体としては、「誰もが余暇を持つ」「万人が余暇を自由に使える」と想定していたことへの問題提起である。

余暇について A. Corbin（アラン・コルバン）はこの概念の近代性を指摘している。近代社会は、労働の環境を第一次産業から第二次産業へと変化させた。1850年代に入ると「産業革命と結びついた、労働のリズムの再調整が、社会的時間の新しい配分」（Corbin 1998＝2000: 10）が行われた。すなわち、労働と非労働の時間が区別されるようになっていき、働かない時間が次第に余暇の時間へと形成されていった。したがって余暇は働くことと結びついた「相対的に自由な時間」である。そのため誰が余暇を過ごせるかという文化的・経済的条件が大きく関わることになる。時間があっても資金がなければ余暇は過ごせない。またジェンダー規範によっても影響を受ける。その意味で、レジャーは本質的かつ根源的に「価値（資源）」である（小澤 2015: 85）。以上のように余暇は近代社会とともに誕生した「価値（資源）」であり、それらは労働を前提とした「労働しなくてもよい時間」であると考える事ができるのである。初期には、特に鉄道という「交通手段の革命が、空間での新たな行動様式を決定」した。Thomas Cook（トーマス・クック）は、1841年にロンドンでの万国博に鉄道旅行で人びとを送り込むが、これはそれまで「まったくなかった群衆のレジャーというものの輪郭を示すのに大きく寄与した」（Corbin 1998＝2000: 10）。

さて、ライフスタイルスポーツが反体制の文化であった、というのは、まさにこうした近代社会を前提にした余暇としてのスポーツとは異なるという意味においてである。多くの人びとにとってスポーツは、日常のなかで行われるものである。日常を維持することによってスポーツは成り立っている。そうした日常は、仕事につき働き、結婚して、家を

持ち、子どもを持ってよき親となる、そのような近代の規範的生活と不可分である。その日常の上にスポーツがあるという意味で、スポーツをすることは希少性を持つ資本である。

おそらくライフスタイルスポーツは、スポーツを日常に位置づく希少なものとして成立させるのではなく、それを反転させることが究極的な目標とされてきた。すなわち、「サーフィンの醍醐味は、波を求めて世界を旅すること」にある（水野 2022: 82）。この意味では、サーフィンが主であり、そのために働くことが目指される。ゆえにそのライフスタイルは反体制・対抗的なものを内包することになる。

（2）ライフスタイルスポーツの桎梏(しっこく)

ライフスタイルスポーツは、確かに反体制的な文化を内包しているのかもしれない。サーフトリップにでること、マジョリティが見る視点とは異なる視点で街や建造物を見つめ直すことは、まさに近代社会に生きる人びとが自明視してきた社会の相対化であることは確かである。しかし、この旅も「帝国主義、資本主義とは無縁ではなく白人男性の覇権のもとにある」し、ウェイブプールはある種の平等を作り出すが、「その平等を享受できるのはごく一部の人々である」（水野 2023: 84）。

ライフスタイルスポーツの研究は、反体制な振る舞いのなかに、この文化がやはり近代社会の産物であるがゆえに抱いてしまう問題を明らかにしてきた。それは、一言で言えば西洋の、白人の、男性の、そしてあまり指摘されてはいないが健常者の文化であり、その意味で伝統的な近代スポーツと同様なのだということである。

ライフスタイルスポーツ研究において中心的な役割を果たしているB. Wheaton（ベリンダ・ウィートン）は、その著書のなかで、ライフスタイルスポーツが「常に変わりなく白人のヘゲモニー、異性愛主義の男らしさ、白人中産階級のスケートボーダーたちが有する権力の維持などと関連した価値観」（Wheaton 2013＝2019: 169）を持っていると指摘する。「人種差別の言説と人種差別的なイデオロギー」が再現されているのである。もちろん、個々の現場を見れば、そうした人種による分断

が常に見られるわけではないことも事実である。

　さらに、こうしたライフスタイルスポーツにもジェンダー・セクシュアリティに基づく価値付けが存在している。水野英莉は、当事者の立場からそのフィールドを描き出すオートエスノグラフィーの手法でサーファー文化を記述する。そのなかで水野はサーフィンの世界の価値観として、「白人、ヘテロセクシュアル（異性愛）、健康、男性、サーフィンのコアな参加者（アスリートやローカル）」を「よいサーファー」であるとする文化を自らの経験にも触れながら描いている（水野 2020）。また、女性同士の間にも存在する抑圧や分断が指摘されている。

（3）新しいスポーツの伝統的な課題

　こうした伝統的な近代スポーツとは「異なる」「新しい」スポーツにおいても、近代社会が持つ様々な課題が見出される。すなわち、多くのライフスタイルスポーツにおいても伝統的なスポーツと同様の「西洋白人異性愛シスジェンダー健常男性」中心主義的な文化による、多様な人びとの周縁化がある。これは、フィジカルな（物理的な・身体的な）スポーツではないeスポーツにおいても同様である。フィジカルなスポーツではないeスポーツは身体的な性別差が関連しないか、少ないと考えられていたにもかかわらず、多くの研究は、eスポーツにもジェンダー不平等が見られることを報告している。ジェンダーに関するeスポーツの研究について包括的に検討したE. T. Rogstad（エギル・ログスタッド、2022）は、多くのeスポーツ環境は他のスポーツの文脈を支配する覇権的な男性性によって形成されていると指摘する。特に、eスポーツ産業が男性によって、男性のために組織されているため、高度に男性中心的な環境が形成されていると論じている。また、S. J. Kim and Y. S. Kim（キム・セジンとキム・ヨンスン、2022）は「女性は男性より劣っている」という固定観念がさらに格差を広げ、すでに男性優位の市場に女性が遠慮なく参加することを阻害しているとも指摘する。

　こうした新しいスポーツにおいても現われるスポーツが持つ伝統的な課題は、多様な社会、多様な人びとによる多様なスポーツのあり様が交差

する地点で、その具体的な行われ方のなかから考えていく必要がある。

4. スポーツ社会学の多様性と可能性

　本書ではこれまで、現代社会とスポーツの多様なあり方や、スポーツの多様な経験、多様な人びとに対するスポーツの位置について述べてきた。これらはスポーツ社会学における重要な論点であり、これからもそうであり続ける。以下では本書のまとめとして、筆者がスポーツ社会学において今後、重要と考えられる論点について見ていきたい。

（1）スポーツ指導の社会学

　スポーツ指導にまつわる「暴力」の問題は、日本のスポーツ界にとっては宿痾ともいえる問題である。この問題に対してスポーツ社会学は、スポーツ指導における指導者（教師）―選手（生徒）という関係性が持つ構造的な非対称性、権力勾配の問題として議論してきた。しかし、これらの試みによっても暴力的な風土が一掃されたわけではない。

　渡正はこの点について、「スポーツにおける指導、すなわちコーチングを指導者―選手間のコミュニケーションと捉え、それがいかなるものであるのかを明らかにする必要性」（渡 2020: 30）があると述べ、スポーツ実践やスポーツコーチング研究に対してエスノメソドロジー・会話分析（Ethnomethodology and Conversation Analysis: EMCA）の導入を図っている。スポーツ指導場面の相互行為については、Keevallik（キーヴァリク、2010）やEvans and Reynolds（エヴァンスとレイノルズ、2016）が、（1）修正の開始、（2）間違いの提示、（3）解決策の提案という連鎖構造があることを明らかにするとともに、指導場面における身体を用いた「失敗の再現」の重要性を指摘する。渡（2020）は日本のスポーツ場面においても諸研究が指摘するような修正実践や、ボールに関連したカテゴリーなどの視点が有効であることを明らかにした。さらに障害児の運動場面における「個々に合わせた指導」の内実を明らかにした佐藤ら（2023）は、これまで特にその方法的内実が示されていなかった子どもに合わせた指導について、その行為連鎖上の特徴を

明らかにした。このような「指導」とは何をすることなのかについて、実践そのものから捉えようとする研究を積み重ねていくことによって、スポーツ社会学の視点から、指導やコーチングという社会的課題に対して貢献していくことができるだろう。

（２）保健・体育の社会学

　二つ目の領域として、保健科と体育科の授業の社会学的研究を挙げたい。平賀慧と下竹亮志（2023）によれば、スポーツ社会学では1978年に日本体育学会に体育科教育学専門分科会が設立されたことを契機に次第に学校体育に関する研究が減少していった。『スポーツ社会学研究』（1992年〜）に掲載された論考276のうち、論文題目に「体育」が含まれる論文数は、7論文しかなかったという（平賀 2023）。また、スポーツ社会学は、保健・保健科の授業を研究の射程にこれまで含めることができてこなかった。特にジェンダー・セクシュアリティや月経、性教育といったトピックについて、保健体育教諭がどのように取り扱い、児童・生徒に伝えているのか、教師―生徒という社会的関係の相互行為から検討することが重要であろう。

　こうした観点で参考になるのが、平賀慧の議論である。平賀は、医学が担っていた障害児の身体への介入がいかにして「教育」が担うことになっていったのかを、肢体不自由児教育の歴史を追うことで明らかにしている（平賀 2023）。肢体不自由児への教育が義務化されていくなかで、教員はこれまで対応したことのない障害児への教育を担う必要が出てくる。そのなかで、「教員の専門性を担保するための指導指針として、また、障害児の身体に介入する妥当性を見出すための方法として提示されたのは『心理面への介入を経た身体への介入』という新たな手法」であったのだという（平賀 2023: 66）。つまり、心理学的な方法論が、障害児への教育というあらたな状況に「正当性」と「妥当性」を与えていくことになったのである。科学的な知識や実践が、体育・スポーツ・保健においてどのように関わってくるのかは、重要なテーマである。

（3）科学技術と社会、スポーツ

　上で見たように、科学、特にスポーツ科学がスポーツやスポーツの考え方、アスリートへのまなざしに対してどのように影響を与えてきたか、その社会的・文化的・政治的・歴史的な文脈を検討することは重要である。こうした分野は一般に科学技術社会論（Science and Technology Studies: STS）と呼ばれ、科学と技術、社会の接触面で生じる諸問題を社会科学的に考えようとするものである。この観点からスポーツ科学・技術とその影響を検討する視点が重要になっている。

　科学技術がスポーツする身体、特に、Oscar Pistorius（オスカー・ピストリウス、南ア）や Markus Rehm（マルクス・レーム、独）のような障害者のアスリートにどのような利点を与えるのか、そしてそれが健常者の社会やスポーツからどのように捉えられてしまうのか。こうした機械と融合した身体に対しては、「サイボーグ」（Haraway 2000）というアイデアで議論されてきた。その流れにある諸研究でも（Norman and Moola 2011、福島 2017、渡 2021）、サイボーグが人間と機械との間の対立をどのように問題化するかに焦点が当てられている。これらの研究は、スポーツの文脈において、一般的に「自然」な身体と想定されているものが、実際には科学、技術、肉体の複雑な融合であることを指摘する。これによって、これまでスポーツから排除されてきた人びとを包摂できることを提示にしている。また、柏原全孝はスポーツがこれまでどのようにテクノロジーと関連しながら変化してきたのかを描いている（柏原 2021）。また、H. Collins はホークアイや VAR などの登場によって審判の裁定の独占性が毀損されることになったことなどを論じるが、映像テクノロジーが、ゲームや審判か解説者などの専門家の位置付けをどのように変化させるかについては議論が始まったばかりだといえる（Collins 2010）。

　スポーツは人間の性を2つに（のみ）区別し競技を実施する性別二元論体制であるが、このとき「性」についてのスポーツ科学は多様な性のあり様を「男女」に振り分ける科学・テクノロジーとして働くことがある。竹崎一真は、様々な科学技術は「身体を『再自然化』するものとし

て機能することがあります。たとえば、競技スポーツの世界で利用されている性別検査は、テストステロンという本人たちも検査されるまで気づかないような生物学的特徴に焦点を定め、(中略) 半強制的にアスリートの身体を男／女のカテゴリーへと」(竹崎 2022: 211) 押し込めると指摘している。

　スポーツ科学がどのような社会的な条件で生産され、その知がどのように人びとに利益をもたらしたのか、その一方で、スポーツ科学は多様な社会や多様な人びとを抑圧するように働いたり使用されてきたりしてきたのか。その科学に社会学を含めながら、私たちの社会におけるスポーツ社会学の知識産出とその影響を見定めていかなければならないのである。

研究課題

1. 関心のあるライフスタイルスポーツについて、その行われている場を訪れてその参加者に特徴があるか考えてみよう。
2. これまで学んだことを通して、スポーツ社会学としてどのようなテーマに関心を持ったのかを改めて考えてみよう。

引用・参考文献

Collins, H., 2010, "The philosophy of umpiring and the introduction of decision-aid technology," Journal of the Philosophy of Sport, 37 (2)

Corbin A., 1998 L'avènement des loisirs (1850-1960), Flammarion.(渡辺響子訳, 2000, 『レジャーの誕生』藤原書店.)

Evans B, Reynolds E., R,. 2016, "The Organization of Corrective Demonstrations Using Embodied Action in Sports Coaching Feedback," Symbolic Interaciton

39（4）: 525-556

福島真人，東京大学出版会，2017，『真理の工場：科学技術の社会的研究』

Guttman A. 1978, From Ritual to Record: The Nature of Modenn sports, Columbia University Press., 清水哲男訳，1981，『スポーツと現代アメリカ』TBSブリタニカ

Haraway D., 1991, Simias, Cyborgs and Woman——the Rainvention of Nature, Routledge.（高橋さきの訳，2000，『猿と女とサイボーグ——自然の再発明』青土社）

平石貴士，2023，「パルクールの概念化と競技化―スポーツとしての新しさはどこにあるのか」『現代スポーツ評論』49.

平賀慧，2023，「肢体不自由養護学校における『医学』と『教育』のせめぎあい——1971年学習指導要領の『養護・訓練』をめぐる小池・成瀬論争に着目して」『年報体育社会学』4: 55-67.

平賀慧・下竹亮志，2023，「『学校体育』に関する社会学的研究の動向の把握」日本体育社会学会第1回大会発表資料.

市井吉興，2023，「ライフスタイルスポーツとスポーツの「地殻変動」」『現代スポーツ評論』49: 8-16.

柏原全孝，2021，『スポーツが愛するテクノロジー』（世界思想社，2021年）

Keevallik, L., 2010, "Bodily Quoting in Dance Correction," Research on Language & Social Interaction 43: 401-426.

Kidder J., 2015, Parkour and the City: Risk, Masculinity, and Meaning in a Postmodern Sport, Rutgers University Press.（＝市井吉興ほか訳，2022，『パルクールと都市——トレイサーのエスノグラフィ』ミネルヴァ書房.）

Kim Se Jin・Kim Youngsun Sean, 2022, "Gender Inequality in eSport Participation: Exploring the Social Process of Women eSport Consumers," Journal of Sport Behavior45（4）: 79-107.

水野英莉，2020，『ただ波に乗る——サーフィンのエスノグラフィー』（晃洋書房，2020年）

水野英莉，2021，「オリンピック・ウォッシング？——サーフィンがオリンピック競技になるとき，ジェンダー平等／公正は実現するのか」『大原社会問題研究所雑誌』755・756: 69-690.

水野英莉，2022a，「東京2020における新競技採用がもたらしたもの」『現代スポーツ評論』46: 51-66.

水野英莉，2022b，「オリンピックによる『ゲーム・チェンジ』の批判的検討——東京2020における『アーバンスポーツ』の取り込みとスケートボード」『新社会

学研究』7 : 35-43.
水野英莉，2023,「ウェイブプールの建設ラッシュから考えるサーフィンの未来」『現代スポーツ評論』49: 76-86.
宮澤優士，2023,「サーファーが環境保全を訴えるとき──千葉県長生郡一宮町の事例から」『スポーツ社会学研究』31（1）: 101-115.
西山哲朗『近代スポーツ文化とはなにか』，2006，世界思想社.
Norman, M. E., and Moola, F., 2011, "Bladerunner or boundary runner?: Oscar Pistorius, cyborg transgressions and strategies of containment. Sport in Society 14（9）: 1265-1279.
小澤孝人，2010,「英国レジャー・スタディーズの問題構成（1）──余暇社会学の成立と其のパラダイムシフト」『大妻女子大学紀要 社会情報系，社会情報学研究』19: 129-148.
小澤孝人，2015,「カルチュラル・スタディーズ」渡辺潤編『レジャー・スタディーズ』世界思想社.
Rogstad, E., T., 2022, "Gender in eSports research: a literature review," European Journal for Sport and Society, 19（3）: 195-213.
佐藤豪，渡邉貴裕，渡正，尾高邦生，村上祐介，2022 発達障害児に対する運動指導場面の相互行為分析：修正実践に着目して，体育学研究，68: 643-660.
竹崎一真，2022,「ポストヒューマン時代の身体とフェミニズムを考える」，竹崎一真・山本敦久編『ポストヒューマン・スタディーズへの招待──身体とフェミニズムをめぐる11の視点』堀之内出版.
渡正，2020,「スポーツコーチングの社会学的研究の可能性」『スポーツ社会学研究』28（2）: 27-41.
渡正，2021,「スポーツにおける身体の範囲」『文化人類学研究』21: 37-53.
Wheaton, B., 2013, The Culural Politics of Lifestyle Sports, Routledgo.（市井吉興・松島剛史・杉浦愛監訳，2019,『サーフィン・スケートボード・パルクール──ライフスタイルスポーツの文化と政治』ナカニシヤ出版.

索引

●配列は五十音順．＊は人名を示す．

●あ 行

アジェンダ　39, 51, 76, 93, 97, 160, 193, 258
遊び　130, 150, 190
アマチュアリズム　32, 36, 82
異性愛主義　267
異性愛主義的価値体系　200
一次予防　158
移民　72, 73, 207, 217, 218
因果推論　11, 12, 13, 16
エスニシティ　207
エスノグラフィー　25, 26, 96, 179, 268
エスノメソドロジー　61, 269
オリンピック　20, 21, 22, 24, 31, 33, 34, 35, 36, 37, 38, 39, 43, 44, 52, 53, 56, 57, 59, 61, 67, 68, 75, 82, 83, 86, 94, 109, 122, 172, 192, 193, 195, 201, 202, 204, 208, 211, 214, 220, 223, 245, 257, 258, 260, 261, 262, 263

●か 行

開発と平和のためのスポーツ（SDP）　75, 76, 77, 78
カルチュラル・スタディーズ　49, 51, 60, 177, 178, 265
技術決定論　48
規律　140, 145, 146, 147, 150, 151
規律化　120, 121, 134, 175
規律訓練権力　120, 162
近代スポーツ　3, 67, 82, 128, 129, 131, 172, 175, 188, 189, 192, 228, 240, 247, 261, 262, 263, 268
グローバル化　66, 67, 69, 70, 73, 74, 75, 195
健康格差　239, 245
甲子園　53, 55, 59, 146, 147
国際サッカー連盟（FIFA）　31, 37, 71, 72, 83, 195, 211, 213, 214, 217
国際連合児童基金（UNICEF）　71
国際労働機関（ILO）　71, 72
国民　33, 38, 48, 83, 84, 85, 86, 94, 100, 102, 104, 108, 121, 162, 204, 205, 206, 207, 208, 209, 215, 239
国民国家　69, 205
国立スポーツ科学センター（JISS）　86
国家　34, 35, 36, 38, 39, 43, 48, 66, 70, 76, 82, 83, 91, 103, 163, 204, 205, 206, 207, 208, 209
コミュニティ　69, 76, 103, 104, 105, 106, 107, 176, 177, 253
コミュニティ・スポーツ　104, 105, 106, 107, 112
コミュニティスポーツ政策　84

●さ 行

差別　195, 215, 216
ジェンダー　43, 76, 188, 190, 194, 200
ジェンダー平等　59, 60, 189, 193, 194
ジェントリ　241, 242, 244
持続可能な開発目標（SDGs）　76, 77
実況中継　55, 56, 61
質的研究　14, 15, 16, 183
社会階層　16, 182, 239, 240, 241, 245, 247, 250, 251, 253, 254
社会経済的地位　182, 184, 239, 240, 246, 247, 249, 250, 251, 254
社会史　47, 48, 52
社会体育政策　84
社会的課題　270
社会的事実　4
障害者スポーツ　221, 222, 223, 224, 225,

226, 227, 228, 230, 231, 232, 233, 234, 235, 236
生涯スポーツ　84, 110, 112, 123, 259
消費社会　34, 147
身体　82, 120, 121, 122, 128, 129, 130, 134, 162, 164, 175, 189, 194, 197, 200, 208, 209, 222, 229, 231, 235, 236, 269, 270, 271
スペクテイター・スポーツ　170, 171, 174
スポーツ移民　72, 73
スポーツ科学　12, 189, 271, 272
スポーツ基本法　85, 86, 87, 94, 114
スポーツ振興基本計画　84, 86, 111, 114, 149
スポーツ振興法　104, 111
スポーツ・メガイベント　31
スポーツ立国戦略　85, 86, 114
生徒指導　131, 133, 134, 146
性別確認検査　199, 200
性別二元論　199, 201
セクシュアル・マイノリティ　188, 191, 192, 195, 196, 197, 198
総合型地域スポーツクラブ　85, 110, 111, 112, 114, 149

●た　行
体育教師　118, 120, 130, 131, 132, 133, 134, 191
体育嫌い　118, 120, 124, 125, 126, 128, 129, 130, 131, 133, 134
体操　100, 121, 122, 134, 217, 223, 251, 252
第二波フェミニズム　193
体罰　131, 133, 142, 153
体力　14, 27, 34, 84, 85, 100, 102, 108, 112, 113, 122, 123, 128, 129, 133, 157, 189, 208, 243, 248
楽しい体育　123, 124
多様性　15, 60, 111, 134, 177, 178, 185

男性性　130, 177, 188, 190, 191, 194, 197, 268
地域社会　40, 42, 96, 100, 101, 103, 104, 107, 108, 111, 114, 115, 149, 150, 179, 185
帝国主義　34, 267
テクノロジー　34, 35, 36, 62, 271
テストステロン　200, 201, 272
都市的生活様式　103

●な　行
ナショナリズム　35, 69, 70, 204, 205, 206, 207, 208, 209, 210, 211, 216
ナショナルトレーニングセンター　86
日本オリンピック委員会（JOC）　86, 193, 195
日本体育協会　86, 102, 110, 126
ネーション　70, 204, 206, 207, 216, 217

●は　行
排外主義　180
覇権的な男性性　189, 190, 268
ハビトゥス　182, 253, 254
パブリックスクール　32, 34, 67, 68, 82, 188, 244, 245
ファンダム　170, 174, 177, 178, 179, 184, 185
フィールドワーク　15, 25, 26, 137, 147, 179, 183, 235
不平等　132, 192, 240, 268
プライド月間　196
プロパガンダ（思想宣伝）　34
文化帝国主義　69
文明化の過程　175
ホモソーシャル　191, 192
ホモフォビア　196, 197

●ま　行・ら　行
ミソジニー　191, 196

みんなのスポーツ政策　84
メガイベント　31, 32, 33, 43, 78, 83, 211, 212, 213, 214, 216
メディア・イベント　52, 53, 57, 62, 171
メディア表象　59, 193, 194
ライフスタイルスポーツ　259, 260, 261, 262, 263, 264, 265, 266, 267, 268
量的（調査）研究　16, 19
レガシー（legacy）　39, 40, 41, 42
労働者階級　82, 177, 181, 192, 241, 243, 245

●その他

LGBTQ+　188, 195, 196, 198
M. Foucault（フーコー）＊　120, 121, 162, 163, 165
NBA　68, 69, 73, 181
Pierre de Coubertin（クーベルタン）＊　34, 36, 192
SME　31
SNS　58, 165
Sports for All（みんなのスポーツ）　109, 123
TOPプログラム　83

分担執筆者紹介

(執筆の章順)

高尾　将幸（たかお・まさゆき）

・執筆章→ 2・5・9

1980年	長崎県生まれ
2010年	筑波大学大学院博士課程人間総合科学研究科単位取得退学
現在	東海大学体育学部体育学科　准教授
専攻	スポーツ社会学

主な著書・論文・訳書

『「健康」語りと日本社会：リスクと責任のポリティクス』青弓社（単著）、『「健康」語りの系譜からみた公共性とその現在』（『スポーツ社会学研究』25（2））、Sports Mega-Events in Asia（共著）

稲葉　佳奈子（いなば・かなこ）

・執筆章→ 4・11

1973年	東京都に生まる
2006年	筑波大学大学院人間総合科学研究科博士課程満期退学
現在	成蹊大学文学部准教授
専攻	スポーツ社会学

主な著書・論文・訳書

「女子サッカーにおける『メンズ』文化」
「女性スポーツとセクシュアル・マイノリティ『日本人女性アスリート』のカミングアウトから」いずれも『スポーツとLGBTQ+：シスジェンダー男性優位文化の周縁』晃洋書房，2022年

植田　俊（うえた・しゅん）

・執筆章→6

1983年	岩手県に生まれる
2014年	筑波大学大学院人間総合科学研究科　単位取得退学
2014年	東海大学国際文化学部 特任助教
現在	東海大学国際文化学部 准教授
専攻	スポーツ社会学・マイノリティの社会学

主な著書・論文・訳書

『現代社会とスポーツの社会学』杏林書院（共著）2022年
『「開発とスポーツ」の社会学―開発主義を超えて』杏林書院（共著）2014年

主な研究業績

植田俊・山崎貴史，2024，「視覚障害者の『みる』スポーツに関する社会学的研究：エスコンフィールドHOKKAIDOにおける観戦実践の事例」，『北海道大学大学院教育学研究院紀要』144：223-248.

植田俊・山埼貴史・渡正，2022，「障害者スポーツにおけるつながりの生成―視覚障害者ランナーと伴走者を事例として―」『スポーツ社会学研究』30（2）：65-84.

植田俊・松村和則，2013，「セーフティネット化する移民のスポーツ空間：群馬県大泉町のブラジル・フットサル・センター（BFC）の事例」『体育学研究』58（2）：445-461.

下竹　亮志（しもたけ・りょうじ）

・執筆章→ 7・8

1988年	徳島県生まれ
2018年	筑波大学大学院人間総合科学研究科体育科学専攻　単位取得退学
2020年	博士（体育科学）学位取得（筑波大学）
現在	筑波大学体育系　助教
専攻	スポーツ社会学・運動部活動論
主な著書	『運動部活動の社会学――「規律」と「自主性」をめぐる言説と実践』新評論，2022年
	『現代社会におけるスポーツと体育のプロモーション――スポーツ・体育・からだからの展望』大修館書店（共編著），2023年
	『日本代表論――スポーツのグローバル化とナショナルな身体』せりか書房（共著），2020年
	『1964年東京オリンピックは何を生んだのか』青弓社（共著），2018年
主な論文	下竹亮志，2024，「運動部活動は何をしてきたのか？――地域移行の前提を問い直すために」『年報体育社会学』5：27-37.
	Shimotake, Ryoji, 2022, "Discipline and Autonomy in Extracurricular Sports Activities in Japan: 'Coach Discourse' in the 2000s," Asian Journal of Sport History & Culture, 1（1）：80-94.
	下竹亮志，2019，「運動部活動における『指導者言説』の歴史社会学序説――教育的技法としての「規律」と「自主性」に着目して」『スポーツ社会学研究』27（1）：59-73.
	下竹亮志，2015，「規律訓練装置としての運動部活動における『生徒の自由』を再考する――A高校陸上競技部を事例にして」『体育学研究』60（1）：223-238.

下窪　卓也（しもくぼ・たくや）

・執筆章→12・14

1993年	静岡県生まれ
2022年	東北大学大学院，文学研究科博士課程修了
現在	順天堂大学　助教
専攻	社会学

主な著書・論文・訳書

下窪拓也（2023）出身家庭の社会経済的地位が成人後の運動習慣に与える直接効果および本人の社会経済的地位を介した間接効果の検証，体育学研究68, 87-102

Shimokubo T.（2022）Hosting Olympic Games under a state of emergency: are people still proud of their country? International Journal of Sport Policy and Politics, 15（1）：147-161

山崎　貿史（やまさき・たかし）　・執筆章→13

1982年	富山県に生まれる
2015年	筑波大学大学院人間総合科学研究科体育科学専攻一貫制博士課程修了
同年	博士（学術）学位取得（筑波大学）
現在	北海道大学大学院教育学研究院講師
専攻	スポーツ社会学，福祉スポーツ論，障害者スポーツと都市
主な著書	『ともに生きるための教育学へのレッスン40―明日を切り開く教養』明石書店（共著）2019年
	山崎貴史，2021，「パラリンピックと開催都市のバリアフリー化―パラリンピックは都市をどのように変えるのか―」『都市問題』112（10）：32-37.
	山崎貴史，2013，「公園のスポーツ空間化と野宿者の排除―名古屋市若宮大通公園を事例に―」『スポーツ社会学研究』21（1）：85-100.
	山崎貴史，2011，「重度障害者のスポーツイベントに関する研究―名古屋シティハンディマラソンを事例に―」『スポーツ社会学研究』19（2号）：61-72.

編著者紹介

渡　正（わたり・ただし）　　・執筆章→ 1・3・10・15

1979年	北海道に生まれる
2007年	筑波大学大学院人間総合科学研究科　単位取得退学
2008年	早稲田大学スポーツ科学学術院　助手
	博士（学術）学位取得（筑波大学）
2009年	徳山大学（現，周南公立大学）経済学部　准教授
2015年	順天堂大学スポーツ健康科学部　准教授
現在	順天堂大学スポーツ健康科学部　先任准教授
専攻	スポーツ社会学・障害社会学・障害者スポーツ論
主な著書	『障害者スポーツの臨界点 - 車椅子バスケットボールの日常的実践から』新評論，2012年
	『当事者宣言の社会学』東信堂（共著）2021年
	『2020東京オリンピック・パラリンピックを社会学する—日本のスポーツ文化は変わるのか』創文企画（共著）2020年
	『1964年東京オリンピックは何を生んだのか』青弓社（共著）2018年
主な研究業績	
	渡正，2022，「障害者スポーツを考える——道具・環境の相互作用とデザインの視点」『新社会学研究』7：44-56.
	渡正，2022，「障害者スポーツにおける障害の非障害化の社会学」『現象と秩序』16：1 -18.
	渡正，2020，「スポーツコーチングの社会学的研究の可能性」『スポーツ社会学研究』28（2）：27-41

放送大学大学院教材　8911070-1-2511（ラジオ）

スポーツ社会学

発　行	2025年3月20日　第1刷
編著者	渡　　正
発行所	一般財団法人　放送大学教育振興会
	〒105-0001　東京都港区虎ノ門1-14-1　郵政福祉琴平ビル
	電話　03（3502）2750

市販用は放送大学大学院教材と同じ内容です。定価はカバーに表示してあります。
落丁本・乱丁本はお取り替えいたします。

Printed in Japan　ISBN978-4-595-14213-0　C1330